리더의 멘탈은 달라야 한다

YOU'RE THE BOSS by Sabina Nawaz
Copyright © 2025 by Sabina Nawaz
All rights reserved.

This Korean edition was published by Woongjin Think Big Co., Ltd. in 2025 by arrangement with the original publisher, Simon & Schuster, Inc. through KCC(Korea Copyright Center Inc.), Seoul.

이 책의 한국어판 저작권은 (주)한국저작권센터(KCC)를 통한
저작권자와의 독점계약으로 (주)웅진씽크빅에 있습니다.
저작권법에 의해 한국 내에서 보호를 받는 저작물이므로 무단전재와 복제를 금합니다.

위기와 압박에도 무너지지 않는 실리콘밸리 내면 리더십

YOU'RE THE BOSS

리더의 멘탈은 달라야 한다

사비나 나와즈 지음 | 이수경 옮김

리더스북

일러두기
· 독자의 이해를 돕기 위한 옮긴이의 주석은 본문 내 괄호 안에 '—옮긴이'로 표기했다.
· 국내 번역 출간된 도서는 한국어판 제목을 표기했으며, 미출간 도서는 원어를 병기했다.

내 인생의 든든한 버팀목인 매슈에게 이 책을 바칩니다.

이 책에 쏟아진 찬사

"좋은 의도만으로는 좋은 리더가 될 수 없다."
이 책은 불편하지만 진실한 통찰을 정면으로 다룬다. 리더들이 분명 좋은 의도를 품고 있음에도 왜 '나쁜 행동'을 하게 되는지 파헤친다. 상사가 되는 순간 무엇이 달라지는지, 권력과 압박이 어떻게 리더를 무의식적인 함정으로 이끄는지 실감 나게 보여준다. 나아가 그 압박감과 불안을 다스리고 멘탈을 지키는 현실적인 방법을 구체적으로 제시한다. 이책은 리더의 자리가 '내가 빛나는 자리'가 아니라 '타인을 빛나게 하는 자리'임을 깊이 일깨운다. 조직을 강화하고 진짜 성과를 내고자 고민하는 리더라면, '좋은 의도'를 '좋은 결과'로 바꾸고 싶은 리더라면 반드시 읽어야 할 책이다.

— 신수정(임팩트리더스아카데미 대표, 『거인의 리더십』 저자)

리더십은 반복되는 도전의 순간마다, 그 상황을 대하는 자신을 인식하고 이해하며 성장해가는 여정이다. 이 책은 리더가 현실의 복잡한 상황속에서 길을 잃지 않도록, 심리적 통찰과 실천적 도구를 균형 있게 제시한다. 저자의 통찰은 '타인이나 성과를 리드하기 전에, 먼저 자신을 리드하라'라는 리더십의 근본 원칙과 '나를 리드하라'를 핵심 축으로 설계한 우리 리더십 프레임워크의 철학과도 깊이 공명한다. 리더로서 다시 중심을 세우고자 하는 이들에게, 이 책은 적절한 깊이로 방향을 제시해 줄 현실적 안내서가 되리라 믿는다.
— 민희정(비즈니스파워존 대표, 전 아디다스 글로벌 프랜차이즈 세일즈 총괄)

잔잔한 파도를 항해할 때는 누구나 훌륭한 선장이 될 수 있다. 그러나 소용돌이치는 폭우 속에서는 대부분의 선장이 나쁜 리더로 돌변한다. 리더십은 평온한 순간이 아니라, 극한의 압박 속에서 드러나는 의도와 행동으로 평가받는다. 이 책은 리더들이 직면하는 수많은 압박 속에서 스스로를 다스리고 흔들리지 않도록 강력한 도구를 제시한다.
— 오승민(LG화학 인재육성 담당, 『두려움 없는 조직』 감수)

"왕관을 쓰려는 자, 그 무게를 견뎌라"라고 셰익스피어는 썼다. 하지만 문제는 무게를 어떻게 견뎌야 하는지에 대한 방법을 알기가 영 어렵다는 점이다. '나 혼자 해낸 성과'가 아니라 '같이 일한 사람들의 성과'가 더 중요해진 리더에게 이 책은 마치 보물섬 지도와 같다. 일 잘하는 개인에서 일 잘하는 리더로 진화하기 위한 실용적인 조언과 당장 써 먹을 수 있는 체크리스트가 가득하다. 무엇보다 다양한 사례 덕분에 '나 혼자만 이런 건 아니었구나'라는 진한 위로도 얻을 수 있다. 왕관을 쓰고 있는 자도, 쓰려는 자에게도 필요한 책이다.
— 박소령(퍼블리 창업자, 『실패를 통과하는 일』 저자)

리더십에는 역설이 있다. 리더가 되기 위해 쌓아온 모든 것을, 리더가 된 후에는 다시 내려놓아야 한다는 것이다. 하지만 마음처럼 되지 않는다. 중압감은 심해지고, 사람들과의 거리는 멀어지고, 인간관계는 어려워진다. 우리는 그런 리더의 복잡한 마음을 늘 통제하거나 관리해야 할 대상으로 여겨왔다. 그러나 이 책은 그 마음을 날것 그대로 마주하게 한다. 수많은 사례를 통해 리더라는 역할 뒤의 '나'를 직면하게 한다. 그리고 리더십은 기술이 아니라 멘탈임을 단단히 새겨준다. 타인을 지탱하는 힘은 오로지 나를 다스리는 힘에서 나오는 것이다.
— 최지은(Meta 중소기업 비즈니스 그룹 전무)

너무 많은 관리자들이 저지르는 실수를 피하게 해주는 실용적인 안내서. 사비나 나와즈는 타인과 자신 안의 잠재력을 끌어내는 현명한 조언을 제시한다.
— 애덤 그랜트(펜실베이니아대학교 와튼스쿨 교수, 『싱크 어게인』 저자)

관리자와 고위 임원, 경영자 코치로서 탄탄한 경력을 쌓아온 사비나 나와즈는 훌륭한 관리자의 작은 습관이 무엇인지 정확히 알고 있다. 그 기나긴 경력을 통해 힘들게 얻은 통찰력을 독자들과 아낌없이 공유하면서 때로는 재미있고 때로는 민망한 사례를 들려준다. 앞으로 상사 위치에 오를 사람도, 이미 상사인 사람도 예방 가능한 실수를 피하고 싶다면 이 책을 반드시 읽어야 한다.
— 에이미 에드먼드슨(하버드 경영대학원 노바티스 리더십 및 경영 교수, 『두려움 없는 조직』 저자)

관리자가 팀을 성공과 발전으로 이끄는 훌륭한 상사가 될 수 있는 것은 부하 직원들 덕분이다. 관리 능력을 향상시키는 방법에 대한 책 따위는 필요 없다고 믿는 리더가 있다면 이 책을 읽어라. 기존에 나온, 관리 방법에 대한 수많은 책은 이제 읽지 않아도 된다. 사비나가 그 정수만 추려 통찰력 가득한 한 권으로 압축했기 때문이다. 오랜 세월 세계 최고의 경영자를 코칭한 경험에서 나온 생생한 조언이 당신을 한 차원 높은 수준의 리더로 도약시킬 것이다.
— 켈리 조 맥아더(아마존 전 부사장 겸 법률 고문)

압박은 리더를 타락시킬 뿐 아니라 무능하게 만든다. 그 결과는 잔혹하면서도 비효율적인 행동이다. 아무도 '잔혹하고 무능한 리더'가 되길 바라지 않지만, 너무 많은 이들이 그렇게 되어간다. 어떻게 해야 당신은 그 전철을 밟지 않을 수 있을까? 단지 인성이 좋다고 해서 충분하지 않다. 사비나 나와즈는 권력과 압박 속에서도 타락하거나 눈멀지 않고, '좋은 리더'이자 '위대한 리더'로 성장할 수 있는 실용적인 전략을 제시한다.

— 킴 스콧(컨설턴트, 『실리콘밸리의 팀장들』 저자)

권위의 압박과 권력의 함정을 헤쳐나가는 리더를 위한 강력한 안내서. 수십 년간의 경영 및 임원 코칭 경험을 바탕으로, 사비나 나와즈는 리더가 자신의 성장에 장애가 되는 '맹점'을 인식하도록 돕는다. 이 책은 관리자가 단지 성공하는 것을 넘어, 팀의 '위대함'을 이끌어내도록 돕는 실용적이고 검증된 전략을 제시한다.

— 마셜 골드스미스(싱커스50 선정 세계 1위 임원 코치, 『트리거』 저자)

이 책은 당신의 커리어를 위한 퍼스널 트레이너와 같다. 여기 담긴 도구는 확실한 자기 점검을 통해 완전히 다른 리더로 거듭나게 해준다.

— 짐 기에트(롤스로이스 북아메리카 전 회장 겸 CEO)

이 책은 자신의 잠재력을 최대한 펼치며 오늘날의 복잡한 비즈니스 세계를 헤쳐나가고자 하는 리더에게 꼭 필요한 길잡이다. 나는 CEO 자리에 오른 지 얼마 되지 않았을 때 사비나에게 코칭을 받았으며, 그녀의 조언은 여러 도전 과제를 극복하는 데 더없이 중요한 역할을 했다. 이 책은 현실 세계의 사례와 실천하기 쉬운 조언으로 가득하며 약간의 유머 감각도 잊지 않는다. 이제 막 리더가 된 사람이든 리더의 역량을 한층 업그레이드하고 싶은 사람이든, 이 책을 통해 구성원들에게 지지와 동의를 얻고 영향력을 발휘하며 승리하는 조직 문화를 만드는 확실한 방법을 얻을 수 있을 것이다.

— 바라크 에일람(나이스NICE 전 CEO)

모든 리더는 결국 중요한 변곡점이 되는 순간을 마주한다. 밀려오는 중압감 속에서 커리어의 성패를 좌우하는 결정을 내려야 하는 순간 말이다. 이 책에서 소개하는 도구는 경영자의 근육을 강화해 그저 그때그때 상황에 대응하는 리더가 아니라 분명한 목적의식 아래 조직을 이끄는 리더가 되도록 도와준다. 이 책은 당신이 결정적 순간을 자신감 있게 헤쳐나가고 역경을 성장의 기회로 바꾸며 팀에 영감을 불어넣게 해줄 것이다.

— 로버트 스티븐스(록히드마틴 전 회장 겸 CEO)

사비나 나와즈는 추상적 리더십 이론과 관념적 도전 과제를 실용적이고 현실적인 언어로 풀어내 꼼꼼하게 조언해주는 특출한 능력을 지녔다. 모든 조직의 관리자와 리더에게 강력 추천한다. 당장 실천할 수 있는 조언과 팁으로 가득하다.

— 아미르 오라드(크라켄 CEO)

대부분의 경영자처럼 나도 늘 바쁘다. 그래서 귀중한 뭔가를 얻을 만한 책만 엄선해서 읽는다. 이 책은 그 기준을 수월하게 통과하는 책이다. 경영자가 부딪히는 가장 중요한 난관을 집중적으로 다루면서 풍부한 실용적 도구와 해법도 일러준다. 물론 놀랍지는 않았다. 사비나 나와즈는 우리 회사 경영진의 전략 수련회를 맡아 진행하고 있기 때문이다. 나는 지금도 인재 계발에 대한 그녀의 조언과 접근법을 충실하게 따른다.

— 로드리고 코스타(포르투갈 에너지 기업 렌 CEO)

탁월한 책이다. 나는 기업공개를 앞둔 CEO로서 압박감이 가중되어 코칭이 절실히 필요할 때 사비나를 만났다. 그때 들은 소중한 조언이 이 책에도 담겨 있다. 오랫동안 수많은 리더를 관찰하고 코칭해온 그녀의 경험과 통찰력은 지금 당신에게도 꼭 필요할 것이다.

— 헨리 알브레히트(라임에이드 창립자 겸 전 CEO)

사비나 나와즈는 진정한 실력자다. 오랜 세월 최고위 임원들과 대화하고 그들을 코칭한 그녀는 조직의 사다리를 올라간다는 것과 그것의 미묘한 역학에 대한 정말로 중요한 진실을 알려준다. 과거 중간 관리자 시절에 이 책을 읽었다면 얼마나 좋았을까. 이 책을 보면 내가 했던 경험이 그대로 나오기 때문이다. 최고 자리에 오르겠다는 야심 찬 포부를 품고 있다면 당신 자신과 동료, 부하를 제대로 이해하기 위해 이 책부터 읽어라. 이 책은 사비나가 우리 모두에게 준 선물이다!

— 블레이크 어빙(고대디GoDaddy 전 CEO)

위트와 배려, 진정성이 묻어나는 사비나 나와즈의 글 덕분에 읽는 내내 마음이 편하고 위안을 얻는다. 이 책은 전문용어가 수두룩하고 지루하기 짝이 없는 임원 교육 프로그램의 필독 자료와는 차원이 다르다. 책 곳곳에 공감이 가득해 독자가 훈계를 듣는 기분도, 또는 멍청이나 실패자 취급을 당한다는 기분도 들지 않는다. 책을 읽다 보면 저자 자신도 우리와 똑같은 상황을 겪어봤다는 사실을 알 수 있다. 저자는 곤경에 빠진 CEO나 직원의 기분이 어떤지, 일터에서 분노와 혼란, 기쁨, 우울함을 오가는 경험이 어떤 것인지 누구보다 잘 안다. 누구나 자신을 재점검하고 이 책에 나오는 접근법을 실천하면 어떤 난관이든 헤쳐나갈 수 있다는 믿음을 심어준다.

— 비사 윌리엄스(예일대학교 잭슨국제문제대학원 시니어 펠로, 전 미국 대사)

사비나 나와즈는 관리자의 공감 능력이 필요한 이유와 진정성보다 가치에 대한 충실성이 더 중요한 이유를 설득력 있게 들려준다. 당신이 저지르는 커뮤니케이션 실수와 당신을 폭발시키는 방아쇠, 그리고 충족되지 못한 내면 욕구를 깨닫는 실용적 팁을 얻을 수 있는 이 책은 모든 리더의 필독서다!

— 리즈 포슬린, 몰리 웨스트 더피(『노 하드 필링스』 저자)

차례

이 책에 쏟아진 찬사 •6
머리말 나는 내가 좋은 리더인 줄 알았다 •15

제1부 리더가 되면 모든 게 달라진다

1장: 자, 이제 당신은 리더가 되었습니다 •29
2장: 리더가 되면 피하기 힘든 치명적 착각들 •52
3장: 권력은 당신의 눈을 가린다 •78
4장: 압박감은 당신의 멘탈을 흔든다 •89

제2부 리더의 멘탈은 달라야 한다

5장: 변화에 직면하기 위한 기본 도구 3 •101

제3부 리더의 눈을 가리는 권력의 함정들

6장: '나만 옳아'의 함정에 빠진 당신 •125
7장: 리더의 입에는 메가폰이 달려 있다 •147
8장: 나의 '하지만'에는 이유가 있다는 착각 •209

제4부 압박감으로부터 멘탈을 지켜라

9장: 감정을 자극하는 방아쇠를 찾아라 •227
10장: 충족되지 못한 심리적 욕구가 나쁜 상사를 만든다 •244
11장: 유일한 해결사라는 함정에서 벗어나라 •259
12장: 당신을 옭아매는 디테일에서 빠져나와라 •297
13장: 슈퍼히어로 증후군이 멘탈을 위협한다 •322
14장: 열정과 목적의식을 되찾기 위한 실용적 도구들 •339

제5부 폭풍우 속에서도 경로를 잃지 않는 법

15장: 나답게 나아가기 위한 자가 진단 도구 •359

맺음말 리더십은 결국 '자기 삶을 이끄는 힘' •366
감사의 글 •369
참고 자료 •375

머리말

나는 내가
좋은 리더인 줄 알았다

　당신은 리더다. 똑똑한 머리와 투지, 재능 덕분에 관리자 직급까지 올라갔다(또는 적어도 올라가는 중이다). 당신은 많은 것을 안다. 하지만 당신이 '모르는' 것은 어쩔 셈인가?

　나는 세계 곳곳의 리더를 위한 코치로 20년 넘게 활동하면서 무엇이 훌륭한 관리자를 만드는지, 그리고 무엇이 그들을 그 자리에서 내려오게 하는지 분석했다. 결국 그것을 가르는 열쇠는 쉽사리 눈에 보이지 않는 진실을 알아내고 기꺼이 마주하는 태도다. 그 진실은 최고의 성공을 일구는 동력이 된다. 고객들이 나를 찾는 것은 단순히 직급 높은 리더가 되고 싶어서가 아니라 팀원 모두가 뛰어난 성과를 내고 팀의 성공에 기여하도록 이끄는 리더가 되길 원하기 때문이다. 누구나 당연히 그런 상사가 되고 싶지 않겠는가?

　이 책은 내가 코칭을 제공한 수많은 관리자와 경영자의 경험을 토대로 한다. 하지만 마이크로소프트에서 많은 직원을 거느린 상사로 일한 나 자신의 경험에서 얻은 깨달음도 들려줄 것이다. 훌륭한 관리자가 무엇인지 깊이 생각해보게 된 출발점은 바로 나 자신이었기 때문이다.

나는 형편없는 관리자였다. 하지만 처음부터 그랬던 것은 아니다.
대학 졸업 후 마이크로소프트에 엔지니어로 입사한 나는 3년이 안 돼 관리자 직급인 테스트 매니저가 되었다. 그리고 얼마 안 돼 팀원들에게 '지금껏 함께 일해본 상사 중 최고의 상사'라는 말을 들었다. 그들이 왜 그렇게 느꼈을까? 그들의 답은 대부분 '우리에게 관심을 가져주기 때문'이었다.

그랬다. 나는 팀원들에게 관심을 쏟았다. 그들이 자신의 역량을 최대한 발휘하도록 힘닿는 데까지 도왔고, 일적으로나 개인적으로 만족스러운 삶을 사는지에도 진심으로 관심을 기울였다. 또 그들의 꿈과 목표를 응원하고 격려해주었다. 기술업계에서는 일반적으로 우리 팀이 하는 테스팅 업무보다 프로그래밍이 훨씬 멋진 일로 여겨지고 인기도 많았다. 하지만 몇몇 직원은 프로그래밍 팀에서 잠시 일해본 뒤 다시 우리 팀으로 돌아왔다. 프로그래밍 팀에는 자신들이 성장하도록 돕는 나 같은 상사도 없고, 서로 협력하는 뛰어난 팀워크도 없기 때문이라고 했다. 그렇다고 오해하지는 말길 바란다. 나도 엄할 때는 꽤 엄한 상사였다. 내 상관은 나를 두고 '부드러운 장갑 속에 공격용 무기를 끼고 있는 사람'이라고 했다.

마이크로소프트에서 일한 지 9년쯤 됐을 때 8주간의 안식 휴가를 얻었다. 그 휴가 동안 내 커리어 궤도를 바꾸겠다는 결단을 내렸다. 당시 회사에서 비非백인 여성으로는 유일하게 임원 자리에 오를 날을 코앞에 두고 있었지만 내가 그 자리를 원하지 않는다는 사실을 깨달았기 때문이다. 이후 엔지니어 출신으로는 이례적으로 전혀 다른 성격의 부서로 옮겨, 마이크로소프트의 임원 및 리더십 개발, 경영자 육성, 핵심 직무 승계 계획을 관리했다. 이때의 경험은 나중에 경영자 코치로 활동하는 데 큰 밑거름이 되었다.

나는 새로운 부서에서도 '최고의 상사'로서의 능력을 십분 발휘해, 과중한 업무에 허덕이던 팀을 효율성 높은 팀으로 변화시켰다. 그리고 각 팀원의 업무 의욕과 참여도를 높일 방안을 세심하게 파악했다. 팀원들과 협력해 그들이 에너지가 고갈되는 대신 성취감을 느낄 수 있도록 직무 범위를 재설정했고, 이런 노력은 만족스러운 결과를 가져왔다. 인력이나 예산 증가 없이도 부서의 업무 생산성이 400퍼센트나 상승한 것이다.

그 뒤 모든 것이 바뀌었다.

나의 첫 출산 예정일이 얼마 남지 않았을 때 내 상사가 퇴사할 것이라는 소식을 알렸다. 나는 출산휴가가 끝나고 돌아오면 그녀의 후임자가 될 수도 있지 않겠느냐고 물었다. 그랬더니 상사가 대답했다. "아니에요, 그렇지 않아요. 당신은 이미 내 후임자로 정해졌어요. 당장 '내일'부터요." 사내 경영자 육성을 관리하던 나는 하루아침에 9만 명이나 되는 직원의 경력 개발을 총괄하는 책임자가 되었다.

　출산휴가가 끝나고 회사에 복귀하는 날 아침, 부하 직원에게 전화가 왔다. "지금 어디쯤이세요? 30분 뒤에 스티브와 미팅이 있어요." 나는 미팅이 있는지도, 미팅 내용이 무엇인지도 몰랐다. 그 순간 내가 아는 거라곤 당시 회사의 CEO였던 스티브 발머Steve Ballmer를 곧 만나야 한다는 사실뿐이었다. 립스틱만 대충 바르고 정신없이 집 밖으로 달려 나가면서, 내가 회사에 도착하면 바로 확인할 수 있도록 회의에 필요한 내용을 찾아봐 달라고 직원에게 부탁했다. 회사 복귀와 동시에 맞닥뜨려야 했던 속도와 요구가 어느 정도였을지 짐작이 갈 것이다. 그와 동시에 집에서는 육아라는 엄청난 노동을 소화해야 했다.

　나는 나도 모르는 새에 부하 직원에게 관심과 지원을 아끼지 않는 상사에서 까칠하고 공격적인 상사로 변해갔다. 프로젝트 기한이 빠듯할 때가 많아 직원에게 일일이 설명하거나 가르칠 시간이 없었다. 인내심을 갖고 그들의 직업적 발전을 돕지도 않았다. 나는 '다들 성인이잖아. 그러니 스스로 알아서 해야지'라고 생각했다. 상사인 나의 행동이 그들의 성과와 정신 건강에 어떤 영향을 미치는지 신경 쓸 겨를도 없었다. 이곳은 사적인 공간이 아니라 '회사'였다. 적어도 나는 속으로 그렇게 되뇌었다.

　효율성만 중시하다 보니 직원들과 점점 멀어졌다. 직원이 대화하러 내 방에 찾아오면, 키보드를 계속 두드리며 그들이 내 소중한 시간을 빼앗고 있다고 조용히 말했다. 하루는 시간을 최대한 효율적으로 쓰려고 차를 몰고 퇴근하는 길에 직속 부하에게 전화를 걸어 성과 리뷰를 했다. 그녀는 내가 운전하면서 성과 리뷰를 하는 데 충격을 받았다. 자신을 마주 보고 앉아 차분히 면담할 만큼 중요한 직원으로 여기지 않는다는 느낌을 받은 것이다. 언젠가는 부하 직원 앤 마리가 내 방에 찾아와 이렇게 말했다. "안 된다고 하셔도 받아들일게요. 실은 얼마 전에 다른 부서 직원이 오더니 자기 부서에서 프로젝트 매니저를 구한다고 말해줬어요. 지금 이 일을 한 지 석 달밖에 안 됐다는 걸 잘 압니다. 하지만 제가 그 프로젝트 매니저에 지원해도 괜찮을까요?" 나는 그 말을 듣자마자 "안 돼"라고 대답했다. "그 부서의 매니저 충원 스케줄이 어떻게 되나?" 또는 "이게 자네에게 얼마나 중요한 결정이지?"라고 묻지 않았다. 그저 퉁명스럽게 딱 잘라 "안 돼"라고만 했다.

또 나는 관리와 지나친 간섭을 구분할 줄 모르는 상사가 되었다. 그것을 단적으로 보여준 일이 있었다. 우리는 빌 게이츠Bill Gates, 스티브 발머와 함께하는 사흘간의 사내 행사를 진행하게 됐다. 이 자리에는 그들보다 세 직급 정도 아래이며 리더로 성장할 가능성이 높은 핵심 인재들이 참석했다. 그런데 스티브가 참석자 이름에서 움라우트 기호(독일어의 ü처럼 일부 언어의 모음 위에 붙이는 표시—옮긴이)를 빼먹을까 봐 우려했다. 나는 평소 꼼꼼하기로 유명한 직속 부하 제니스가 명단을 철저히 체크했으리라 생각하지 않고, 안심해도 된다는 그녀의 말을 무시한 채 참석자 50명의 철자를 당장 다시 확인하라고 지시했다. 그리고 참석자들에게 기념품으로 나눠주기로 되어 있는 펜 중 '한 개'가 고장 난 것을 발견한 뒤 화가 폭발해서, 제니스와 다른 팀원에게 사흘 내내 프로그램이 시작되기 전 새벽에 나와 펜이 잘 나오는지 하나씩 체크하게 했다. 나는 움라우트와 펜에 대한 이야기가 우리 부서 너머 불덩이처럼 돌아다니면서 사람들 입에서 입으로 옮겨질 때마다 여기저기 불씨를 뿌리며 더 심하게 과장되고 있다는 사실을 전혀 몰랐다. 어느새 나는 악마 같은 상사가 되어 있었다.

그러던 어느 날 동료 조가 내 방에 찾아왔다. 평소 같았으면 조가 반가웠을 것이다. 그는 늘 경영자 육성 프로그램과 관련해 내가 생각하지 못한 흥미로운 아이디어를 제안했기 때문이다. 하지만 그날은 방으로 들어오는 조를 보며 속으로 외쳤다. '하아, 바빠 죽겠는데. 시간 없다고!'

상대방 기분이 상하지 않도록 요령 있게 말할 줄 아는 조는 맞은편 의자에 앉더니 부드럽게 말했다.

"당신이 어떤 상사로 비치고 있는지, 팀원들에게 어떤 영향을 미치는지 잘 모르는 것 같아요."

나는 속으로 맞받아쳤다. '말도 안 돼.' 솔직히 기분이 팍 상했다. 오래전부터 훌륭한 상사라는 평판이 자자한 나였다. 내가 실수했다면 모를 리 없었다. 물론 옛날에 비해 다정함은 좀

줄었을지 몰라도, 이제 훨씬 중요한 직책을 맡고 있었고 내 능력을 입증해야 했다.

조가 말했다. "당신의 말은 앤 마리 같은 직원들을 울리고 있어요."

순간 나는 키보드에서 손을 떼고 조에게 집중했다. 나는 안 된다고 해도 받아들이겠다는 앤의 말을 곧이곧대로 믿었고, 그로써 팀원의 요구를 살피고 성장을 돕는 상사가 될 기회를 완전히 놓쳤다. 나 때문에 부하 직원들이 묵살당하거나 비판받거나 공격받는 듯한 기분을 느끼고 실수할까 봐 전전긍긍한다는 이야기를 조에게 듣자 얼음물을 뒤집어쓴 것처럼 정신이 확 들었다.

그날은 내게 터닝 포인트가 되었다.

이후 나는 상사로서 잘못된 점을 고친 것은 물론이고, 엔지니어로 일하며 익힌 접근법을 활용해 진정으로 훌륭한 리더가 되는 데 필요한 것이 무엇인지 분석하고 재구성했다. 나는 어쩌다 정상 궤도에서 그토록 멀리 탈선했을까? 어째서 어떤 관리자는 슈퍼스타가 되고, 어떤 관리자는 실패하는 것일까? 때로 좋은 의도를 지닌 상사가 팀을 망치는 이유가 무엇일까? 게다가 왜 '자신도 모르는 사이에' 그 지경에 이를까? 나는 수많은 사례를 연구하면서 권력이 실수를 보지 못하게 우리의 눈을 가리고, 높은 직급에 따르는 강한 압박감이 행동을 성찰하고 조절하는 능력에 영향을 미친다는 사실을 깨달았다.

내가 내린 결론은 이렇다. **세상에 '나쁜' 상사는 별로 없다. 다만 좋은 의도를 지닌 좋은 상사가 좋은 의도와 나쁜 행동 사이에 놓인 아슬아슬한 선을 자신도 모르게 넘을 뿐이다.** 그리고 그런 상사는 어디에나 있다. 나는 간단한 진실을 깨달았고, 오랜 시간 경영자 코치로 활동하면서 그것을 늘 강조해왔다. 그 진실이란 업무와 책임의 범위가 넓어지면 그만큼 커진 권력과 압박감을 지혜롭게 관리할 줄 알아야 한다는 것이다. 그러지 않으면 압박감이 행동을 망가뜨리고 권력이 그 행동의 영향을 보지 못하게 눈을 가린다.

최고 리더들이 내게 코칭을 받으러 찾아오는 것은 더 발전하고 자신이 '모르는 것'을 깨달으려 노력하는 것이 최고의 자리를 유지하는 열쇠임을 알기 때문이다. 나와 함께하면서 고객들은 성격을 완전히 뜯어고치거나 자신에게 없는 자질을 새로 계발하지 않고도 권력과 압박감 탓에 빠지기 쉬운 함정을 관리할 수 있음을 깨닫는다. 그들이 높아진 직급에 걸맞은 능력을 갖추도록 해준 조언과 전략이 전부 이 책에 담겨 있다.

본문에서는 수많은 관리자의 경력을 완전히 바꿔놓은 접근법을 소개할 것이다. 이 책은 연구와 코칭, 인터뷰를 통해 수집한 1만 2,000쪽이 넘는 데이터를 토대로 집필했다. 이들 인터뷰는 고객의 직장 구성원 12~15명을 인터뷰해 그에 대한 상세한 피드백을 수집하는 '360도 평가(리더를 상사·동료·부하·본인 등 다양한 관점에서 다면적으로 평가해 리더십의 강점과 보완점을 객관적으로 파악하는 평가 방식—옮긴이)'의 일부다. 이런 피드백을 통해 고객의 관리 스타일에서 드러나는 긍정적이거나 개선이 필요한 주요 특성을 파악하므로, 고객은 자신이 어떤 상사인지 있는 그대로 마주할 수 있다. 그들은 피드백으로 알게 된 사실에 꽤 놀라고, 어떤 이들은 큰 충격을 받는다. 앞으로 살펴보겠지만, 많은 이들이 자신을 성공에 이르게 했다고 믿는 행동 방식이 사실은 그들을 나쁜 리더로 만들고 있다는 사실을 깨닫는다. 이처럼 있는 그대로의 진실을 자각한 뒤, 커진 권력과 압박감을 효과적으로 관리할 전략을 실행해야 한다. 갈등과 좌절을 유발하는 대신 탁월한 성과와 성취감을 이끌어내는 상사가 될 수 있도록 말이다.

나는 20년 넘는 세월 동안 코칭을 하면서 360도 평가에서 가장 흔하게 나타나는 관리자의 특성을 알아낸 뒤, 사람들이 언제, 왜 궤도를 탈선하는지 정확히 짚어주는 시스템을 개발했다. 또 정상 궤도로 복귀하기 위한 전략도 개발했다. 이는 수많은 기업 임원의 업무 현장과 화상회의실에서 효과가 검증된 전략이다.

이 시스템을 활용하면 다음과 같은 것이 가능해진다.

- 권력과 관련된 중요한 진실과 흔한 오해를 이해한다.
- 부하 직원과의 소통을 망쳐 훌륭한 리더가 되지 못하는 이유를 파악한다.
- 압박감을 제대로 관리하지 못해 발생하는 중대한 실수

를 방지한다.
- 더 큰 영향력을 발휘하며 효과적으로 이끄는 리더가 되기 위한 검증된 프레임워크를 실천한다.
- 팀원들과의 마찰을 예방하거나 해결하고 그들이 갈등을 극복해 화합할 수 있게 돕는다.

1부에서는 높은 자리에 올라갔을 때 마주하는 새로운 현실을 살펴본다. 직급이 높아지면 주변 지형도 바뀌는데, 우리는 그 변화를 제대로 알아채지 못할 때가 많다. 이 새로운 지형에서 성공하는 데 필요한 변화에 대해 살펴본다. 특히 2장에서는 상사가 하는 흔한 착각을 살펴본다. 이러한 착각은 커리어에 치명적 실수를 불러올 수 있다. 2부에서는 변화를 위해 갖춰야 할 세 가지 기본 도구를 소개한다. 3부에서는 권력 간극을 자세히 분석한다. 당신과 부하 직원 사이에 생기는 이 간극은 당신의 행동이 그들에게 미치는 영향을 인지하지 못하게 만든다. 4부에서는 압박감이 초래하는 함정을 살펴본다. 압박감을 관리하지 못할 경우 자기 파괴를 불러오는 함정에 빠지기 쉽다.

하지만 섣불리 절망하지는 말기 바란다! 당신의 사고방식을 전환하고, 팀을 효과적으로 이끌며 긍정적 영향력을 미치는 리더가 되는 데 필요한 전략도 알려줄 것이다. 아울러 당신의 현재 모습을 평가할 진단 도구와 리더로서 원하는 목적지에 이르게 해줄 도구도 제시한다.

이제 막 팀장이 됐든 오랫동안 고위 임원으로 일했든 이 책이 유용한 가이드가 되어줄 것이다. 경력의 모든 단계에 필요한 풍부한 전술과 전략이 담겼기 때문이다. 당신은 지금껏 몰랐던 진실을 정면으로 마주함으로써 명쾌한 판단력과 자신감을 갖추고 팀원들과 함께하는, 매 순간 최고의 모습을 보여주는 상사가 될 수 있다.

YOU'RE THE BOSS

제1부
리더가 되면 모든 게 달라진다

1장
자, 이제 당신은 리더가 되었습니다

미국에 도착해 내가 제일 먼저 한 일은 구토였다.

나는 스무 살 때 스미스 칼리지 3학년에 편입하기 위해 미국으로 향했다. 인도 콜카타에 있는 모던 하이 스쿨 포 걸스 Modern High School for Girls 출신의 학생 7명이 장학금을 받는 행운을 얻었는데, 나도 그중 하나였다. 태어나서 비행기를 한 번도 타본 적이 없어 조금 두려웠지만 그 기회를 놓칠 수는 없었다. 게다가 나는 모험을 좋아했다.

공항에서 눈물을 흘리며 가족과 작별 인사를 한 뒤 비행기에 올라 경유지인 런던으로 날아갔다. 런던에 사는 사촌 집에서 하룻밤 묵었는데, 이튿날 사촌은 맛있고 푸짐한 아침 식사를 차려주고 나를 배웅하며 특별한 초콜릿까지 챙겨주었다. 별것 아닌 것 같지만 내게는 잊을 수 없는 하루였다. 그런 풍요로움을 경험해본 적이 없었기 때문이다. 초콜릿이 어찌나 맛있던지 런던에서 보스턴으로 향하는 비행기 안에서 엄청난 양을 먹어치웠다. 그와 함께 오렌지 주스도 1리터쯤 마셨다. 오렌지 주스 역시 태어나 처음 먹어봤다. "보스턴 로건 국제공항에 도착했습니다"라는 기내 방송이 흘러나올 때, 나는 먹은 것을 전부 비행기 멀미용 봉투에 게워내고 있었다.

공항에 내린 뒤 입을 헹구려고 물이 있는 곳을 찾아 주변을 두리번거렸다. 누군가에게 물어보니 식수대를 가리켰다. 스테인리스 스틸로 만든 설비를 처음 본 터라 눈앞에 두고도 몰랐던 것이다. 내 고향에서는 땅속에서 펌프로 뽑아 올린 물을 끓여 항아리에 담은 뒤 파리가 들어가지 못하게 촘촘한 그물망을 씌워놓곤 했다.

그날 오후, 비행기 안에서 종이 냅킨에 쓴 편지를 고향에 부치러 나갔다. 그런데 우체통을 찾을 수 없었다. 내가 우체통이라고 생각한 것은 알고 보니 소화전이었다. 인도의 우체통은 빨간색이기 때문이다. 나는 소화전 앞에 서서 고개를 갸우뚱거렸다. 대체 우체통 높이가 왜 이렇게 낮은 거야? 편지 넣는 입구는 어디지? 이것은 낯선 땅에 도착한 이방인이 맞닥뜨리는 수많은 경험의 시작일 뿐이었다. 나는 거의 한 학기를 보내고 나서야 낯선 미국 문화에 어느 정도 적응했다.

이 이야기를 들려주는 이유는 새로운 영역에 발을 들이면 얼마나 큰 혼란을 겪을 수 있는지 비유적으로 일깨우기 위해서다. 큰 무대에 올라서는 순간 당신에게 요구되는 능력 수준, 당신을 보는 주변의 시선, 중요한 결정을 내려야 하는 횟수, 팀원들의 행동 방식에 이르기까지 모든 것이 달라진다. 그리고 당신의 내면 상태는 그저 불안한 정도에 그치지 않을 수 있다.

마이클의 사례를 보자. 마이클을 처음 만났을 때 그는 스포츠 매니지먼트 회사에서 승승장구하고 있었다. 화술이 뛰어나고 자신감과 카리스마가 넘치는 그는 회사의 40년 역사에서 매우 젊은 나이에 수석 에이전트가 된 몇 안 되는 인물이었다. 내가 진행하는 이틀간의 워크숍에 참석한 그는 종종 직급 높은 책임자가 되는 것을 상상해본다고 말했다. 현재 자신의 상사는 부족한 점이 한둘이 아니라면서 그를 보면 이런 생각이 든다고 했다. '내가 책임자라면 훨씬 효과적으로 팀을 운영할 텐데. 그게 그렇게 어려워? 왜 내 상사는 올바른 방향을 제시하지 못할까? 팀원들에게 뭐가 필요한지도 모르는 거야? 어째서 우리를 업계 최고로 만들 방법을 연구하지 않을까?'

그로부터 1년 뒤, 마이클에게 이메일이 왔다. 회사의 동부 지사 지사장으로 임명된 지 일주일이 된 때였다. 평소처럼 재치 있는 스타일이 엿보이는 이메일 제목은 이랬다. '해냈어요. 이제 어쩌죠?'

첫 코칭 면담에서 마이클은 그답지 않게 겸손한 태도를 보이면서, 자신의 예전 상사가 자신은 경험해본 적 없는 온갖 문제를 관리했다는 사실을 알고 깜짝 놀랐다고 말했다. 이제 지사장이 된 그가 맡은 책무는 상상한 것보다 훨씬 방대하고 무게감도 컸다. 예산을 감독하고, 실적 낮은 직원을 관리하고, 때로는 힘든 채용 결정도 내려야 했다. 그가 전혀 예상하지 못한 상황도 있었다. 지사 산하에 있는 지역 사무소의 책임자들이 자원을 확보하려고 경쟁했을 뿐만 아니라, 사내 정치와 알력 다툼이 심해 다들 마이클을 자기편으로 만들려고 각종 술수를 동원했다. 마이클이 수석 에이전트였을 때는 그런 권력 역학을 전혀 몰랐다. 그는 하루가 멀다 하고 크고 작은 힘든 결정을 내려야 했다. 회사를 상승 궤도에 올려놓을 수도, 또는 잘못 판단할 경우 중요한 고객을 잃을 수도 있는 결정이었다. 게다가 줄지어 잡혀 있는 미팅과 그의 조언이 필요한 사람들 때문에 그야말로 정신이 하나도 없었다.

"그런데 가장 이상한 점은 이거예요. 오랫동안 함께 일한 사람들이 갑자기 저를 다르게 대하는 겁니다." 그는 운을 뗐다.

"한때 저와 같은 직급에 있던 동료가 장난스럽고 친근한 말투로 저를 '지사장님'이라고 부르더라고요. 하지만 그건 분명 장난이 아니었어요. 저를 예전과 다르게 바라본다는 게 분명히 느껴졌죠. 이제 아무도 저를 솔직하게 대하지 않는 것 같습니다. 썰렁한 농담을 해도 다들 웃어줘요. 뭔지 아시죠?"

나는 당연히 안다고 대답했다. 아마 당신도 알 것이다.

내가 만나는 다양한 조직의 고위 임원들도 비슷한 경험을 한다. 힘을 지닌 자리에 오르면 당신이 예상한 것과 완전히 다른 현실을 경험한다. 승진의 팡파르 소리가 잦아들고 나면, 높은 자리에 오른다는 것이 마냥 행복하고 좋은 일만은 아님을 깨달으면서 묘한 공허감이 찾아올지도 모른다. 힘의 역학에 따라 행동이나 결정의 중요도도 달라진다. 당신은 하루아침에 많은 구성원 중 한 명이 아니라 힘을 지닌 인물이 된다. 최종 결정권을 쥔 당신의 판단이 훨씬 중요해지는 것이다. 마이클의 경우처럼 직원들이 공손함과 거리감이 섞인 태도로 대하는 바람에, 당신은 인정받는다는 기분보다 소외감을 느낄지도 모른다. 한때 서로 믿고 의지하던 동료들이 이제는 당신을 은근히 공격하거나 대화에서 의도적으로 배제할 수도 있다. 쾌활한 주먹 인사와 달달한 칭찬으로 마음속 적대감이나 짜증, 시기심을 감추기도 한다. 나를 찾는 많은 고객이 옛날을 그리워한다. 예전에는 부하 직원의 스트레스와 감정을 보살피거나 주요 프로젝트와 관련된 장애물 및 불만 사항을 관리하지 않고 그저 자신이 맡은 업무에서 명확한 결과물을 내놓는 데만 집중하면 되었다는 것이다. 높은 직책에 올라간 지 오래된 이들도 속이 편하지만은 않다. 그들은 팀원에게 무능한 상사로 비치면 어쩌나 하는 걱정에 밤잠을 설치거나, 책임이 막중한 현재 자리에 계속 있는 것이 옳은지 의문을 품는다.

    리더가 된다는 것은 멋진 일 같다. 실제로 여러모로 그렇다. 업무 자율성, 근사한 직함, 높은 연봉과 명예, 각종 특전이 따라오지 않는가! 그동안 열심히 일한 당신은 그런 보상을 받을 자격이 있다. 이제 시시한 업무에서 손을 떼고 중요하고 굵직한 도전 과제에 몰두하게 될 것이다. 마침내 당신이 생각하던 비전을 추진할 재량이 생기고 영향력도 발휘할 수 있다. 힘을 지닌 직책으로 승진하는 것은 지금까지의 노력이 결실을 맺는 것이며, 이는 커다란 승리처럼 느껴질 수 있다.

하지만 직함을 다는 것은 시작에 불과하다. 마이클의 고민에서도 엿보이듯, 진짜 중요한 것은 그 자리에 오른 뒤 어떻게 행동하느냐다.

뛰어난 성과를 내며 일을 잘하는 직원은 당연히 훌륭한 상사가 되리라 생각하기 쉽다. 그러나 경영 코치 마셜 골드스미스Marshall Goldsmith도 저서 『일 잘하는 당신이 성공을 못하는 20가지 비밀』에서 밝혔듯 **높은 위치에 오르는 데 필요한 능력과 그 자리를 유지하는 데 필요한 능력은 엄연히 다르다.** 높은 직급에 오른 당신은 해야 할 행동과 하지 말아야 할 행동, 말하는 내용과 방식, 권력과 압박감을 관리하는 방식도 그 자리에 맞춰 조정해야 한다. 힘을 지닌 위치에서 훌륭한 리더가 되려면 모든 것을 철저히 재조정해야 한다. 그 출발점은 상사가 되면 무엇이 달라지고, 그에 따라 당신이 어떻게 변해야 하는지 정확히 파악하는 일이다.

성공 마인드셋부터 바꿔라

당신이 생각하는 성공이란 무엇인가?

큰 포부를 품고 조직 생활을 하는 대부분의 사람에게 성공이란 탁월한 업무 성과를 내서 주목과 보상을 받는 것이다. 일반 직원이었을 때 당신은 물론 동료와 협력하고 동료가 함께 일하고 싶어 하는 사람이 되려고 노력했겠지만, 무엇보다 중요한 것은 '당신'의 성과와 '당신'의 경력, '당신'의 승진이었다. 그것은 자연스러운 일이다. 당신에게 성공은 일에서 뛰어난 역량을 입증하는 것을 의미했다. 승진을 두고 경쟁하는 동안 무리에서 두드러지고 싶은 욕망은 이기적인 것이 아니라 이해할 만한 욕망이다.

하지만 상사가 되면 성공의 의미가 완전히 달라진다.

내가 고객들에게 늘 강조하듯 당신이 빛나는 것은 더 이상 중요하지 않다. 팀장이 된 당신의 성공은 이제 '팀원들'의 성공에 좌우된다. '당신'의 뛰어난 능력을 부각하는 대신 '팀원들'이 뛰어난 능력을 발휘하며 자부심을 느끼게 하는 것을 목표로 삼아야 한다. 그 자리까지 올라가는 과정에서는 당신의 성과를 강조하는 것이 중요했겠지만, 이제는 누구의 성과를 강조할지, '성과'가 무엇을 의미하는지 재설정해야 한다. 관점을 재조정해 팀의 성공에 집중하는 것은 뛰어난 직원과 뛰어난 상사의 중요한 차이점이다.

과거에 당신의 임무는 맡은 일을 완수하는 것이었다. 그러나 이제는 다른 이들이 최고의 기량을 발휘해 일할 수 있도록 그릇을 만들고 유지하는 것이다. 이 '그릇'의 내용물은 더 큰 목표와 타협 불가능한 기준, 충분한 심리적 안전감이다. 당신은 보이지 않는 엔진처럼 작동하면서 팀원들의 역량을 끌어올려야 한다. 예를 들어 예전에는 고객용 프레젠테이션 슬라이드를 만들었다면, 이제는 팀원들에게 프레젠테이션의 목적과 기준에 대한 명확한 가이드라인을 주어야 한다. 한마디로 전략적 사고가 필요하다. 한 걸음 물러서서 큰 그림을 보며 그들이 팀 전체의 목표를 달성하도록 이끌어야 한다. 예전처럼 세세한 항목과 이슈를 직접 챙기는 대신 '팀원들'이 그것을 관리하도록 해야 한다. 이제는 승진하겠다는 목표를 바라보며 혼자 열심히 일하는 것이 아니라, 팀원들이 따라오며 성장할 수 있도록 북극성 같은 정확한 지향점을 제시해야 한다.

스포트라이트를 독차지하지 않고 팀원들과 공유하면 당신에게도 긍정적 결과가 돌아온다. 하버드 비즈니스 스쿨의 위안 주Yuan Zou와 이선 루언Ethan Rouen이 진행한 연구에 따르면, 부하 직원의 성과를 공개적으로 인정하고 스포트라이트를 비춰주는 관리자가 있는 팀은 직원 유지율이 더 높고, 그런 관리자는 CEO에 오를 가능성이 2배나 크다. 그렇긴 해도 스타플레이어의 자리를 내주고 코치가 되는 일은 쉽지 않을 수 있다. 누구에게나 자신의 존재 가치를 지켜 현재 위치에서 밀려나고 싶지 않은 본능이 있기 때문이다. 많은 이들이 조직 생활을 제로섬 게임이라 여긴다. '남들이 빛나면 나는 상대적으로 초라해진다'라고 생각하는 것이다. 조직의 사다리 높은 곳으로 올라가는 데 집중하는 사람에게는 자원도 기회도 부족하게만 느껴진다. 어차피 최고 자리에 오르는 것은 '단 한 명'이라고 생각한다.

아먼드의 사례를 보자. 장난감 제조 회사의 디자인 팀 책임자인 아먼드는 한 주 동안 직속 부하들이 올린 성과와 해결한 문제를 정리해 매주 CEO에게 보고했다. 그런데 360도 평가를 진행한 결과 부하들의 획기적 성과를 미묘하게 또는 대놓고 자신의 것처럼 제시하는 습관이 있는 것으로 드러났다. 내가 아먼드에게 360도 평가 결과를 알려주자 그는 흔한 변명을 했다. "그저 앉아서 상황이나 보고하고 기획안 승인이나 하는 게 제 역할은 아니잖습니까?"

좋은 질문이다. 부하 직원을 빛나게 한다면 우리 자신은 어떻게 돋보일 것인가? 그들에게 권한을 위임하면 우리의 존재 가치는 어떻게 되는가? 부하에게 권한을 나눠주는 동시에 조직에 기여하는 중요한 리더의 역할을 유지하려면 어떻게 해야 할까?

그 답은 결핍 마인드셋scarcity mindset**을 버리고 풍요 마인드셋**abundance mindset**을 갖추는 것이다.**

풍요 마인드셋을 기르기 위해서는 먼저 결핍 마인드셋이 어떤 것인지 이해해야 한다. 이때 결핍은 꼭 금전적 측면만 뜻하는 것은 아니다. 조직 생활에서 결핍 마인드셋을 키우는 것은 기회나 인정, 인맥, 보상이 모두에게 돌아갈 만큼 충분하지 않으리라는 불안함이다. 결핍 마인드셋을 지닌 사람은 남보다 유리한 위치를 점하기 위해 좋은 것을 먼저 차지하려 애쓰고 소중한 것(유용한 인맥, 정보, 아이디어 등)을 남들과 공유하지 않으려 한다.

결핍 마인드셋은 경쟁을 부추긴다. 반면 풍요 마인드셋은 협력하게 한다. 이 마인드셋을 지닌 사람은 팀원들에게 아이디어와 조언을 구하고, 긍정적 피드백을 아낌없이 해주며, 팀원들이 잠재력을 최대한 발휘하게 인도하고, 자신의 아이디어와 인맥, 전문 지식은 물론이고 스포트라이트도 공유한다. 결핍 마인드셋을 지닌 사람은 '내가 차지하거나 남에게 뺏기거나' 둘 중 하나라고 생각하지만, 풍요 마인드셋을 지닌 사람은 다른 이들도 자신과 함께 발전하면서 높은 곳에 오르는 것을 환영한다. 사실 정상에는 당신 생각보다 훨씬 넓은 공간이 있다.

나는 마이크로소프트에 있을 때 빌 게이츠와 스티브 발머를 도와 5년간 사내 승계 계획 프로그램을 관리했다. 해마다 우리는 2주에 걸쳐 회의실에서 모든 사업 부문의 사장을 만나, 각 부문에서 그들의 뒤를 이을 후임자로 누가 적격일지 논의했다. 고위 임원들은 장차 리더로 키워 고위직에 앉힐 만하다고 판단되는 재능 있는 인재를 발견하면 누구보다 크게 기뻐했다.

이후에도 수많은 기업 임원과 일하면서 그런 모습을 자주 목격했다. 실력 있는 부하 직원에게 위협감을 느끼는 것이 아니라, 그런 직원의 성장을 열정적으로 돕는 모습 말이다. 임원급에 요구되는 기준은 매우 높기 때문에 많은 이들이 그 자리에 오르는 데 실패한다. 또는 설령 오르더라도 자리가 주는 압박을 견디지 못하고 스스로 내려온다. 최고위 임원인 내 고객들은 고위직에 오르는 데 필요한 실력과 강인한 정신력을 키우도록 돕고 조언해줄 수 있는 인재를 '간절히' 찾고 싶어 한다. 자신의 능력과 가치에 대해 확고한 확신이 있기에, 뛰어난 후배 때문에 불안해하지 않는다. 오히려 언젠가 자기 뒤를 이을 능력이 엿보이는 재목을 발견하면 크게 기뻐한다.

이 점을 기억하라. 당신은 현재 자리에서 탁월한 성과를 내려 계속 노력해야 한다. 하지만 혼자만 빛나야 한다는 생각은 오판이다. 부하 직원을 누르고 이길 필요가 없다. 그들에게는 각자의 역할과 가치가 있다. 풍요 마인드셋 관점에서는 성공이 한정된 자원이 아니며 당신과 그들이 함께 성장하고 발전할 기회가 충분하다고 본다.

조직 내에 풍요 마인드셋을 조성하려면 어떻게 해야 할까? 구성원이 각자의 위치에서 돕고 베푸는 태도를 실천하고, 무엇보다 리더가 그런 행동의 모범을 보이는 것이 중요하다. 성공을 향한 여정에는 당연히 경쟁이 따르지만, 그럼에도 돕고 베푸는 태도가 크나큰 보상을 가져다준다는 것을 많은 연구가 보여준다. 와튼 스쿨 경영학 교수이자 베스트셀러 저자인 애덤 그랜트Adam Grant가 2013년 매킨지 보고서에 실은 내용에 따르면, 많은 업계에서 직원들이 서로 돕는 조직 문화와 높은 매출, 창의성, 생산성, 성과 사이의 직접적 상관관계가 나타났다. 또

오스트레일리아 시드니에 위치한 매쿼리 경영대학원 연구 팀은 시드니와 실리콘밸리에서 일하는 기업 관리자 약 800명을 인터뷰한 결과, 정보와 자원을 적극적으로 공유하는 문화가 있는 기업이 혁신과 효율성, 성과의 질 측면에서 확실한 경쟁 우위를 지닌다는 사실을 발견했다.

당신은 이 책을 읽으면서 성공을 정의하는 여러 관점을 알게 될 것이다. 팀원들의 성장이 당신의 지위와 성공에 얼마나 큰 영향을 미치는지 깨닫고 놀랄 것이다. 그들이 빛나야 당신도 빛나고, 그들이 성장해야 당신도 성장한다. 그것이 풍요 마인드셋의 힘이다.

Coach's Note
당신은 자신의 성공만 중요하게 여기는 상사인가?

내 고객 재클린은 자신과 팀원들이 한 단계 높이 성장했다는 사실을 무척 자랑스러워했다. 그들은 1년 동안 툭하면 충돌하며 갈등을 겪었고 불만이 가득했다. 팀의 문제가 너무 심각해서 그 소식이 재클린의 상사 귀에까지 들어갈 정도였다. 하지만 이제 그녀의 팀은 서로 협력하면서 훨씬 높은 성과를 올리고 있다. 재클린이 늘 자신만 인정받는 데 급급하다며 날카롭게 비난했던 한 직원은 이제 생각이 완전히 바뀌어 그녀의 열렬한 팬이 되었다. 나는 재클린에게 그녀의 변화 중 어떤 것이 가장 결정적이었다고 생각하는지 물었다. 그녀는 이렇게 대답했다. "내 성공만 중요하다는 생각을 버렸어요." 풍요 마인드셋을 키우고 싶다면 당신도 그래야 하지 않을까?

보이지 않는 힘의
역학을 이해해야 한다

모처럼 여유가 생긴 어느 금요일 오후, 리자는 부하 직원 조란과 함께 커피를 사러 나갔다. 스타트업 CFO^{Chief Financial Officer}인 리자는 보통 종일 눈코 뜰 새 없이 바빴다. 아침 6시에 러닝머신에서 이메일을 확인하는 것으로 하루를 시작해 저녁 식사 시간이 지나 차를 몰고 퇴근하면서 그날의 마지막 업무 통화를 끝내곤 했다. 그래서 바깥 공기를 쐬며 조란과 한가롭게 수다를 떠는 시간이 큰 선물처럼 느껴졌다. 둘이 길을 걷다가 옆으로 트럭이 지나가는 순간 리자는 목소리를 조금 높여서 "2년 뒤에 사무실 임차 계약 기간이 끝나면 이사를 가야 하나 어쩌나?"라고 혼잣말하듯 말했다. 그로부터 며칠도 안 돼 직원들은 잔뜩 들떠서 이사 가고 싶은 건물에 대한 의견을 주고받았고, 회사를 옮길 이상적 후보지에 대한 아이디어가 리자의 메일함과 귀에 쏟아져 들어왔다. 물론 직원들은 각자 자신의 집에서 가까운 곳을 추천했다.

리자도 깨달았듯 상사가 되면 '지나가는 말'도 함부로 하지 못한다. 복잡하고 불가피한 힘의 역학이 당신이 하는 말과 행동, 당신이 내놓는 결과물의 영향력을 좌우한다. 흔히 이와 같은 점을 무시하기 쉽고 솔직히 그게 편하지만, 지위 체계가 존재하는 곳에서 작동하는 그런 역학을 정확히 이해하고 현명하게 다루느냐 여부가 당신의 성공을 좌우한다.

우리는 힘을 가진 사람과의 복잡한 관계를 유아기부터 경험한다. 자신의 힘을 현명하게 사용하는 어른은 어린 우리를 잘 돌보고 가르치며 방향을 잡아준다. 반면 안타깝게도 어떤 어른은 힘과 지위를 남용하거나 변덕스럽게 사용한다. 시간이 흐르면서 힘이나 지위와 관련한 개인적 경험과 문화적 배경이 점점 쌓이면(당신이 백인이 주류인 사회에 사는 비백인이거나 전통적으로 보수적인 집안에서 자라는 진보 성향 10대라고 상상해보라) 상황은 훨씬 복잡해진다. 우리가 힘이 있는 사람을 만날 때마다 그런 사람을 상대했던 과거 경험이 내면에서 되살아나 현재의 우리 행동과 감정 반응에 영향을 미친다. 우리는 이처럼 각자 층층이 쌓인 경험이 있는 상태로 힘을 가진 사람을 만난다.

힘을 가진 사람을 기쁘게 하려는 욕구는 진화의 산물이다. 강한 힘을 지닌 양육자의 애정을 받지 못하고 눈 밖에 난 아이는 죽음을 맞이했다. 음식도, 잠자리도, 공동체도 없었고, 따라서 생존을 보장받을 수 없었다. 야생에서 혼자 힘으로 버티며 운 좋게 살아남길 기도해야 했다. 따라서 인간에게는 자신의 운명을 좌지우지하는 사람의 마음에 들고 싶어 하는 본능이 내장돼 있다. 현대사회의 조직에서 그 사람은 당신이다. 부하 직원의 생존과 운명이 상사인 당신에게 달렸기 때문이다. 로널드 하이페츠Ronald Heifetz와 마티 린스키Marty Linsky가 적응형 리더십adaptive leadership을 탐구한 책에서 말했듯 직원들은 상사에게 세

가지, 즉 보호, 질서, 방향 제시를 기대한다. 보호와 질서, 방향을 제공하는 역할을 하는 사람은 자연히 무리의 리더가 된다.

따라서 당신이 의식하든 못하든 부하 직원들은 당신이 한숨을 쉬거나 지루한 표정을 짓거나 대화를 서둘러 끝내는 모습에 초집중하면서 그것을 분석하고 (대개는 부정적 신호로) 해석한다. 아닐 것 같은가? 그렇다면 당신 상사의 보디랭귀지나 기분에 당신이 얼마나 신경 쓰는지(또는 썼는지) 떠올려보라. 내 조사도 이를 뒷받침한다. 내가 인터뷰한 거의 모든 직원이 상사가 한 평범한 행동이 자신을 겨냥한 것이라고 확신했다. 상사인 당신이 얼굴을 찌푸린 채 복도를 지나가면 직원은 자신을 향해 얼굴을 찌푸렸다고 생각한다. 일요일에 부하 직원에게 다음 날 출근해 자신의 방으로 오라는 짤막한 이메일을 보내면, 직원은 그 말이 무슨 뜻인지 고민하느라 주말을 망칠 수도 있고 '월요일에 나 잘리는 거 아니야?' 하며 불안해할지도 모른다. 당신이 프레젠테이션을 보는 동안 새끼발가락의 물집 때문에 무심코 얼굴을 찡그리면 직원은 자기 책상 서랍에 있는 위장약을 가지러 달려갈 것이다. 4부에서 직원들의 투쟁-도피 반응을 촉발하는 것이 어떤 영향을 주는지 다룰 때 자세히 살펴보겠지만, 이처럼 당신이 무심코 초래하는 불안은 단순히 직원의 사기를 떨어뜨리거나 소화불량을 일으키는 것보다 훨씬 심각한 결과를 불러온다.

힘의 역학이 만들어내는 또 다른 현상은 진실을 말하길 두려워하는 것이다. 진실을 있는 그대로 말할 배짱이 있는 사람은 흔치 않다. 상사인 당신은 직원들이 당신 견해에 웬만하면 고개를 끄덕인다고 느꼈을지 모른다. 마이클이 말했듯 썰렁한 농담도 당신이 하면 재미있는 이야기가 되며, 당신의 아이디어는 뛰어나다는 찬사를 받고, 당신의 조언은 더없이 소중하다는 피드백을 얻는다. 나도 마음 같아서는 당신이 탁월한 통찰력과 혜안의 소유자여서 그렇다고 말해주고 싶지만, 사실 그중 대부분은 당신의 높은 지위가 만들어내는 부수적 결과다. 찬사와 인정을 받는 순간만큼은 으쓱할지 모른다. 그러나 **부하 직원이 나쁜 소식을 숨기거나 당신의 발전에 큰 도움이 되는 비판적 의견을 내지 않으면 당신의 리더십은 타격을 입는다.**

내가 코칭을 제공하는 CEO 루이스의 요청으로 남유럽 국가에 있는 직원들을 위해 수련회를 진행한 적이 있다. 그 나라에서는 시간 엄수를 별로 중요시하지 않는 경향이 있었다. 뭔가를 정해진 시각에 시작하는 경우가 거의 없었고, 휴식 시간이 길어지는 만큼 일정도 고무줄처럼 늘어났다. 수련회 장소인 호텔의 직원들 말로는 일정이 바뀌어 식은 음식을 다시 데우는 일이 다반사라고 했다. 나는 루이스에게 행사를 정확한 스케줄에 맞춰 진행할 생각이니 그럴 수 있도록 도와달라고 당부했다. 첫날 일정이 모두 끝난 뒤 호텔 매니저가 나를 찾아와서는, 오늘처럼 정확하고 순조롭게 행사가 진행된 걸 본 적이 없다면서 호텔 직원들이 너무 좋아하더라고 말했다.

둘째 날 아침, 프로그램 시작이 5분 남았는데 콘퍼런스 룸에서 루이스가 보이지 않았다. 인사부장 마리아 테리사에게 물어보니, 루이스가 아직 식당에 있다는 것이었다.

내가 "알겠어요. 제가 가서 데려올게요"라고 말하자 마리아는 놀란 토끼 눈을 하고 말없이 나를 쳐다보았다. 그러다가 잠시 후 이렇게 덧붙였다. "아, 네… 그러세요. 그 일을 할 수 있는 사람은 당신뿐이니까요."

나는 적잖이 놀랐다. 우리는 분명히 시간을 엄수하기로 약속했고, 루이스는 지각하기 직전이었다. 그러니 프로그램이 곧 시작된다는 걸 알리고 데려오는 것은 너무 당연한 일이었다. 그게 그렇게 겁낼 일이란 말인가?

얼마 뒤 행사 도중 루이스가 일어나서 말을 하는데, 창밖에서 시끄러운 공사 소리가 들려왔다. 그는 딱히 특정인을 지목하지 않은 채 좌중을 향해 말했다. "내 말 잘 들리죠? 마이크를 써야 하나?"

그러자 웅얼거리듯 "아니요, 괜찮습니다"라는 대답이 여기저기서 나왔다.

하지만 내가 보기엔 괜찮지 않았다. 루이스가 평소보다 크게 말하고 있었지만 공사 소음 탓에 그의 말을 겨우 알아들을 수 있었다. 결국 방 뒤쪽에 있던 내가 목소리를 높여 이렇게 말했다. "루이스, 마이크를 사용해야겠어요."

직원들이 선뜻 말하지 못한 것은 루이스의 어떤 행동이나 태도 때문이 아니었다. 단지 그가 CEO라는 사실 때문이었다.

힘과 지위는 우리를 접근하기 어려운 사람으로 만든다. 그리고 그런 비접근성이 야기하는 고립은 별로 이롭지 않다. 이를 일깨워주기 위해 나는 기업 수련회에서 종종 다음과 같은 활동을 진행한다. 먼저 집단 중에서 한 사람이 '힘을 지닌 인물' 역할을 맡는다. 그런 뒤 나머지 사람들이 각자 자신에게 의미나 가치가 있는 물건을 그 사람에게 건넨다. 신발, 안경, 열쇠 등 어떤 이유로든 자신에게 유용한 물건이기만 하면 뭐든 상관없다. 이때 힘을 지닌 인물의 손에 물건이 점점 쌓일수록 흥미로운 현상이 일어난다. 어느 누구도 그가 물건 드는 것을 도와주지 않는다는 점이다. 그 물건들은 부하 직원의 수많은 요구와 기대를 상징하며, 참가자들도 이를 금세 알아챈다. 아무도 그가 물건을 올려놓을 수 있게 테이블을 끌어당겨주지 않는다. 그리고 그가 품 안 가득 물건을 들고 있을 때, 나는 그에게 굉장히 까다롭게 세세한 점을 요구하면서 내 신발 끈을 묶어달라고 한다. 이때도 역시 물건을 들어주겠다고 나서는 사람은 아무도 없다. 마지막에 그는 누가 어떤 물건을 주었는지 기억하려 애쓰며 각 물건을 원래 주인에게 돌려준다. 하지만 역시 아무도 도와주지 않는다. 물론 그 자신도 도움을 요청하는 경우가 거의 없다.

힘을 갖는다는 것은 명예로운 훈장이며 거기에 감히 의문을 제기하기는 쉽지 않은 일이다. 1960년대에 예일대학교에서 진행한 밀그램 실험은 권위에 복종하는 심리가 인간에게 얼마나 깊이 박혀 있는지 보여주었다. 이 실험의 피험자들은 다른 방에 있는 사람이 문제의 답을 틀리면 전기 충격을 가하라는 지시를 과학자에게 받았다(과학자와 전기 충격 장치는 가짜였으며 문제를 푸는 이들은 전기 충격을 받는 것처럼 연기했다). 문제가 틀려 전기 충격을 받은 사람은 고통스러운 비명을 질렀고, 일부는 실험을 중단해달라고 요청했다. 그럼에도 실험 진행자는 장치의 버튼을 누르는 피험자에게 계속하라고 명령했다. 이 실험에서 피험자의 65퍼센트가 진행자의 지시에 따라 전기 충격을 최고 강도까지 높였다. 실험을 실시한 사회심리학자 스탠리 밀그램Stanley Milgram은 사람들이 자신의 판단을 접어두고 두려움이나 협조적인 사람이 되려는 욕구 때문에 권위에 복종한다는 결론을 내렸다.

이 실험은 많은 논란을 야기했지만 인간이 힘을 지닌 존재에 반응하는 방식에 대한 불편한 진실을 보여준다. 힘의 역학은 우리 안에 깊이 새겨져 있어 눈에 잘 보이지 않는다. 그러나 효율적인 리더가 되고 싶다면 성공에 대한 정의를 조정해야 하는 것처럼 힘의 역학도 반드시 제대로 알아야 한다.

스포트라이트를 피할 수 없다

어느 날 슈퍼마켓 연예 잡지 진열대 근처 계산대 앞에 줄을 서 있을 때였다. 내 앞에 20대 초반으로 보이는 남자 둘이 있었는데, 그중 한 명이 표지에 유명 여자 배우의 얼굴이 실린 《피플People》지를 뽑아 들더니 비웃는 듯한 표정을 지으며 옆에 있는 친구에게 말했다.

"야, 이년 이빨이 말 같지 않냐?"

나는 그 배우를 개인적으로 알지 못했지만 순간 마치 내가 모욕당한 것처럼 그녀에게 동정심이 일었다. 그녀가 대체 뭘 잘못했기에 그런 모욕적인 말을 들어야 한단 말인가?

당연히 그녀가 잘못한 건 없다. 세상의 주목을 받는 위치에 올랐다는 사실 외에는 말이다. 흔히 우리는 부와 명예, 권력이 우리를 아름다운 장밋빛으로 빛나게 한다고 생각한다. 물론 대개 그렇다. 하지만 연예인이든 조직의 상사든 그 빛은 우리가 예상한 것보다 더 밝을 수 있다. 따라서 당신의 능력과 지위에 쏟아지는 스포트라이트가 때로는 불편하거나 선을 넘는다고 느껴질 수 있다.

내가 이 사실을 퍼뜩 깨달은 것은 동료 조지가 마이크로소프트에서 꽤 높은 직급인 파트너가 되었을 때였다. 조지는 부하 직원들이 왜 자신의 사생활에 관심을 갖는지 모르겠다며 투덜댔다. "내가 무슨 차를 모는지 대체 왜 궁금한 걸까요?"라고 말하며 이해가 안 간다는 표정을 지었다. 그는 이것이 직원 휴게실에서 뜨거운 화제였다는 이야기를 듣고 특히 짜증이 났다.

알고 보니 이런 호기심 가득한 수다의 주제는 조지가 모는 차의 종류에만 국한되지 않았다. 직원들은 그의 아내가 스위스에 자주 가는 이유('성형수술을 받나?', '다이어트 클리닉에 가나?')나 그의 정치 성향에 대해서도 온갖 추측을 하며 입방아를 찧었다. 이것은 특이한 현상이 아니다. 본래 사람들은 자기 상사의 개인사에 큰 관심을 갖는다. 한편으로는 이런 호기심이 불편할 수 있지만, 이를 다른 관점으로 바라볼 수도 있다. 입을 꾹 닫고 당신 방에 틀어박히는 것보다는 그게 더 나을 것이다.

사람들이 그런 것을 알고 싶어 하는 것은 대개 당신과 가까워지고 싶어서다. 당신도 자신과 같은 사람임을 느끼고 싶어서, 나아가 공통의 관심사나 다른 특별한 공통점을 토대로 공감대를 형성하고 싶어서다. 이처럼 공통점을 찾아 연결되는 데는 단순히 정서적 친근감을 형성하는 것 이상의 의미가 있다. 배우 앨런 알다Alan Alda가 쓴 소통의 기술에 대한 책 『내가 당신을 이해했다면 지금 이런 표정을 짓겠어요?If I Understood You, Would I Have This Look on My Face?』에 소개된 바에 따르면, 하버드대학교 연구 팀이 MRI 스캔을 이용해 관찰한 결과, 사람들은 자신과 상대방의 비슷한 점을 발견할 때 상대방의 생각과 감정을 더 정확하게 읽었다.

물론 **주목받는 사람이 되면 때로는 원치 않는데도 몸 안을 엑스레이로 촬영당하는 듯한 기분이 든다.** 마이크로소프트에서 일할 때 감사하게도 많은 이들이 내게 존경을 보내주었고, 그러면서 나에게 팬처럼 관심을 쏟는 무리도 생겨났다. 당시에는 몰랐지만 그중에는 친한 동료도 있었다. 하루는 동료 신디와 대화를 나누다가, 지난 주말에 노스캐롤라이나주로 가는 도중에 남편 매슈가 공항 검색대 직원에게 턱수염 깎는 가위를 압수당했다는 이야기를 들려주었다. 그런데 그날따라 신디에게 더 친근감이 느껴져 여행 중에 미용실에 갈 시간이 없으면 남편의 가위로 내 머리를 손질하기도 한다는 이야기까지 했다. 그랬더니 신디가 외쳤다.

"아, 그럴 줄 알았어요! 안 그래도 당신이 남편 턱수염 가위로 머리를 자를 것 같다는 이야기를 그웬이랑 했다니까요!"

그웬은 신디의 아이를 봐주는 베이비시터였다. 왜 신디는 나를 알지도 못하는 베이비시터와 내 개인적 습관에 대한 이야기를 했을까?

이처럼 타인의 개인적 삶에 대해 알고 논평할 권리가 있다고 느끼는 심리가 생겨난 데는 소셜 미디어의 발달과 유명인의 삶에 돋보기를 들이대는 문화도 영향을 미쳤다. 사람들은 스포트라이트를 받는 사람의 개인사를 틈만 나면 화제로 삼는다. 물론 상사인 당신도 예외가 아니다. 따뜻한 불빛이든 가혹한 불빛이든 그 스포트라이트는 꺼지지 않는다. 당신이 큰 무대로 올라가는 순간 당신에 대한 기대치가 높아짐과 동시에 스포트라이트가 꺼지지 않고 계속 당신을 비춘다. 모두의 시선이 당신을 향하고, 당신이 하는 모든 결정이 분석과 판단의 대상이 되며, 모든 말이 확대 재생산되고, 사소한 실수도 선명하게 부각된다. 텔레비전에 자주 출연하는 내 고객 한 명은 "요즘은 내이에 낀 시금치 조각도 밈이 돼서 돌아다닌다니까요"라고 말했다. 부하 직원들은 항상 당신을 지켜본다. 당신에 대한 개인적 정보를, 당신이 좋아하는 것과 싫어하는 것을, 당신과 공감대를 형성할 방법을, 그리고 때로는 당신에 대해 파악한 점을 자신에게 최대한 유리하게 이용할 방법을 알아내려 애쓴다. 상사가 된 당신이 할 일은 스포트라이트를 피하는 것이 아니라 스포트라이트가 비출 때 최대한 빛날 수 있는 능력을 갖추는 것이다.

2장

리더가 되면
피하기 힘든 치명적 착각들

머리가 명석하고 분석 능력이 뛰어난 청은 모든 단계를 착실히 밟아 부장 자리까지 올라갔고, 부장으로서 업무를 시작하는 날을 일주일 앞두고 있었다. 청의 회사에서는 주요 관리자들이 코칭을 받을 수 있도록 지원했으며, 그는 코치로 나를 선택했다. 첫 면담 날 그는 태블릿 PC와 스타일러스를 차분하게 손에 들고 나와 마주 앉았다. 코칭을 통해 무엇을 얻고 싶으냐는 물음에 그는 이렇게 답했다. "사고 파트너이자 코치인 당신의 도움을 받아 새로운 직책에서 발전과 성공을 이루고 싶습니다."

내가 일하는 분야에서 청은 이례적인 경우에 해당한다. 내게 코칭을 받길 원하는 고객은 대부분 이런저런 문제를 겪고 있기 때문이다. 때로 그들은 자신이 한 말이나 행동 탓에 커리어가 타격을 입었거나 아예 자리에서 쫓겨날 위기에 빠져 있다. 또는 좌절감을 느끼거나, 조직 구성원과의 갈등을 풀지 못하거나, 직책의 책임감이 주는 중압감에 시달리거나, 일에서 성취감을 느끼지 못해 내게 연락하는 사람도 있다. 때로는 당사자가 아니라 회사의 인사 관리 책임자가 절박한 심정으로 연락하는 경우도 있다.

난디도 그런 고객이었다. 동료와 부하 직원에게 뼈아픈 피드백을 받은 뒤 나를 찾아온 난디는 뭔가 깨달은 것 같은 표정이면서도 걱정과 혼란에 휩싸인 듯 보였다. 미국 서부의 큰 대학에서 화학공학 교수로 재직하다가 교무처장 자리에 오르기까지 부정적 평가를 들어본 적이 한 번도 없는 그녀였다. 가혹한 피드백을 들은 뒤로는 너무 긴장해서 상관이 진행하는 교원 회의에서 의견을 제대로 말하지 못했고, 팀원을 위해 결정을 내릴 때도 소심해졌다. 나는 어떤 피드백을 들었는지 묻고 사람들이 불만을 느끼는 행동을 개선하라고 조언하는 대신, 먼저 그녀가 자신의 직책과 관련해 어떤 생각을 갖고 있는지 알아봤다.

대화를 나눠보니 난디는 나를 찾아오는 많은 관리자와 마찬가지로 여러 잘못된 믿음을 갖고 있었다. 그녀는 과거에 자신을 '좋은 상사'라고 여겼지만 이제는 '나쁜 상사'라고 생각했다. 그러니 자연히 자신감이 없어져 발전이 정체됐다. 내향적 성격이며 아침에 일찍 일어나는 그녀는 혼자 생각하는 시간을 좋아했고, 회의가 시작되면 사람들과의 스몰 토크 없이 곧장 본론으로 들어가는 것을 선호했다. 또 많은 업무량을 소화하고 마감 기한을 항상 지키는 자신을 자랑스러워했으며, 남들에게 진정성 있는 모습을 보인다고 믿었다. 동료들과 일과 관계없는 한담을 나누는 것이 피상적 대화일 뿐이고 그들과 자신 모두에게 시간 낭비라고 여겼다. 또 자신의 관리 스타일에 대한 불만이 들려오면 나름의 이유로 정당화하며 무시해버리곤 했다. 낸디는 이번 장에서 다룰 '상사가 가장 자주 빠지는 네 가지 착각'에 모두 빠져 있었다.

외관상으로는 모든 게 계획대로 진행되고 있지만 뭔가 문제가 있는 것 같은 찜찜한 기분이 가시지 않는다면, 행동의 밑바탕에 있는 생각을 점검해보지 않고 무조건 행동부터 취하는 것은 바람직하지 않다. 그것은 마치 애초에 단것으로 손을 뻗는 이유가 무엇인지는 생각해보지 않고 폭식을 막기 위해 쿠키 상자에 자물쇠를 채우는 것과 비슷하다. 당신도 잘 알겠지만 대개 그 결말은 몸에 좋은 채소를 즐겁게 먹는 모습이 아니다.

우리는 상사와 관련해 어떤 착각에 갇혀 있을까? 그런 착각은 어떤 식으로 우리로 하여금 흔한 실수를 하도록 만들까?

착각 1:
세상에는 '좋은' 상사와 '나쁜' 상사가 있다

엔지니어 출신인 나는 검증된 시스템을 좋아한다. 그래서 이따금 '좋은 상사'가 되는 공식을 개발하면 어떨까 상상해본다. 그것도 매번 완벽한 결과를 내는 공식 말이다. 부하 직원을 거느린 자리로 승진한 사람은 누구나 이 공식을 활용하면 최고의 상사가 되는 것이다! 내 경력도 해피엔딩을 맞아, 세상에서 나쁜 상사를 영원히 없애버렸다는 뿌듯함에 젖어 어느 멋진 해변에서 앙증맞은 우산 장식이 꽂힌 칵테일을 홀짝이고 있을지 모른다. 상상만 해도 기분 좋지 않은가?

하지만 이는 상상일 뿐이다. 좋은 상사가 되는 마법 같은 공식은 없다. **'좋은' 상사와 '나쁜' 상사가 존재한다고 믿으면 우리가 그 둘 중 하나일 수밖에 없다고 생각하는 오류에 빠지게 된다.** 그러나 현실은 그렇게 간단하지 않다. 세상에 착하기만 한 사람도, 나쁘기만 한 사람도 없는 것처럼, 상사도 이분법적으로 나눌 수 없으며 좋거나 나쁜 상사라는 판단도 고정된 것이 아니다. '나쁜 상사'도 나쁜 사람인 경우는 별로 없다. 사실 대개는 좋은 의도를 지닌 좋은 사람인데, 좋은 의도와 나쁜 행동 사이의 희미한 선을 자신도 모르게 넘어간 것이다. 그렇다면 여기서 던져야 할 질문은 이것이다. 왜 좋은 의도를 지니고서도 나쁜 상사가 되고 마는 걸까?

내가 경영자 코치를 시작한 지 얼마 안 된 시기에 360도 평가를 진행한 두 고객은 부하 직원들에게 심리적으로 매우 부정적인 영향을 끼치고 있었다. 로건은 좋은 의도를 지닌 상사였고 직원의 사기를 북돋고 싶다고 말했지만, 360도 평가 결과를 보니 부하들에게 성미가 까다롭고 조급하며 무례한 상사로 비치고 있었다. 이와 비슷하게 카라도 직원과 그들의 성과에 애정 어린 관심을 갖고 있었지만 많은 직원이 그녀에 대해 불만을 토로했다. 직원이 의견을 제안하면 기죽이는 말을 내뱉기 일쑤인 데다 퉁명스럽다는 것이었다. 두 사람의 비서가 그들의 기분을 알려주는 일종의 '기압계' 역할을 했다. 직원들은 용무가 있어 찾아가기 전에 먼저 비서에게 그들의 기분이 어떤지 묻곤 했다. 일대일 면담을 해보니 로건과 카라는 꽤 좋은 사람이었다. 친절했고, 자기 시간을 아낌없이 내주었으며, 팀원 각각의 요구에 대해 많이 생각하는 유형이었다. 팀원들에게 비치는 겉모습과 달리 속으로는 그들을 공정하게 대하고 잘해주려는 의지가 강했다. 하지만 깐깐하고 날카로운 모습 탓에 많은 이들이 그들 앞에서 위축되어 실력을 제대로 발휘하지 못했다. 몇몇은 부서를 옮기고 싶다는 생각까지 했다.

나는 의문이 들었다. 개별적으로 이야기를 나눠보면 아주 괜찮은 사람인데(그들은 '오늘은 어떻게 하면 직원의 사기를 꺾어놓을까?' 궁리하며 출근하지 않는다) 어째서 함께 일하는 이들은 괴로워할까? 그들은 코칭 면담에서는 나무랄 데 없는 사람처럼 보였지만 일터에서는 다른 이들에게 피해를 입혔다. 그때부터 나는 지위에 따른 권력과 압박감 때문에 좋은 의도를 지닌 똑똑한 사람이 (자신도 모르는 새에) 악마 같은 상사가 되는 과정을 분석했다.

좋은 상사가 되는 법을 일러주는 불변의 이론 같은 것은 없다. 당신이 그 자리에 얼마나 오래 있었든 상관없이 그것은 지속적인 수정이 필요한 기술이다. **좋은 상사가 되기 위해서는 구체적 전략과 도구를 활용해 '매 순간' 권력과 압박감을 관리할 줄 알아야 한다.** 만사가 순조롭고, 팀이 연일 탁월한 성과를 내며, 이윤이 가파른 상승 곡선을 그리고, 업계의 찬사가 쏟아질 때는 누구나 좋은 상사가 될 수 있다. 당신이 정말로 좋은 상사인지 나쁜 상사인지 드러나는 것은 폭풍우를 동반한 먹구름이 몰려오고 팀이 기름을 잘 친 기계처럼 쌩쌩 돌아가지 않을 때 당신이 어떻게 행동하느냐를 통해서다.

> **Coach's Note**
> **중간 점검하기**
>
> 당신을 좋아하는 직원들은 당신을 어떤 상사로 평가할까? 당신을 싫어하는 직원들은 어떻게 평가할까?

착각 2:
일터에서는 무조건 감정을 배제해야 한다

수전은 얼마 전 대기업에 인수된 작은 회사의 운영 총괄 책임자였다. 이 대기업은 인수 후에도 수전의 회사가 독립적으로 운영되도록 자율성을 보장했지만 곧 변화가 불어닥칠 참이었다. 운영 팀은 앞으로도 종전과 같이 수전이 이끌지만, 회계와 인사 등 몇몇 백 오피스^{back office}(고객과 직접 대면하지 않고 업무를 지

원하는 관리 부서 등을 의미—옮긴이) 부서는 모기업에 통합하기로 결정이 났다. 이 같은 조직 개편이 추진되면서 많은 핵심 인력이 회사를 떠나고 있었다.

수전 팀의 직원들은 당연히 불안해했다. 날이 갈수록 수전이 직원들에게 이메일과 전화를 받는 횟수가 늘어났다. 처음에는 그저 궁금해하는 정도였지만 갈수록 질문 강도가 높아졌다. 회사 상황을 정확히 말해달라며 답답해하고 불안해했다.

"그래서 팀원들에게 뭐라고 말하나요?" 내가 물었다.

"프로다운 태도를 유지하면서 그들에게 걱정하지 말라고 이야기하고 있어요. 그래야 일에 집중할 수 있을 테니까요." 수전은 어깨를 살짝 으쓱했다. 직원을 안심시키는 말을 스스로도 확신하지 못하는 속마음이 엿보였다.

수전에게도 설명했지만, 생존을 불안해하는 사람에게 걱정하지 말라고 하는 것은 거미를 무서워하는 사람에게 통통한 털북숭이 거미가 다리에 기어 올라와도 겁내지 말라고 하는 것과 마찬가지다. 감정은 자연스럽게 일어나기 마련이고 억지로 없앨 수도 없다. 사람들에게 뭔가를 느끼라거나 느끼지 말아야 한다고 말하는 것은 무의미할뿐더러 잘난 척한다는 인상을 준다. 게다가 안심시키는 말은 별 효과가 없다. 그런 말을 들으면 더 불안해질 뿐이다. '왜 걱정하지 말라는 거지? 걱정할 만한 이유가 있는 게 틀림없어. 사실 별로 걱정이 안 됐는데, 걱정해야 맞는 거 아닐까?' 그리고 수전처럼 고위급 임원 입장에서는 걱정하지 말라고 말하기 쉽다. 그녀는 퇴사한다 해도 두둑한 퇴직금을 받을 테니 말이다. 하지만 직원들은 그렇지 않다.

수전의 실수는 직원들을 안심시키려 애쓴 것이 아니라 '일터에도 언제나 감정이 존재한다'는 사실을 무시한 것이다. 우리는 '일하는 나'와 '개인적 가치관과 감정을 지닌 나'를 완벽히 분리할 수 없다. 물론 일할 때는 프로 정신이 필요하며 그 둘을 어느 정도 분리할 수 있고, 또 그래야 마땅하다. 하지만 우리는 인간이기 때문에 일터에서 일어나는 이런저런 상황과 상호작용에서 심리적 영향을 받는다. 그렇기에 최근 들어 조직 생활에서 공감 능력이 중요한 키워드가 된 것이다. 경영 전문가들은 오늘날처럼 중압감과 스트레스가 나날이 증가하는 일터에서 필수적인 리더십 자질로 공감 능력을 꼽으며, 많은 이들이 그것을 '가장 중요한' 자질이라고 강조한다.

마이크로소프트 CEO 사티아 나델라Satya Nadella의 예를 보라. 공감 리더십으로 유명한 그는 마이크로소프트를 10여 년간의 침체기에서 구해내 주가를 끌어올리며 멋지게 부활시켰다. 나델라는 이렇게 말했다. "나의 경영 철학은 혁신적 아이디어와 사람들에 대한 공감 능력을 결합하는 것이다."

일터의 성평등과 포용적 문화 조성을 위해 힘쓰는 비영리 단체 카탈리스트Catalyst의 타라 반 봄멜Tara Van Bommel이 최근 발표한 연구 보고서는 리더의 공감 능력이 얼마나 중요한지 보여준다. 이 연구에 따르면 상관의 공감 능력이 뛰어나다고 답한 직원들은 혁신적 아이디어를 내고 업무에 적극적으로 참여하는 비율이 훨씬 높았다. 조직 내에서 존중받는 기분을 느끼는 직원은 회사를 떠나지 않을 가능성이 더 컸다. 또 평소 상사가 공감을 표현한다고 느끼는 직원은 일과 개인적 삶의 균형을 훨씬 더 잘 관리했다.

나는 부하 직원의 불안감을 무시하고 넘어가거나 안심시키는 말만 하지 말고 그들이 품고 있으리라 짐작되지만 겉으로 표현하기 힘든 두려움과 불확실성, 의심을 종이에 정리한 뒤 그것에 대해 그들과 이야기를 나눠보라고 수전에게 조언했다. 그러면 그들은 수전이 자신에게 관심을 기울이며 직원 입장을 충분히 생각해봤다고 느낄 것이다. 수전이 그들의 존재를 인정하고 귀 기울여준다는 기분을 느낄 것이다. 그러고 나서 수전은 자신이 그들과 달리 높은 위치에 있다는 점을 십분 인정하면서 현재 상황에 대한 생각과 감정을 솔직하게 들려주는 것이 좋다. 마지막으로 회사 상황에 대해 자신이 아는 것과 직원에게 알려줘도 되는 정보를 솔직하게 공유함으로써 그들의 궁금증을 최대한 풀어준다.

혹시 이런 생각이 들지도 모른다. '하지만 난 부하 직원의 감정적 상처에 일일이 신경 쓰는 데 낭비할 시간이 없다고요.' 그렇다면 다음 섹션을 꼭 읽기 바란다. '하지만…'은 중요한 경고신호이자 기회다.

> **Coach's Note**
> **당신의 접근법을 평가해보라**
>
> - 그동안 일과 감정의 분리에 대해 어떤 식으로 배웠는가? 그것이 현재 당신이 지닌 믿음을 형성하는 데 어떤 영향을 미쳤는가?
> - 당신은 회사 일로 감정적 상처를 입으면 그 감정을 어떻게 관리하는가?(예: 받아들이거나, 무시하거나, 적극적으로 대응하는 등)

착각 3:
리더의 '하지만…'에는 정당한 이유가 있다

"하지만 그런 얘기는 나한테 해당이 안 돼."

"하지만 직원들은 내 입장을 이해하지 못한다니까."

"하지만 할 일이 산더미라 팀원들이 나를 어떻게 생각하는지 신경 쓸 겨를이 없어."

나는 고위급 관리자들의 머릿속에 자리 잡은 '하지만'이라는 접속사가 들어간 문장을 끝없이 만들 수 있다. 아마 당신도 이 글을 읽는 순간 당신만의 '하지만' 문장이 한두 개쯤 떠올랐을 것이다. 그렇다면 좋은 일이다. 그것은 지금까지 생각하지 못했던 것을 깨닫고 당신의 리더십 스타일을 크게 개선할 수 있는 지점을 발견할 중요한 기회를 만났다는 신호이기 때문이다. 물론 기꺼이 그런 관점으로 바라볼 의향이 있어야 개선 가능하지만 말이다.

언제나 방 안에서 가장 똑똑한 사람인 빅터는 그 사실을 과시하길 주저하지 않았다. 여럿이 모이면 늘 가장 먼저 말했고 회의에서도 발언 시간을 장악했다. 또 스튜에 들어간 여러 재료 사이에서 존재감을 드러내는 매콤한 소시지처럼 자기 자랑을 늘어놓기 일쑤였고, 톡 쏘는 말로 남을 비판하는 데 주저함이 없었다. 그는 이름을 대면 누구나 알 만한 유명한 갑부들이 자신의 회사에 투자했다는 사실 때문에 어깨에 힘이 잔뜩 들어가 있었다. 빅터는 자신의 독단적 결정이 직원들에게 미칠 영향은 고려하지 않은 채 옳다고 생각하는 일은 무조건 행동으로 옮겼다(무모해 보이지만 대개는 '실제로도' 그의 판단이 옳았다). 프로젝트에 문제가 생기거나 성에 차지 않는 보고서를 받으면 직원을 온갖 험한 말로 질책하고 고함을 지르면서 불같이 화를 냈다. 직원들은 혹여 불똥이 자신에게 튈까 두려워 그의 심기를 건드릴 것 같은 문제는 숨기곤 했다.

내가 빅터에게 360도 평가 결과 모든 직원이 그를 '개자식'으로 여긴다고 알려주자, 그는 의자 등받이에 몸을 기대고 다리를 뻗어 커피 탁자에 올려놓으며 두 손을 머리 뒤에서 깍지 꼈다. '그런 말 들어도 나는 눈 하나 깜짝하지 않는다'는 표현이었다. 그러더니 씩 웃으며 말했다. "이보세요, 난 다섯 살 때부터 개자식 소리를 들었다고요. 그래서 이렇게 성공한 거예요. 인사 팀장은 늘 직원한테 공감해라, 감정을 살펴라, 하는 헛소리를 해요. 사람들은 그런 헛소리를 실천하는 착한 사람 말은 안 들어요. 소리치고 험하게 다뤄야 말을 듣죠. 그래야 집중한다고요. 내가 그래서 회의 때 일부러 화를 내는 거예요."

빅터 같은 관리자들은 자신의 고약한 행동을 의식하지 못하는 것도 아니고 부끄러워하지도 않는다. 그들은 그런 행동을 자랑스러운 훈장처럼 여긴다. 나는 빅터처럼 '개자식'이라는 피드백을 칭찬으로 여기는 사람을 숱하게 봐왔다. 빅터는 큰 성과도 올렸고 업계 소식지에서 주목을 한 몸에 받고 있으니 개자식처럼 행동할 권리가 있지 않을까?

절대 그렇지 않다.

10여 년 전에는 직원을 괴롭히거나 비하하거나 성질을 부리거나 음란한 농담이나 무례한 발언을 하는 것과 같은 행동이 일터의 흔한 풍경으로 여겨졌을지 모르지만 이제는 조금도 용납되지 않는다. 특히 힘을 지닌 지위에 있는 사람의 경우는 더 그렇다. 가장 최근에 기업 리더의 비윤리적 행동이 세상을 떠들썩하게 한 스캔들을 떠올려보라. 잘못된 언행을 '못 본 척하고 못 들은 척하면' 그냥 없던 일이 되는 시절은 지나갔다. 오늘날 비즈니스 세계에서는 타인을 존중하고 서로의 차이를 이해하는 태도가 나날이 강조된다. 과거에는 숨길 수 있었던 일도 이제는 소셜 미디어 때문에 세상에 알려지기가 훨씬 쉽다. 글로벌 회계 컨설팅 그룹 프라이스워터하우스쿠퍼스^{PwC}의 2019년 보고서에 따르면, 전 세계 2,500개 공개 기업을 대상으로 조사한 결과 20년 만에 처음으로 최고위 임원이 잘못된 행동이 불러온 스캔들로 해고된 사례가 저조한 재무 성과 탓에 해고된 사례보다 많았다.

나를 찾아오는 고객들은 나쁜 습관을 버리길 주저한다는 공통점이 있다. 이는 자신이 그 행동 '덕분에' 성공했다고 믿기 때문이다. 그들은 그런 특성 덕분에 지금의 자리에 올랐다고 믿지만, 그 자리에 동반되는 권력과 압박감은 그 특성을 성과를 해치는 행동으로 바꿔놓는다.

이런 혼동은 한편으로 이해할 만하다. '우리의 나쁜 행동은 우리를 뛰어나게 하고 성공을 돕는 바로 그 특성과 뿌리가 같기' 때문이다. 굳은 의지와 고집불통, 자신감과 오만함, 단도직입적인 태도와 냉담함은 동전의 양면이다. 훌륭한 리더가 되기 위해서는 동전 중 이기는 쪽이 나오도록 행동을 조정해야 한다. 문제는 직급이 높아질수록 자신의 성격 특성이 좋은 방향으로 발현되고 있는지 나쁜 쪽으로 발현되고 있는지 구분하기 어렵다는 점이다. 조직 사다리의 높은 곳으로 올라갈수록 스스로 자신을 점검해 선을 넘어 나쁜 쪽으로 기울어지고 있다는 사실을 알아채기가 더 힘들다.

당신은 그런 특성 덕분에 성공한 것이 아니라 그런 특성을 '지녔음에도' 성공한 것이다. 이를 충분히 생각해보는 일은 꽤 중요하다. 나는 고객들에게 그런 잘못된 습관을 버리지 못하기 때문에 잠재력의 극히 일부밖에 사용하지 못한다고 설명한다. 그러면 대개 귀를 쫑긋 세우고 내 말에 집중한다. 권한 위임을 꺼리는 것, 불충분한 의사소통, 개인적 경계를 존중하지 않는 태도 등 그들이 자신의 성공에 중요한 역할을 했다고 착각하는 행동이 더 높은 성과를 내는 것을 늘 방해한다.

대부분의 고객은 그런 설명에 열심히 귀를 기울이는데, 빅터는 자기 생각을 조금도 바꾸지 않았다. '하지만 나는 지금까지 그런 방식으로 일해서 성공했다고요'라는 태도에서 꿈쩍도 하지 않았다. 그러나 글라스도어Glassdoor(직원들의 리뷰를 통해 조직 문화, 급여, 승진 기회, 상사 등의 항목에서 기업을 평가하는 사이트—옮긴이)를 비롯한 여러 온라인 공간에서 빅터에 대한 부정적 의견과 댓글이 폭증하면서 6개월 뒤 그 자리에서 내려와야 했다. 그는 결국 회사를 떠났고, 다른 회사에서도 평판 때문에 그를 CEO로 영입하길 꺼렸다.

'하지만' 태도가 꼭 오만함에서 비롯되는 것은 아니다.

다리아는 회사에서 현재 CEO의 뒤를 이을 후임으로 낙점되어 경영 훈련을 받고 있었다. 그녀는 초고속 승진으로 그 위치에 올랐지만 그녀에 대한 직원의 반발이 적지 않았다. 360도 평가를 진행해보니 직원들 눈에 비친 그녀는 일 처리 속도가 느리거나 실력이 부족하거나 감각이 둔한 직원을 절대로 못 견디는 상사였다. 그녀 생각에 그런 직원은 열등한 생명체나 다름없었다. 다리아는 360도 평가 결과에 강하게 반발하며 이렇게 말했다. "좋아요, 하지만 우리는 조그만 회사예요. 앞으로 성공할지 어떨지도 불확실하죠. 굼뜨거나 능력이 안 되는 직원을 봐줄 여유가 없다고요." 내가 아무리 신중하게 인재를 채용해도 언제나 A급 직원뿐 아니라 B급과 C급 직원도 뽑게 되기 마련이라고, 통계적으로 그럴 수밖에 없다고 설명하자 그녀의 '네, 하지만' 태도가 재빨리 수그러들었다. 다리아는 뭔가 깨달았는지, 내가 다음과 같이 말하자 생각에 잠긴 얼굴로 고개를 끄덕였다. "조직에는 B급과 C급 직원이 있을 수밖에 없고, 그런 직원을 전부 해고할 게 아니라면, B급과 C급 직원이 A급 성과를 내도록 이끌 방법을 생각해봐야 합니다."

이후 다리아는 직원들의 신뢰를 되찾았다. 그들에게 예전보다 더 많은 질문을 던지고, 그들을 무시하는 대신 의견을 받아들이려 노력한 덕분이었다. 일을 맡길 때는 부하 직원이 세부적인 부분까지 알아서 해결할 수 있으리라 믿어주었다. 의도치 않은 메시지를 보내는 일이 생기지 않도록, 얼굴을 찡그리는 습관을 버리고 표정을 관리하는 데도 신경 썼다. 다리아는 '하지만' 태도를 버린 뒤 좋은 리더로서 한층 크게 도약했다.

버려야 할 '하지만' 태도 네 가지는 다음과 같다.

1. "하지만 나는 너무 중요한 사람이라 잘릴 리가 없어."

그렇지 않다. 이는 당신의 착각이다. 이렇게 생각한 내 고객들이 지금은 새 직장을 구하러 다니면서 자신이 과거에 뭘 잘못했는지 간절하게 알고 싶어 한다.

2. "하지만 예전에 나도 '내 상사'한테 당했잖아. 내 부하들이 힘든 직장 생활을 견디면서 자기 역량을 증명하는 건 당연한 통과의례야."

내가 어렸을 때 고향 인도에서는 중매결혼을 한 젊은 여성이 시어머니에게 폭력적인 괴롭힘을 당하는 일이 다반사였다. 극단적인 경우에는 며느리가 결혼할 때 가져온 지참금이 다 떨어지면 며느리 몸에 기름을 붓고 불을 붙였다. 이런 짓을 한 시어머니는 젊었을 때 자신도 똑같은 폭력과 공포를 경험했을 것이다. 세월이 흘러도 폭력이 그대로 대물림되는 것이다. 이것은 범죄일까? 당연히 범죄다.

극단적 비유처럼 들릴지 모르겠지만, 이런 시어머니처럼 일부 사람들은 과거 자신의 상사가 보여준 불합리한 사고방식을 그대로 재현한다. 당신이 과거에 쓰레기 같은 못된 상사를, 심지어 부하를 학대하는 상사를 겪었을 수는 있다. 당신은 죽도록 괴로웠을 것이다. 그렇다면 왜 다른 누군가에게 똑같은 고통을 안겨주면서 비극을 대물림하려 하는가? 게다가 이제는 시대가 바뀌었다. 그런 악습을 반복하는 것은 이제 용납되지 않는다. 부하 직원을 인간적으로 존중하는 것이 중요하다는 사실을 깨닫고 정신을 차리지 않는다면, 당신의 평판이 온라인 커뮤니티나 소셜 미디어에 퍼져 당신은 순식간에 나락으로 떨어질 것이다.

3. "하지만 난 내가 옳다고 생각해."

그럴지도 모른다. 그러나 당신이 미처 생각하지 못한 점이 있을지도 모르지 않는가? 우리는 자신의 생각이 옳다고 믿지만 상황을 바라보는 다른 관점을 놓칠 때가 많다. 3부에서 살펴보겠지만 '하지만 내가 옳아'는 당신이 자신만 옳다고 믿는 독단의 함정에 빠졌다는 신호다.

4. "하지만 이게 원래 내 스타일이야."

이것은 너무 흔하게 목격되는 잘못된 사고방식이다. 뒤이어 소개하는 네 번째 착각을 읽어보라.

Coach's Note
'그리고 동시에'로 바꿔보라

'그리고 동시에'는 당신의 견해를 유지한 채 당신과 다른 관점을 고려하는 접근법이다. 마음속에서 '하지만'이 불쑥 올라올 때마다 '그리고 동시에'를 떠올려보면 어떨까? 예를 들면 이렇게 말이다. "나는 당신 말에 동의하기가 힘들어요. '그리고 동시에' 호기심을 갖고 당신의 관점을 들어볼게요." '하지만'은 대화의 진전을 막는다. 그러나 '그리고 동시에'는 열린 태도를 갖고 협력의 방향으로 나아가게 한다.

착각 4:
'나다움'은 절대 변하지 않아야 한다

고액 순자산 보유자들에게 재무 관리 서비스를 제공하는 토머스는 회사 매출을 수백만 달러 올려주는 우량 고객을 유치하는 능력이 뛰어났다. 업계에서 떠오르는 스타로 주목받는 그는 몇 가지 단점만 보완하면(그를 내게 보낸 상관의 말이다) 언젠가는《포천Fortune》선정 50대 CEO에 오를 만한 재목이었다.

문제는 불같은 성격이었다. 토머스 팀의 핵심 직원들은 반갑지 않은 내용의 보고를 들으면 여지없이 욱하고 성질을 내는 그를 보며 고개를 절레절레 흔들었다. 토머스에 대한 360도 평가를 진행해보니 '하지만' 유형의 상사가 흔히 듣는 '퉁명스럽다', '부하의 의견을 무시한다', '오만하다' 등의 평가가 나온 것은 물론이고, 조금만 심기가 불편해도 험악한 말을 쏟아내는 습관이 있었다. 빅터의 경우와 마찬가지로 토머스의 평가 결과에도 '폭발하다'라는 표현이 여러 번 등장했다. 화이트보드 지우개를 던지고 침을 튀기며 소리 지르는 일은 예사였다.

토머스는 자신이 쉽게 흥분한다는 사실을 잘 알았다. 평생 그런 말을 들었다고 했다. 툭하면 싸우는 여섯 형제자매 틈에서 막내로 자라면서도 유달리 센 성격과 큰 목소리 때문에 부모님의 관심을 끌었다. 내가 360도 평가 결과를 알려주자 그는 '나 정도 되는 사람은 그래도 돼요' 하는 오만함이 아니라 체념

하는 반응을 보였다.

"욱하는 성질머리가 문제라는 것은 저도 잘 압니다." 그는 세심하게 다듬은 턱수염을 한 손으로 문지르며 한숨을 쉬었다. 그러면서 화를 조절하지 못하는 성격 탓에 아내와의 관계도 금이 갔고, 과속 딱지를 뗀 경찰한테 욕을 퍼부어서 벌금이 배로 늘어난 적이 한두 번이 아니라고 솔직하게 말했다. "하지만 어쩌겠습니까? 원래 이런 스타일인걸요. 원래 내 모습대로 행동해야 진정성 있는 것 아닌가요?"

'나다운 진정성'은 많은 경영자를 잘못된 행동에 빠뜨리고 많은 관리자의 몰락을 초래하는 단어다. 이유는? 절대적인 진정성이란 존재하지 않기 때문이다.

항상 똑같은 방식으로 나답게 행동해야 한다는 생각은 잘못된 믿음이다. 삶의 모든 영역에서 늘 같은 모습으로 살아가는 사람은 없기 때문이다. 우리에게는 여러 다른 역할이 주어지고, 그때그때 역할에 따라 다양한 모습으로 살아간다. 우리는 여러 정체성을 지니고 있으며, 하루 중에도 정체성이 수시로 바뀐다. 예를 들어 내 정체성은 코치, 대중 강연가, 작가, 엄마, 아내, 남아시아 출신 여성, 친구, 배우는 사람, 외향적인 사람이다. 아내라는 역할일 때는 남편에게 필요한 도움을 주고, 그와 함께하는 시간을 우선순위에 놓으며, 가식 없이 솔직해지려 진심으로 노력한다. 대중 강연가라는 역할을 할 때는 솔직해지려 노력하되 준비되고 세련된 모습을 보이는 것을 중요하게 여긴다. 배우는 사람일 때는 혼자서 책에 몰두하며 지내고, 외향적인 사람으로서는 다른 이들과 의견을 교환하며 대화하는 것을 좋아한다. 이 중 어떤 것이 '진짜 나'일까? 전부 다 진짜 나다. 불교 호스피스 운동의 창시자이자 『다섯 개의 초대장』 저자인 프랭크 오스타세스키Frank Ostaseski는 이렇게 말했다. "삶은 우리에게 끊임없이 적응하라고 요구한다. 세상 모든 것이 그러하듯 우리 역할도 늘 변한다."

'나다운 진정성'이라는 말은 우리가 버리기 싫거나 어떻게 바꿔야 할지 모르는 온갖 종류의 행동을 정당화하기 위해 들먹이는 유행어다. 내 아들 지벤이 세 살이었을 때 사업 동료가 우리 집에 저녁을 먹으러 왔다. 그는 배가 벨트 위로 튀어나온 거구였다. 지벤이 아장거리며 그에게 다가가더니 손가락으로 배를 쿡 찌르면서 크게 말했다. "아저씨, 똥 눠야 할 거 같아요!"

지벤은 자신답게 행동한 것일까? 물론이다. 하지만 어린아이였다. 지벤은 눈앞에 보이는 것에 여과 없이 본능적으로 반응했다. 그것은 아이들만의 순수함이다. 물론 때로 부모는 그런 순수한 행동 때문에 당혹스러워 어쩔 줄 몰라 하지만 말이다. 부모의 역할은 예의 바르게 행동하는 법을 가르치는 것이다. 우리는 아이가 태어날 때부터 성인처럼 상황을 판단하고 자신의 행동 반응을 사려 깊게 선택하는 능력을 갖추길 기대하지 않는다.

그런데 우리 '누구나' 때로는 내면에서 아이 같은 감정 반응과 충동이 일어난다. 속 터지게 느린 공무원에게 욕을 퍼붓고 싶었던 적이, 또는 화려하게 주목받을 수 있는 프로젝트를 맡지 못해 발을 쿵쿵 구르고 소리 지르며 떼를 쓰고 싶었던 적이 누구나 한 번쯤 있지 않은가? 그것은 지극히 정상적이고 당연한 마음이다. 하지만 또한 성인으로서 해야 할 정상적이고 당연한 행동은 그런 충동을 인정한 뒤 '그 충동에 따라 행동하는 것이 우리의 목적과 가치에 부합하는지 판단하는 것'이다.

이는 '나다운 진정성'과 '가치에 대한 충실성'의 중요한 차이다. 전자는 본능적이고 직관적이지만, 후자는 잠시 멈춰 자신의 본능적 반응이 현재 중요한 목적과 가치에 도움이 되는지 평가하는 태도다. "너 자신에게 진실하라"는 셰익스피어의 말은 물론 새겨들을 만하다. 그러나 현대사회에서 우리는 진정성이라는 단어를 왜곡해, 성숙한 성인으로서 우리의 목적과 조화를 이루도록 행동을 조정하지 않으려는 '고상한' 핑계로 사용한다.

사람들이 흔히 진정성이라고 말하는 것은 사실 가치에 대한 충실성일 때가 많다. 그들은 특정한 가치를 표현하고 있는 것이다. 그런데 우리가 중시하는 가치는 하나가 아니다. 우리는 서로 경쟁하는 여러 가치를 지니고 있으며, 어느 한쪽을 위해 다른 쪽을 희생해야 한다. 예컨대 좋은 엄마가 되는 것은 내가 중시하는 가치이고, 좋은 시민이 되는 것도 내가 중시하는 가치다. 그런데 만일 내 아이의 목숨을 구하기 위해 먹여야 하는 약을 살 돈이 없다면 이 두 가치가 충돌할 수 있다. 내가 어느 약국에 그 약이 있다는 사실을 알게 되면 틀림없이 그곳에 침입해 약을 훔칠 것이다. 물론 쉽게 내릴 수 있는 결정은 아니겠지만, 좋은 엄마가 되는 쪽을 더 중요한 일이라고 여기고 선택하는 것이다.

우리는 늘 우리를 끌어당기는 경쟁하는 가치 속에서 살아간다. 각각이 모두 중요하게 느껴지고 진정한 우리 자신으로 살아가는 데 필요한 듯 느껴진다. 바쁜 현대인이 흔히 겪는 가치의 충돌은 운동과 일이다. 바쁜 삶에서 두 가지를 모두 추구하려면 상황에 따라 한쪽을 택하고 다른 쪽을 포기해야 한다. 항상 일을 몇 시간 더 하기 위해 운동을 완전히 포기할 수는 없다. 그러면 건강이 나빠질 것이다. 또 주중 매일 오후에 4시간을 헬스장에서 보낸다면 일을 제대로 해낼 수는 없다. 현명한 사람은 상황에 따라 우선순위를 조정해 둘 중 한 가지 활동을 선택한다.

토머스 얘기로 돌아가보자. 그에게는 자신의 성격대로 행동하는 것 외에 직원들에게 존경받는 것도 중요한 가치였다. 그에 대한 360도 평가에 따르면 한번은 그가 회의에 지각한 부하 직원을 전 직원 앞에서 매우 심하게 혼냈다. 그 자신은 의식하지 못했겠지만 폭발하기 직전에 그에게는 두 가지 선택지가 있었다. 하나는 '그다운 진정성'을 마음껏 발휘해 지각한 직원이 그의 시간과 권위를 존중하지 않는다면서 성질을 내며 윽박지르는 것이고, 다른 하나는 그가 중시하는 신뢰와 존경을 받을 만한 자격이 있는 상사가 되기로 선택해 회의가 끝난 뒤 지각한 직원을 따로 불러 이야기를 나누는 것이다. 두 가지 모두 그가 중시하는 가치를 추구하는 행동이다. 문제는 그 순간에 어느 쪽을 선택하느냐 하는 점이다.

진정성은 우리가 중시하는 가치에서 비롯된다. 하지만 결코 한 가지 모습이 아니다. 특정한 상황에서 진정성 있는 행동과 다른 상황에서 진정성 있는 행동은 매우 다를 수 있다. 우리는 어떤 가치를 우선시할지 항상 선택하기 때문이다. 내가 밤늦은 시간에 가족과 인적 없는 거리를 걸을 때 누군가가 우리를 향해 인종차별적 발언을 한다면, 나는 인종차별에 저항하며 그와 맞서 싸우려 하지 않을 것이다. 그 순간 내게는 사회적 정의를 외치는 것보다 가족의 안전이 더 중요하기 때문이다.

또 진정성은 불변하는 것도 아니다. 인생을 사는 동안 '우리가 어떤 사람인가' 하는 정의도 바뀌기 때문이다. 당신이 다섯 살 때의 진정한 자아와 쉰 살 때의 진정한 자아는 다르다. 당신에게 중요한 것은 고정되어 있지 않고 자꾸 바뀐다. 전직 로켓 과학자이며 『지니어스 코드』의 저자인 오잔 바롤Ozan Varol은 이렇게 말했다. "젊었을 때 꿈을 가졌다고 해서 영원히 그 꿈에 속박될 필요는 없다. 35세의 당신과 25세의 당신은 공통점이 별로 없다. 내 말이 틀린 것 같다면 당신이 예전에 소셜 미디어에 올린 글을 찾아서 읽어보라. 그때 쓴 글과 그때 입은 옷을 보면 질겁할 것이다. 그리고 이런 생각이 들 것이다. '왜 지금의 내가 저 사람이 했던 선택에 매여 살아야 하지?'"

당신이 진정성의 덫에 빠졌다는 확실한 신호는 다음과 같이 말하는 것이다. "난 원래 이래", "나는 ~를 하는 사람이 아니야", "지금까지 늘 그렇게 해왔고 효과가 있었어." 나는 이런 말에서 위안을 찾는 고객에게 한 가지밖에 할 줄 모르는 사람이 된 것이라고 말해준다. 그러면 그들은 불쾌해한다. 이해는 간다. 일차원적이라는 소리를 듣고 좋아할 사람은 없으니 말이다. 하지만 "이게 내 방식이야" 또는 "이게 내 정체성이야"라고 말하며 한 가지 방식만 고집하면, 당신은 손에 망치만 든 사람이 되고, 주변 모든 것은 못으로 보인다.

95퍼센트의 경우에는 당신의 방식이나 정체성이 훌륭하게 먹힐지도 모른다. 하지만 그렇지 않은 나머지 5퍼센트는 어떻게 할 것인가? 당신 앞에 못이 아니라 의자가 나타나는 5퍼센트의 경우는 어쩔 것인가? 더 중요한 질문은 이것이다. 망치만 사용하겠다고 고집하다가 놓치거나 외면하게 되는 것은 무엇일까? 만일 토머스가 부하 직원을 질책하지 않기로 선택했다면, 직원이 지각한 '이유'를 묻고 이해할 수 있었을 것이다. 또는 직원을 혼내서 주눅 들게 하지 않았다면 직원이 회의에 훨씬 더 적극적으로 참여하며 긍정적으로 기여했을지도 모른다. 행동은 결과를 낳는 법이다. 우리는 새로운 접근법을 시도하면 새로운 것을 배울 수 있다.

런던경영대학원 교수 허미니아 아이바라Herminia Ibarra가 저서 『아웃사이트』에서 밝혔듯, 진정성이라는 개념에 집착하는 것은 성장을 막는 방해물이 될 수 있다. 또 그것은 안전지대에 머물기 위한 핑계가 되기도 한다. 물론 망치를 들고 한 많은 일이 당신에게 성공을 가져다주었을 것이다. 그것은 실제로 당신의 모습이고, 또는 적어도 과거 당신의 모습이었다. 하지만 "이게 원래 내 모습이야"라는 말만 반복하며 똑같은 방식을 고수한다면 앞으로도 계속 그 모습으로 살게 될 것이다. 새로운 단계와 직책에는 새로운 관점이 필요하다. 그리고 때로는 새로운 모습으로 진화하는 것도 필요하다.

내 말을 오해하지는 말길 바란다. 진정성이 얄팍하고 믿지 못할 개념이라거나 당신이 중시하는 가치를 저버리라는 말이 아니다. 솔직한 모습을 숨기고 거짓되게 행동해야 한다는 말도 아니다. 다만 내가 강조하고 싶은 것은 항상 경쟁하는 가치가 존재하며 우리는 늘 그중 무언가를 선택해야 한다는 사실이다.

요컨대 '이게 진짜 나야'라는 태도가 당신의 발전을 가로막게 놔두지 마라. 변화는 힘들다. 나도 잘 안다. 사람들이 변화에 대한 강한 저항을 이겨내고 꼭 필요한 발전을 이루도록 돕는 게 내 일이기 때문이다. 당신에게 중요한 가치에 부합하는 행동을 하는 것이 중요하다는 사실을 잊지 마라. 그래야 '나는 원래 이래'라는 사고방식에서 벗어나 가치에 대한 충실성을 실천하는 리더가 될 수 있다.

Coach's Note
중간 점검하기

- 당신은 인생에서 어떤 역할을 맡고 있는가? 각 역할에서 어떤 모습으로 살아가는가?
- 각 역할에서 일관되게 나타나는 당신의 특징은 무엇인가? 뚜렷하게 다른 특징은 무엇인가?
- 당신이 주요 역할에서 하는 행동을 좌우하는 기본적 가치는 무엇인가?

3장
권력은 당신의 눈을 가린다

큰 키에 말끔하게 면도한 얼굴, 흠잡을 데 없이 완벽한 옷차림을 한 애덤은 빠르게 성장하고 있는 기술 보안 회사의 임원이었다. 누가 봐도 존경과 신뢰를 받는 기업 임원의 이미지를 지니고 있었다. 그는 계속 뛰어난 성과를 올렸고, 경쟁자를 확실하게 따돌렸으며, 마감 기한이 되기 전에 프로젝트를 완수했고, 고객을 크게 만족시켰다. 저명한 비즈니스 잡지에서 그를 '주목할 인물'로 선정했을 때 업계에서는 다들 충분히 그럴 만하다는 분위기였다.

이후 애덤은 눈부신 성과 덕분에 더 높은 자리로 승진했다. 수백만 달러 규모의 제품 개발 부문을 이끄는 책임자가 된 것이다. 탁월한 성과를 내는 많은 임원이 흔히 그렇듯, 애덤도 뛰어난 업무 능력의 소유자는 당연히 뛰어난 리더가 된다고 생각했다. 뛰어난 실력이 어디 가겠는가?

그러던 어느 날, 애덤은 상관의 방으로 오라는 호출을 받았다.

최근에 올린 높은 성과로 거듭 기록을 갈아치운 애덤은 잔뜩 흥분했다. 이번에 또다시 승진하거나, 그게 아니라면 적어도 크게 칭찬을 받으리라 확신하며 복도를 걸어가는 내내 입가에 미소가 가시지 않았다. 하지만 풍선처럼 부풀었던 기대는 곧 푹 꺼지고 말았다. 상관이 애덤을 부른 것은 그에 대해 직원들이 쏟아내는 불만과 관련해 그를 질책하기 위해서였다. 외부에서 볼 때 애덤의 성과는 타의 추종을 불허했지만, 정작 그의 조직 안에서는 아무도 그와 함께 일하고 싶어 하지 않는 것 같았다. 애덤의 상관은 애덤이 일은 누구보다 잘하지만 상사로서는 형편없다고 직설적으로 말했다. 애덤은 당장 행동을 변화시키라는 지시를 들었다.

마틴 그리핀Martin Griffin과 존 메이휴Jon Mayhew는 『스토리크래프트Storycraft』에서 이렇게 말했다. "최고의 악당은 자신이 좋은 일을 하고 있다고 믿는 악당이다." 애덤은 '악의 없는 파괴자'였다. 좋은 의도를 지니고 직원의 발전에 도움이 된다고 믿는 행동을 했지만, 사실 그 행동은 직원들에게 해로운 영향을 미쳤다. 성과를 향상시키는 효과적 방법이라 믿고 한 행동이 그들에게 고통을 안겼다. 그는 '동기부여'를 위해 빈정거리거나 모욕적인 말을 했고, 그런 모욕적인 말의 타격감을 줄이거나 '유대감을 쌓을' 생각으로 부적절한 농담을 던졌으며, '멘토'가 되겠다는 생각으로 지나치게 간섭했다. 하지만 그의 행동은 역효과를 냈다.

애덤의 360도 평가 결과는 그야말로 최악이었다. 부적절한 농담과 직원을 업신여기는 날카로운 말에 대한 불만, 부하를 존중하거나 인정하는 태도가 전혀 없다는 사실에 대한 불평과 욕설로 가득했다. 모두 그를 '오만한 개자식'으로 여겼다. 그리고 가장 중요한 사실은 이런 상황을 그가 전혀 모른다는 점이었다.

막상 이야기를 나눠보면 애덤은 좋은 사람이었다. 그리고 자신의 리더십 스타일이 훌륭하다고 철석같이 믿었다. 그는 함께 일하는 사람들이 자신의 행동 때문에 얼마나 괴로워하는지, 자신이 조직에 얼마나 큰 피해를 입히고 있는지 몰랐다. 그의 농담에 감히 웃지 않는 사람이 없었으므로 그는 직원들이 자신의 유머 감각을 인정한다고 생각했고, 그들이 자신의 날카로운 말을 유쾌한 동기부여 자극제로 여긴다고 믿었다. 불편한 진실이 담긴 360도 평가 결과를 받아들이기 힘들어하는 고객을 한두 번 본 건 아니지만, 잔뜩 구겨진 애덤의 표정을 보니 특히 가슴이 아팠다. 그는 앞에서는 자신을 칭송하고 추켜세우는 동료와 직원이 뒤에서는 자신을 욕한다는 사실을 알고 적지 않은 충격을 받았다.

애덤은 좋은 의도를 지닌 리더였고 효과적인 경영의 '베스트 프랙티스best practice(가장 효과적이고 검증된 문제 해결 방법—옮긴이)'에 대한 연구 결과도 훤히 꿰고 있었다. 그럼에도 '권력 간극' 탓에 골치 아픈 함정에 빠졌다. 힘을 지닌 사람과 그 밑에서 **일하는 사람들 사이에 유지되는 정상적이고 건강한 거리가 있다. 하지만 그 거리가 너무 멀어지면 권력 간극이라는 위험한 함정이 생겨난다.** 우리는 자신도 모르는 새에 '나쁜 상사'가 될 수 있다. 이유는 간단하다. 권력이 우리 눈을 가리기 때문이다.

권력 간극은 힘과 관련된 인간의 여러 욕구와 감정이 얽혀 있는 꽤 까다로운 주제다. 권력 간극의 정도와 형태는 당신의 직함에 부여된 무게와 부하 직원들의 직업적 운명에 미치는 영향력에 따라 정해진다. 당신은 자신이 힘을 지닌 권력자라는 사실을 당연히 알지만 당신의 영향력 아래에 놓인 이들의 입장은 경험하지 못한다. 그들은 왕 홀을 든 군주처럼 당신이 힘을 지녔다는 사실을 항상 인식한다. 당신은 그들의 연봉과 보너스, 승진 여부에 대해 통제권을 가지며, 그들을 어떤 프로젝트에 투입하거나 어떤 프로젝트에서 배제할지 결정한다. 때로는 당신 때문에 당신의 상관이 그들에게 갖는 인상이 달라진다.

3부에서 권력 간극이 불러오는 흔한 함정과 그것을 피하는 법에 대해 더 자세히 살펴보겠지만, 당신은 그 함정에 빠져 있을 때 생기는 문제를 느끼지 못하기 십상이다. 그러나 장담하건대 부하 직원들은 확실히 느낀다. 당신은 함정에 빠졌다는 사실조차 모를 것이다. 권력 앞에서 작동하는 칭송과 온갖 역학이라는 완충물이 들어간 두꺼운 벽에 둘러싸여 있기 때문이다. 그 안에 있으면 어떤 행동이 당신과 직원들 사이의 위험한 거리를 굳혔는지 깨닫지 못하고, 당신의 행동을 이끌어낸 원인도 인지하지 못한다. 또 행동을 수정하는 데 꼭 필요한 피드백도 받지 못한다.

당신은 자신의 실수를 깨닫지 못한다. 아무도 솔직하게 말해주지 않기 때문이다. 모두가 웃어주던 애덤의 썰렁한 농담은 직원들과 허물없는 유대감을 쌓기 위한 것이었지만, 실제로 직원들은 그가 없는 곳에서 서로 옆구리를 쿡쿡 찌르며 그를 욕했다. 애덤은 계약을 성사시키기 위해 최대한 진취적이고 강한 리더십을 발휘했지만, 직원들은 그가 자신들을 심하게 몰아붙이며 괴롭힌다고 느꼈다. 게다가 솔직하게 피드백해주는 직원도 없으니 애덤은 자신의 행동이 주변에 어떤 영향을 미치는지 알 리 없었다.

그리고 아마도 당신은 솔직한 피드백을 듣고 싶지 '않을' 것이다. 권력 간극이 만든 벽 안에 있는 것이 편하고 행복하기 때문이다. 그 안에서는 내면 깊은 곳에 있는 사랑과 흠모, 인정, 존경에 대한 욕구가 무의식적으로 채워지고, 이는 당신을 더욱 현실에서 멀어지게 한다. 부하들이 당신 의견에 동의하면 당신의 인정 욕구가 채워진다. 재빨리 개입해 문제를 해결하면 조직에 꼭 필요한 존재라는 자부심을 느낀다. 그들이 당신의 성과에 박수를 보내면 사랑받는 듯한 기분이 든다. 그들이 당신의 결정에 찬사를 보내면 존경받는 것 같은 기분이 든다. 당신은 자신의 욕구를 충족시키기 위해 늘 하던 방식을 계속 고수할 것이다. 그러면서 '하지만…'이라며 자신의 태도를 정당화하기 쉽다. 당신이 모르는 사이에 그런 행동이 훌륭한 리더가 될 가능성을 좀먹고 있다 할지라도 말이다. 사랑과 인정, 존경을 받고 싶은 무의식적 욕구를 채우려는 본능은 '그런 욕구에 끌려다니면 안 돼'라는 이성적 사고보다 힘이 세다.

설령 주변의 누군가가 용감하게 진실을 말해준다 할지라도 방어기제가 작동해 온갖 변명으로 자신이 옳다고 정당화하면서 그들이 옹졸하거나 불만을 입에 달고 살거나 게으르거나 둔하거나 수준 미달이거나 완전히 틀렸다고 비난할 가능성이 크다. 다른 사람 탓으로 돌리면 우리가 책임을 지고 행동을 바꿀 필요가 없어진다. 그리고 습관을 바꾸는 것은 무엇보다 힘든 일 중 하나다. 그렇기 때문에 나는 늘 고객에게 받아들이기 힘든 360도 평가 결과를 알려준 뒤 2주 동안 혼자 속을 끓이며 괴로워하게 놔둔다. 방어 심리가 가라앉으려면 적어도 그 정도 시간은 필요하다. 그러고 나면 대개 자신의 행동이 부하들에게 미친 영향을 직시하고 자신이 어떤 부분을 잘못했는지 받아들인 뒤, 자신과 그들의 생존과 발전을 위해 달라지기로 결심한다.

애덤은 내게 코칭을 받으면서 커리어를 망칠 뻔한 권력 간극의 함정에서 빠져나오는 법을 배웠다. 그는 부적절한 농담을 던지는 습관을 없앴다. 지나치게 간섭하는 습관도 고쳐서 직속 부하가 각자의 팀을 알아서 이끌도록 믿고 맡겼고, '동기부여'를 위해 빈정거리는 대신 긍정적 피드백을 해주었다. 이제 직원들은 잘못된 점을 바로 고칠 수 있도록 그에게 거리낌 없이 솔직한 피드백을 주었다. 코칭을 시작하고 2년 뒤 나는 애덤의 직원들을 다시 인터뷰했는데, 예전에 가혹한 피드백을 주었던 직원들이 그를 칭찬하면서 그가 과거에 비해 '1,000퍼센트 나아졌다'고 대답했다.

이번에는 스텔라의 사례를 보자. 애덤과 마찬가지로 스텔라도 좋은 의도를 지닌 스타 임원이었지만 자신의 행동 습관이 좋은 리더가 되는 것을 망친다는 사실을 모르고 있었다. 하지만 애덤의 경우와 달리 스텔라의 행동은 꼭 나쁜 것은 아니었다. 다만 권력 간극 때문에 그녀의 행동을 부하들이 곡해한다는 것이 문제였다.

스텔라는 집안에서 여자 가족 구성원 중 처음으로 대학에 갔다. 그것도 전액 장학금을 받는 우등생으로 하버드대학교에 입학했다. 대학을 수석으로 졸업한 뒤에는 화장품업계에서 누구나 부러워하는 기업에 입사했다. 이후 20년 동안 승승장구하면서 조직의 사다리를 올라갔다. 그녀를 성공의 자리에 올려놓은 동력 세 가지는 피나는 노력과 작은 것도 놓치지 않는 빈틈없는 집중력, 빠른 속도였다. 그녀는 늘 누구보다 먼저 문제를 파악해 무서운 집중력으로 해결했고, 일정보다 빨리 결과물을 내놓았다. 나를 만났을 때 그녀는 연 매출 20억 달러 규모 기업 CEO의 최측근 임원이었다.

첫 면담 날 스텔라가 걸어 들어오자 방 안 공기가 순식간에 달라졌다. 150센티미터 남짓한 작은 체구에서 뿜어져 나오는 에너지가 대단했다. 사실 '걸어 들어오다'라는 말은 그녀에게 어울리는 표현이 아니었다. 그녀는 일반적인 사람보다 두 박자쯤 빠른 속도로 휙 하고 이동했다. 말하는 속도도 걸음 못지않게 빨랐다. 그녀는 내 앞에서 답답한 마음을 털어놓았다. 업무량이 많아 힘들어 죽겠는데 부하 중에는 그녀만큼 빨리 해낼 사람이 없어서 일을 위임하지 못했으며, 회사의 조직 문화가 전반적으로 느리다고 했다. 또 사내 정치가 만만치 않아서 어떤 행동을 취하기 전에 다른 이들의 미묘한 신호와 단서를 주의 깊게 읽어야 하는 것도 스트레스였다. 게다가 그녀가 이끄는 팀의 인력이 줄고 생산성도 떨어지고 있었다. 그녀는 지금의 자리에 오르기까지 늘 그랬듯 에너지 넘치는 효율적인 방식으로 일하고 있었다. 그런데 뭐가 문제인 걸까?

새로운 지위에 오르면 똑같이 행동해도 다른 결과가 나온다. 그녀는 동승한 팀원들 없이 혼자 차를 몰 때와 마찬가지로 정신없이 질주했고, 그녀의 특기인 빠른 속도와 작은 것도 놓치지 않는 집중력 탓에 부하들은 달리는 그녀가 일으킨 흙먼지 속에서 숨이 막힐 지경이었다.

스텔라는 이전과 완전히 다른 현실 속으로 들어간다는 사실을 충분히 인지하지 못한 채 힘을 지닌 위치에 올랐다. 예나 지금이나 똑같이 출중한 실력자였지만, 정상에 오르기까지 유용한 자산이었던 장점과 행동 방식이 이제 그녀에게 완전히 다른 그림자를 드리우고 있었다. 그녀의 맹점은 '힘 있는 자리에 오르면 사람들이 우리의 성격 특성과 행동 양식을 해석하는 방식이 달라진다'는 것을 모른다는 사실이었다. 당신은 옛날과 똑같은 당신이고 뛰어난 성과를 내는 업무 스타일도 변함이 없을 것이다. 하지만 높은 지위에 오르는 순간 당신의 말과 행동은 다르게 해석된다. 당신을 성공에 이르게 해준 끈기와 집요함은 이제 부하 직원 눈에 옹고집으로 보인다. 예전에 당신은 돌려 말하지 않는 명쾌한 성격이라는 소리를 들었을지 모르지만 이제 냉혹하다는 소리를 듣는다. 솔선수범하는 사람이던 당신은 이제 주목을 독차지하려는 이기적인 사람이 된다. 그리고 역시 권력 간극이 만든 벽에 둘러싸인 당신은 그 사실을 알지 못한다.

엄청난 속도로 일을 추진하는 스텔라는 부하들에게 프로젝트를 완수하는 데 필요한 시간과 노고에 대한 이해와 공감이 없는 상사로 비쳤다. 그러다가 스트레스가 심해져 직원에게 날카롭고 퉁명스러운 말이라도 내뱉으면 상황은 걷잡을 수 없이 악화되었다. 스텔라는 이 모든 것을 인지하지 못했다. 그래서 늘 하던 방식대로 했고, 어느새 자신과 팀 모두를 곤경에 빠뜨렸다.

스텔라는 성과를 방해하고 부하에게 부정적 영향을 미치는 자신의 맹점을 깨달았다. 더 빨리 일하고 더 많은 일을 해내는 것이 능사가 아니라 힘을 지닌 위치에 있는 자신의 역할을 다시 생각해봐야 했다. 그녀가 할 일은 세세한 부분까지 파고들며 관리하는 것이 아니라 한 발짝 뒤로 물러나 큰 그림을 보며 전략적으로 사고하는 것이었다. 속도가 아니라 전략을 그녀의 새로운 강점으로 삼아야 했다. 나는 그녀에게 행동 교정을 위한 도구를 알려주었다. 책임을 효과적으로 분담하고 그녀가 자신의 장점으로 여기는 특성의 강도를 적절히 조절해, 직원들이 그녀와 충돌하지 않고 협력할 수 있도록 말이다. 무엇보다 스텔라는 자신이 깨닫지 못하는 맹점이 다시 생겨나는 것을 막을 방법도 배웠다.

사람들을 관리하는 리더십에 관한 한 우리는 무엇을 해야 할지 잘 안다(또는 적어도 베스트 프랙티스를 소개하는 자료와 방법론을 얼마든지 찾을 수 있다). 우리가 모르는 것은 '하지 말아야 할 행동'이 무엇인가 하는 점이다. 그 행동이 우리를 나쁜 리더로 만들 수 있다. 3부에서는 권력 간극이 초래하는 함정을 살펴보면서, 자신도 모르는 새에 그 함정에 빠지지 않기 위해 삼가야 할 행동을 알려줄 것이다.

Coach's Note
권력 간극이 만들어내는 왜곡

당신의 가장 큰 장점이며 지금의 자리에 오르는 데 꼭 필요했다고 여기는 특징과 행동 습관을 떠올려보라. 그리고 힘의 역학이 작동하는 상태에서 부하 직원이 그것을 어떻게 해석할지 생각해보라. 권력 간극이 만들어내는 왜곡 중 흔한 것 몇 가지는 다음과 같다.

- 솔직하다/냉혹하다
- 자신감이 넘친다/오만하다
- 전략적이다/조종에 능하다
- 꼼꼼하다/지나치게 간섭한다
- 단호하다/고집불통이다
- 엄격하다/융통성이 없다
- 집중력이 강하다/가까이하기 어렵다
- 차분하다/무심하다

4장

압박감은
당신의 멘탈을 흔든다

　미국의 16대 대통령 에이브러햄 링컨은 이렇게 말했다. "거의 모든 사람이 역경을 견뎌낼 수 있다. 그러나 누군가의 인격을 시험해보고 싶다면 그에게 권력을 줘라." 나는 링컨 대통령을 누구보다 존경하지만, 감히 이 말은 조금 수정하고 싶다. 권력은 우리 행동이 미치는 영향을 보지 못하게 눈을 가린다. 그러나 **한 사람의 인격을 망치는 것은 권력이 아니라 압박감이다.**

　제대로 관리하지 않고 방치하면 압박감은 우리를 괴물로 만든다.

　당신도 시간에 쫓기거나 프로젝트를 성공시키는 데 모든 것을 쏟아붓느라 과열되어 있을 때 부하에게 퉁명스럽게 쏘아붙이거나 상대방을 무시하거나 미친 듯이 폭발한 적이 있지 않은가? 누구에게나 그런 경험이 있을 것이다. 지속적으로 받는 압박을 적절히 관리하지 못하면 내면의 괴물이 튀어나온다. 다시 말하지만, 세상에 좋은 상사나 나쁜 상사는 없다. 압박감이 나쁜 행동을 만들어내는 것이다.

권력은 다른 이들이 우리의 행동을 해석하는 방식을 왜곡하지만, 압박감은 우리의 행동을 변질시킨다. 우리의 장점이 어느새 사나운 송곳니가 되어 거슬리는 사람을 공격한다. 감당할 수 있는 수준 이상으로 압박이 심해지면 궤도를 이탈하기 십상이다. 그러면 직설적으로 말하는 것이 타인의 기분에 둔감한 냉혹함으로 해석되는 데서 그치지 않는다. 압박에 시달리면 우리는 '실제로' 냉혹한 사람이 된다. 압박감에 짓눌리면 인내심과 겸손을 잃으면서 자신감이 오만함으로 변한다. 우리는 이런 실수를 알아채지 못한다. 알다시피 권력이 눈을 가리는 탓이다. 그리고 최대치 눈금에 도달한 압력계가 가져온 결과를 너무 늦게야 깨닫곤 한다.

내가 수천 건의 인터뷰를 진행해 얻은 1만 2,000쪽이 넘는 데이터를 분석한 결과에 따르면, 상사의 단점으로 가장 많이 언급되는 것은 부하를 모질게 대하는 태도다. 다시 말해 부하의 업무 의욕을 떨어뜨리고 성과까지 망치는 악당 같은 상사를 의미한다. 이런 상사는 필요 이상으로 흥분하거나, 지나치게 완강하거나, 까다롭게 요구하거나, 독단적이거나, 불안정하거나, 자기밖에 모르거나, 쉽게 발끈한다. 이들 행동은 압박감을 제대로 관리하지 못해 생기는 결과다. 어찌 보면 간단하지만 한편으로는 복잡한 문제다.

높은 위치에 오르고 당신과 부하들이 멀어지면 압박감도

커진다. 세계적 기업의 리더든, 직원이 10명인 회사를 운영하든, 학교의 크리스마스 콘서트 준비 위원회 회장 자리를 맡았든 크게 다르지 않다. 온갖 종류의 압박이 사방에서 당신을 조여온다. 당신은 시간이나 자원 부족 같은 흔한 문제를 해결하기 위해 전략적으로 사고해야 하고, 다양한 주변 사람들은 각자의 이익을 추구하는 방향으로 움직이려 한다. 게다가 높은 자리에 오르면 큰 영향을 미치는 중차대한 결정을 내려야 한다. 전략적 관점으로 큰 그림을 보는 동시에 팀원들의 성과 문제와 각각의 개인적 특성에 수반되는 문제에도 대처해야 한다. 당신이 받는 스포트라이트의 강렬한 빛 아래에서 차갑고 냉정한 이성을 유지해야 하는 것은 말할 것도 없다.

압박감에 짓눌리면 정확한 판단력과 행동을 조절하는 능력이 떨어진다. 압박감을 적절히 관리할 줄 모르면 반사적이고 감정적인 반응이 먼저 일어나기 쉽다. '나는 뒤처진 것 같아', '형편없다는 평가를 받을 거야', '사람들이 나를 싫어해' 등 외부 스트레스에 반응한 내면의 목소리는 우리를 더 나쁜 리더로 만든다.

큰 스트레스를 받을 때 적절한 감정 조절 전략을 모르면 평소에 사려 깊고 친절하던 사람도 실수하거나 후회할 만한 행동을 저지르기 쉽다. 고백하긴 창피하지만 나도 회의에 지각하게 생겼는데 다른 차가 내 차 앞을 가로막았을 때 가운뎃손가락을 들어 보이거나 욕설을 내뱉은 적이 있다. 하지만 컨디션도 좋고 특별한 스트레스도 없는 날이라면 곤경에 빠진 운전자를 돕기 위해 기꺼이 차를 세울 것이다.

근사한 직함을 얻었다고 해서 하루아침에 지독한 상사가 되는 것은 아니다. 악당 같은 상사라는 소리를 듣고 싶은 사람은 없다. 권력과 압박감이라는 강력한 두 요인이 동시에 작동할 때 '나쁜 상사'의 행동에 빠지는 실수가 일어난다. **권력은 우리가 하는 행동의 영향을 보지 못하게 눈을 가리고, 압박감은 우리 자신과 팀원을 망치는 행동 습관을 만들어낸다.** 그것이 '압박감이 불러오는 함정'이다.

리더 위치에 있으면 모든 눈이 우리를 향한다. 그리고 이는 우리 내면 깊숙이 자리한 무언가를 자극한다. 그 '무언가'란 대개 두려움이다. 사람들이 나를 싫어하면 어쩌나 하는 두려움, 틀리거나 완벽하게 해내지 못하는 것에 대한 두려움, 못된 인간으로 비치면 어쩌나 하는 두려움, 비웃음이나 비난을 당하는 것에 대한 두려움, 리더 자격이 없다고 여겨지는 것에 대한 두려움이다. 앞에서도 말했듯 완벽히 좋거나 나쁘기만 한 사람은 없다. 그러나 압박감과 그것이 촉발하는 심리적 메커니즘은 우리 내면에 있는 지킬 박사가 나오느냐 하이드가 나오느냐에 큰 영향을 미친다.

그런데 하이드가 꼭 사악한 괴물인 것은 아니다. 가중되는 압박을 관리하지 못할 때 튀어나오는 또 다른 자아에는 수많은 버전이 있다. 예를 들어 내 고객 호르헤는 회피하기 대장으로 변한다. 중요한 결정을 미룬 채 쌓아놓기만 하고 전화와 이메일에 회신하지 않는다. 그러면서 자기가 하던 일부터 처리한 뒤에 회신할 거라고 변명한다(물론 실제로는 자기 일도 끝내지 못한다). 다른 고객 이네스는 일명 '나쁜 경찰'로 변한다. 눈에 보이지 않는 경찰복을 입고 무뚝뚝하고 쌀쌀맞은 태도로 세세한 부분까지 감시하고 감독하는 바람에 부하들의 사기를 떨어뜨린다.

"하지만 나는 압박감을 느낄 때 좋은 성과를 낸다"라고 말할 사람이 있을 것이다. 틀린 말은 아니다. 압박감에는 분명히 장점이 있다. 그것은 정체 상태에서 빠져나와 움직이게 하는 동력이 된다. 마감 기한을 앞두었을 때는 머리가 더 쌩쌩 돌아가고 작업의 질도 높아진다. 많은 이들이 스트레스가 자신을 채찍질하면 생산성이 높아진다고 말하며, 바짝 긴장하며 일하는 동안에 짜릿한 쾌감을 맛보기도 한다. 그러나 내가 말하는 것은 마감 기한을 한 번 지키는 일이나 가끔 기대치 높은 프로젝트를 완수하는 것이 아니다. 이따금 느끼는 압박이 아니라 사방에서 지속적으로 밀려오는 커다란 압박이다. 항상 모두의 시선을 받는 와중에 약해질 틈이 없는 압박이다. 날마다 종일 우리에게 향하는 주변의 기대치와 요구를 말하는 것이다. 거기서 비롯된 압박감을 제대로 관리하지 못할 경우 깊은 함정에 빠지기 쉽다.

당신이 겪는 압박감의 강도와 범위에 상관없이, 그리고 그

때문에 어떤 종류의 괴물로 변하느냐와 상관없이, 권력과 압박감이 행동에 은밀하게 미치는 영향을 줄이지 않으면 당신이 맞이할 결과는 뻔하다. 우선 당신 자신이 피해자가 된다. 심신의 건강과 생산성이 나빠지고 일에 대한 만족도가 떨어지는 것은 물론이고, 전략적으로 사고하는 능력도 약화된다. 리더에게 무엇보다 중요한 것이 전략적 사고 능력임을 감안할 때 이는 심각한 문제다.

압박감을 얼마나 잘 관리하느냐는 당신 자신에게만 영향을 미치는 것이 아니다. 나는 상사 한 명의 잘못된 행동이 수많은 동료와 부하의 성과를 방해하는 것을 숱하게 목격했다. 상사의 나쁜 행동을 어쩔 수 없이 참는 직원들은 불안감과 위협감을 끊임없이 느낀다. 당신은 리더이기 때문에 압박이라는 적군을 막아주는 갑옷이 조금만 찢어져도 팀의 생산성과 충성심, 성과가 직접적으로 영향을 받는다. 명심하라. 이제는 당신 혼자만의 문제가 아니다. **높은 직급에 수반되는 압박을 관리하는 것은 '그 직급에서 해야 할 당연한 업무의 일부'다.**

많은 연구 결과에 따르면 힘을 지닌 사람의 감정 폭발은 부하들의 생물학적 반응을 촉발한다. 그런 반응을 이끌어내는 것은 뇌의 원시적 영역인 편도체. 편도체가 위험에 반응해 과잉 활성화되면 '투쟁-도피 모드'로 돌입한다. 즉 위험 요인에 맞서 투쟁하거나, 도망치거나, 아니면 그대로 얼어붙어 호랑이 밥이 된다.

『감성지능』의 저자 대니얼 골먼Daniel Goleman은 이와 같은 현상을 '편도체의 납치amygdala hijack'라고 불렀다. 직원들의 뇌에서 이런 편도체의 납치가 일어나면 생산성과 성과가 급락한다는 사실이 여러 차례 입증되었다. 일례로 업무 스트레스에 대한 박영아 교수의 연구 결과에 따르면, 무례하거나 불안한 내용 또는 기타 부정적 감정을 일으키는 이메일을 받은 경험과 그다음 주의 소극적인 업무 태도 사이에 강한 상관관계가 있었다. 박영아 교수는 여기에 자신을 보호하려는 본능적 욕구가 관련된다고 설명한다. "우리는 강한 스트레스를 받으면 자신의 에너지와 자원을 보호하고 스트레스 요인에서 멀어지기 위해 일을 피하려는 경향을 보입니다. 자기 보호 욕구가 작동하는 것이죠."

편도체가 강하게 활성화되면 새로운 정보를 처리하거나 분석하는 능력, 이성적 사고력이 현저히 떨어진다. 우리 뇌는 눈앞에 나타난 호랑이가 주는 물리적 위협과 고함을 지르는 상사가 주는 정서적 위협을 구분하지 못한다. 즉 두 경우 모두 위험에 반응하는 편도체가 활성화되고 뇌의 이성적 기능이 일시적으로 마비된다. 신경과학에 조예가 깊은 변화 관리 전문가 젠스 하트먼Jens Hartmann이 강조했듯 이와 같은 편도체의 납치가 일으키는 효과는 누적된다. 편도체가 뇌를 납치해 장악하는 일이 자주 일어날수록 우리는 위험이 우리 앞에 상존한다고 더 강하게 믿게 되고, 다음번에는 편도체의 납치가 더 빠르고 쉽게 일어난다. 그리고 이와 같은 해로운 패턴이 반복되면서 주변에도 정서적 영향을 미친다.

4부에서는 압박감이 불러오는 함정 중 대표적인 것을 살펴보고 그것을 미리 피하는 방법, 그리고 자신도 모르게 그 함정에 빠졌을 때 빠져나오는 방법을 알려줄 것이다. 우리는 압박감을 아예 겪지 않을 수는 없지만 그것이 불러오는 유해한 영향력을 피하는 방법은 익힐 수 있다.

YOU'RE THE BOSS

제2부
리더의 멘탈은 달라야 한다

5장

변화에 직면하기 위한
기본 도구 3

업무 일정표와 끊임없는 방해 요소, 이메일에 인생을 지배당한 기분이 든 적이 있는가? 마치 시도 때도 없이 실시되는 소방 훈련에 끌려다니는 것 같을지 모른다. 당신에게 상황 통제권이 없는 것 같고, 심신의 에너지는 바닥나고, 종일 일했는데도 어째선지 일한 것 같지가 않다.

누구나 때때로 그런 기분을 느낀다.

많은 고객이 첫 면담에서 그들의 시간과 주의력을 빼앗는 온갖 요구에 점령당한 것 같은 기분이라고 토로한다. 그들은 팀이 탁월한 성과를 내도록 이끌고 싶지만, 자신이 아니라 밀려드는 요구 사항이 상황 통제권을 쥔 주인 같다. 그들에게도 강조하는 얘기지만, 훌륭한 상사가 되고 싶다면 먼저 당신 자신의 상사가 되어야 한다. 다시 말해 먼저 자기 자신을 관리할 줄 알아야 다른 사람들도 관리할 수 있다.

이번 장에서는 세 가지 기본 도구를 설명한다. 비용 편익 분석, 아주 작은 습관, 습관 체크리스트다. 이들 습관을 실천하면 변화에 대한 저항감을 극복하고, 실행 가능한 단위로 변화를 이뤄내며, 간단한 방법으로 발전을 점검할 수 있다.

비용 편익 분석:
저항감을 극복하라

병원 응급실에 실려 간 뒤 관상동맥 우회술을 받은 환자 중 퇴원 후 의사에게 조언받은 대로 생활 습관을 바꾸는 사람이 몇 퍼센트쯤 될까? 60퍼센트? 50퍼센트?

답은 10퍼센트다. 무려 90퍼센트가 생활 습관을 바꾸는 데 실패한다. 생활 습관 변화가 나중에 고통스럽고 비용도 많이 드는 수술을 또 받거나 심근경색으로 사망하는 것을 막아줄 수 있는데도 말이다.

이것은 습관을 바꾸려 해본 사람이면 누구라도 너무나 잘 아는 사실을 보여주는 수많은 사례 중 하나에 불과하다. 변화는 매우 어렵다는 사실 말이다. 그렇지 않다면 왜 사람들이 소중한 시간과 돈을 들여가며 나 같은 코치를 고용하겠는가?

시작은 비교적 쉽다. 우리는 새해 아침처럼 굳은 다짐과 함께 의욕 충만한 상태로 새로운 계획을 실천하기로 마음먹는다. 하지만 이런저런 스트레스가 밀려오고 몸에 밴 과거 습관이 자꾸 자신을 봐달라고 외치면, 우리 안에서는 여지없이 변화에 대한 저항이 일어난다. 우리가 익숙한 신호를 만나면(예컨대 부서 예산이 삭감되었다는 소식을 듣거나, 직속 부하가 대형 사고를 치는 것) 그것이 방아쇠 역할을 하고, 『습관의 힘』의 저자 찰스 두히그Charles Duhigg가 '습관 고리'라고 부르는 신경학적 사이클이 작동한다. 경계 모드에 들어간 원시적 뇌가 "위험! 전방에 위험 감지!"라는 신호를 보내면 우리는 습관 고리의 두 번째 단계로 넘어가 늘 하던 특정한 행동을 한다. 그리고 그 행동은 우리에게 모종의 보상(마음의 위안, 통제감, 감정적 해방감, 케이크 등)을 안겨준다. 이와 같은 단계를 통해 습관 고리에 갇히게 된다.

장기적으로 행동을 수정하는 데 성공하느냐 실패하느냐는 결국 주의력을 어디에 쏟느냐에 달려 있다. 다시 말해 우리가 얻을 것에 집중하느냐 잃을 것에 집중하느냐에 달려 있다. '변화에 대한 면역성'이라는 개념을 제시한 로버트 케건Robert Kegan과 리사 라스코 라헤이Lisa Laskow Lahey는 우리가 매번 변화에 실패하는 이유를 설명하면서 상충하는 욕구가 동시에 존재한다는 점을 강조한다. 우리는 살을 빼고 싶지만 맛있는 것도 먹고 싶다. 또 하루 일과를 단순하게 확 줄여 더 많은 자유 시간을 갖고 정신적 여유를 누리고 싶은 욕구가 있지만, 사람들을 실망시키고 싶지 않거나 바쁘고 중요한 사람으로 비치고 싶은 욕구 또는 마음속에 숨은 다른 욕구도 있다. 이런 숨은 동기는 어린 시절에 일종의 생존 메커니즘으로 형성되며 성인이 되었을 때 변화를 가로막는 장애물이 되기도 한다.

하지만 로널드 하이페츠와 마티 린스키가 강조했듯 사람들이 두려워하는 것은 변화가 아니라 상실이다. 심리학자들은 인간이 지닌 다섯 가지 주요 두려움(버려짐, 정체성 상실, 의미 상실, 목적 상실, 죽음에 대한 두려움)을 '보편적 상실 테마'라고 일컫는다. 선사시대 사람들은 무서운 송곳니가 있는 호랑이 자체를 두려워한 것이 아니라 무시무시한 이빨에 찢겨 목숨을 잃는 것을 두려워했다. 우리는 실패 자체가 두려운 것이 아니라 정체성과 의미를 잃는 것이 두려운 것이다. 또는 실패가 공개적으로 알려질 경우 조직 내에서 존경이나 지위를 잃을까 봐 두려워한다. 그리고 모든 변화에는(좋은 변화라 할지라도) 모종의 상실이 따른다. 애인과 동거를 시작하면 매일 헤어질 필요 없이 늘 함께할 수 있어 행복하지만, 프라이버시는 어느 정도 포기해야 하고, 화장실 휴지를 어느 방향으로 걸어놓을지 마음대로 할 수 있는 자유도 포기해야 한다. 회사에서 높은 자리로 승진한 사람은 예전 직책의 익숙함을, 자신이 잘하는 영역에만 집중하면 되는 심리적 편안함을, 익숙해진 일상적 업무를 포기해야 한다.

우리를 기존 방식에 계속 남아 있게 이끄는 강력한 힘이 존재한다. 사람들은 미지의 영역으로 발을 디뎌 익숙한 것과 멀어지는 것을 두려워한다. 우리는 그 힘을 못 본 척하며 무시하지만, 그 힘은 변화 의지보다 힘이 셀 때가 많다. 그렇다면 변화에 성공하려면 어떻게 해야 할까? '얻는 것이 포기하는 것보다 더 크다'라는 관점을 가져야 한다. 이것은 간단한 비용 편익 분석이다. 이때 편익에 해당하는 것은 당신의 '이유'다. 즉 행동을 변화시키고 싶다고 생각하게 된 이유 말이다. 변화에 대한 저항은 비용이 편익보다 크다고 느낄 때 일어난다. 하지만 편익이(즉 당신의 '이유'가) 비용보다 더 크고 중요하다고 느끼면 저항감을 극복하기가 쉽다.

예를 들어 당신이 살을 빼고 싶다고 치자. 그런데 케이크를 너무 좋아한다. 하긴 누가 케이크를 마다하겠는가? 부드럽고 달콤한 크림과 여러 겹의 폭신한 빵이 주는 유혹을 뿌리치기는 쉽지 않다. 하지만 케이크를 거절할 '이유'에 집중한다면 정신없이 케이크를 먹어치우는 대신 "아니, 안 먹을래"라고 말할 수 있다. 다짐을 실천하는 더 나은 자신이 되고, 마음에 드는 옷을 입고, 건강해져서 오랫동안 가족과 함께하고 싶은 욕구가 뚜렷하게 부각되면 케이크의 유혹을 막아주는 강력한 방패가 된다.

이와 같은 비용 편익 분석을 성공적으로 활용하는 열쇠는 잃을 것이 아니라 얻을 것에 집중하는 연습을 계속하는 것이다. 책 뒷부분에서 소개하는 각 도구에서도 비용 편익 분석을 활용할 수 있다는 점을 알게 될 것이다.

> **Coach's Note**
> **실패했을 때만 뭔가를 잃는 것이 아니다**
>
> 성공했을 때도 잃는 것이 있다. 당신이 원하는 방향으로 행동 습관을 바꾸는 데 성공할 경우 누구를 또는 무엇을 잃을지 생각해보라. 그것이 변화하려는 당신의 노력에 어떤 영향을 미치는가?

아주 작은 습관 만들기: 조금씩 시작하라

내 고객들이 변화를 시도할 때 저지르는 가장 큰 실수가 무엇인지 아는가? 모든 것을 속속들이 바꾸겠다고 두 팔 걷어붙이고 달려드는 것이다. 빌 게이츠는 "대다수는 1년 안에 할 수 있는 일을 과대평가하고 10년 안에 할 수 있는 일을 과소평가한다"라고 말했다. 원대한 목표를 세우되 합리적인 속도로 일을 진행하라는 의미다. 하루아침에 완전히 다른 사람이 되겠다는 것은 현실적인 목표가 아니다. 단시간에 모든 걸 바꾸려다가 진전이 없으면 낙담하고 의욕만 떨어질 뿐이다.

내 워크숍에 참가하는 이들은 자신의 시간 포트폴리오(13장에 나오는 도구다)를 분석해본 뒤 대부분 시간 관리를 엉망으로 하고 있다는 사실을 깨닫고 정신이 번쩍 든다. 생산성이 낮고 별로 중요하지 않은 활동에 많은 시간을 허비해서 정작 중요한 목표를 달성하는 데 쓸 시간이 부족한 것이다. 에너지 넘치고 성취 지향적인 그들은 쓸데없는 전자 기기 사용을 모두 끊고, 날마다 열심히 운동해 몸을 만들고, 아직 이행하지 못한 약속이나 책무를 당장 전부 처리하겠다고 결심한다. 거대한 새 습관을 한 번에 꿀꺽 삼키려고 하는 셈이다. 만일 그게 그렇게 쉬웠다면 아마 이미 다 해냈을 것이다. 하지만 변화는 그렇게 이뤄지는 게 아니다. 오래 지속되는 변화는 더욱 그렇다. 벼락치기 다이어트를 하면 다음 주에 드레스나 턱시도를 입을 수 있을지 모른다. 하지만 조사 결과를 보면 70~90퍼센트의 사람이 요요 현상을 겪어 다시 원래 몸으로 돌아가거나 원래 체중보다 더 찐다. 우리가 원하는 것은 요요 현상이 아니라 오래 지속되는 진짜 변화다.

그렇기 때문에 '아주 작은 습관'이 필요하다.

아주 작은 습관은 큰 습관을 말도 안 되게 작은 단계로 쪼갠 것이다. 그것은 커다란 습관을 구성하는 기본 벽돌이다. 말하자면 습관을 만들기 위한 습관이다. 아주 작은 습관의 필수 요소 두 가지는 다음과 같다.

1. 날마다 해야 하고
2. 사소해야 한다.

간단하지 않은가? 날마다 해야 하는 것은 뇌의 새로운 신경 회로가 행동을 반복해야만 형성되기 때문이다. 사소해야 하는 것은 그래야만 내면의 방어 심리가 작동하지 않고 변화에 대한 저항감을 막을 수 있기 때문이다.

당신이 실천할 행동은 1~2분이 넘지 않아야 하므로 최대한 작고 쉬운 행동으로 정하라. '겨우 이거?'라는 생각이 들 만큼 사소해야 한다. 체력을 길러 마라톤에 도전하고 싶지만 지금 하고 있는 마라톤이라고는 넷플릭스 드라마 정주행뿐인가? 그렇다면 하루에 한 번 운동화를 신고 현관 계단을 오르락내리락하는 습관부터 만들어라. 엉망진창인 옷장을 깨끗하게 정리하고 싶은가? 스웨터 하나를 꺼내서 개라. 명상하는 습관을 들이고 싶은가? 집중해서 심호흡을 한 번 하는 것부터 시작하라. 우스워 보일지 몰라도 분명 효과가 있다.

내 고객들은 다음과 같은 것을 실천했다.

- 하오유는 회의에서 자기 부서와 직접 관련되지 않은 주제의 대화가 오갈 때는 딴짓을 한다는 신랄한 360도 평가 결과를 들은 뒤, 사람들의 말을 잘 경청하겠다는 목표를 세웠다. 그가 정한 아주 작은 습관은 회의에 들어갈 때 하루에 한 번은 전자 기기를 갖고 가지 않는 것이었다.

- 에이미는 문제가 생기면 슈퍼히어로처럼 망토를 휘날리며 뛰어들어 해결하려는 습관을 고치고 싶었다. 그래서 하루에 한 번씩 부하 직원에게 문제 해결 방안에 대한

의견을 물었다.

- 조지프는 어중간한 것을 용납하지 못하는 완벽주의 성향이었다. 업계 뉴스를 전부 샅샅이 읽지 않으면 의미가 없다는 생각 때문에 오히려 업계 소식에 뒤처지고 있었다. 그는 매일 밤 업계 출간물을 펼쳐 딱 한 단락씩 읽기 시작했다.
- 기회를 놓치기 싫어서 무조건 '예스'라고 했던(그러니 늘 과중한 업무량에 허덕댔다) 모건은 하루에 한 번은 "생각해보고 다시 말씀드리겠습니다"라고 말하는 것을 아주 작은 습관으로 정했다.
- 안드레아는 빛의 속도로 회신하는 성격이라서 급하게 쓴 답장이 의사소통 오류를 초래하곤 했다. 그런 습관을 고쳐 자신의 의도를 정확하게 전달하고 싶었다. 그녀는 매일 아침 휴대전화 메시지 확인하는 것을 잠시 미뤄두고 그날 다뤄야 할 중요한 문제 한 가지를 글로 정리하는 습관을 들였다.

아주 작은 습관은 사소하기 때문에 안전한 실험 대상이다. 습관 고리를 깨고 익숙한 안전지대 밖으로 나왔을 때 어떤 일이 생기는지 살펴보라. 누군가의 요청을 한 번 거절했다고 해서 하늘이 무너졌는가? 한 번의 회의 동안 이메일을 확인하지 않았다고 해서 매우 중요한 뭔가를 놓쳐 큰일이 벌어졌는가?

아마 아닐 것이다.

또 아주 작은 습관은 회복 탄력성을 효과적으로 길러준다. 회복 탄력성은 실패를 경험하고 극복하면서 생긴다. 넘어지고, 일어나고, 다시 시도하는 과정은 주변의 압박 요인에 잘 대응하는 능력도 키워준다. 우리는 아기 때 그런 식으로 걷는 법을 익혔다. 당신은 몇 걸음 떼다가 넘어졌으니 스스로 실패자라고 여기면서 포기했는가? 아닐 것이다. 그저 웃으면서 또 시도했을 것이다. 근육을 기를 때도 마찬가지다. 근육에 스트레스가 가해지면 근섬유가 미세하게 파열된 뒤 회복되는 과정에서 더 강해지고, 다음번에는 더 무거운 기구를 들어 올릴 수 있다. 그리고 실패에서 회복하는 과정은 뇌의 전전두피질(감정 조절과 의사 결정을 담당한다)을 강화하고 편도체(투쟁-도피 반응을 촉발한다)의 활성을 억제한다. 따라서 실패는 꼭 나쁜 것이 아니다. 사회학자 크리스틴 카터Christine Carter는 처음부터 완벽할 수 없다는 사실을 받아들이지 않으면 새로운 습관을 만들려는 의욕이 꺾일 수 있다고 강조한다. 아주 작은 습관을 시도하면 작게 실패하고 더 쉽게 회복할 수 있다.

아주 작은 습관을 만들라고 하면 많은 고객이 코웃음을 친다. 눈썹을 치켜올리면서 "바보 같은 소리 마세요. 하루에 고작 팔굽혀펴기 한 번이라니요!"라고 말한다. 그때가 바로 그들이 시도할 아주 작은 습관을 발견하는 순간이다. 말도 안 될 만큼 사소해서 바보 같다고 느껴지는 바로 그것을 실천하라. 다음에 적은 내용대로 당장 시도해보길 바란다.

1. 당신이 이루고 싶은 목표를 떠올려라. 직업적인 것이든 개인적인 것이든 상관없다.
2. 목표를 이루기 위해 밟아야 할 단계 하나를 떠올려라.
3. 거기서 멈춰라.
4. 그 단계의 크기를 절반으로 줄이고 거기서 또다시 줄여라. 그리고 조금 더 줄여라.
5. 그 행동(아주 작은 습관)을 글로 적는 것보다 실천하는 것이 더 쉬울 정도가 될 때까지 줄여라. 너무 작고 간단한 습관이라 피식 웃음이 날지도 모른다. 너무 보잘것없어서 남한테 얘기하기도 민망하다면 제대로 정한 것이다.
6. 이제 그것을 매일 빠짐없이 실천하라.

아주 작은 습관을 만들면 꾸준히 지속할 확률이 높아진다. 그 간단한 습관보다 더 말도 안 되는 일은 그 말도 안 되게 사소한 일을 실천하지 못하는 것이기 때문이다. 그러나 사소한 행동의 영향은 금세 누적되어 힘을 발휘한다. 저술가이자 칼럼니스트 아리아나 허핑턴Arianna Huffington은 '아주 작은 행동 변화가 쌓이면 인생이 바뀐다'라고 했다.

다음은 일상에서 아주 작은 습관을 실천하는 데 도움이 될 만한 몇 가지 팁이다.

실행 방법

1. 환경을 바꿔라

상황과 맥락을 바꾸면 습관을 바꾸는 데 성공할 확률이 높아진다는 것이 입증됐다. 익숙한 환경에서 벗어나면 뇌의 자동 회로도 작동을 멈춘다. 익숙한 환경의 맥락적 신호는 습관이 자동으로 튀어나오게 하는 방아쇠다. 만일 평소에 엠&엠즈 피넛 초콜릿을 잘 먹지 않지만 영화관에 들어가 좌석에 앉는 순간에는 그 초콜릿 생각을 떨쳐낼 수 없다면, 그것이 바로 '맥락적 신호'다. 평소 습관적 행동을 하는 공간에서 물리적으로 벗어나 새로운 행동 습관을 실천할 새로운 공간을 선택하라. 예를 들어 휴대전화를 들여다보는 시간을 줄이고 싶은데 늘 책상에서 점심을 먹으며 휴대전화를 본다면, 앞으로는 구내식당에 가서 사람들과 대화를 나누며 밥을 먹어라.

2. 새 습관을 기존 루틴과 연결하라

새로운 작은 습관과 기존 생활 루틴을 연결해 새로운 맥락적 신호를 만들어라. 거울 앞에서 양치질을 하는 동안 외국어 단어를 하나씩 외워라. 모닝커피를 마시는 동안 그날 하루의 업무 전략을 글로 정리하라. 퇴근길 전동차 안에서는 책을 펼쳐 무조건 한 단락을 읽어라.

3. 점검하라

당신이 정한 아주 작은 습관을 실천한 뒤에는 반드시 그 사실을 기록하라. 발전 상황을 기록하는 것이 중요한 이유와 그 방법에 대해서는 잠시 뒤에 소개할 습관 체크리스트 섹션에서 자세히 설명하겠다.

4. 진도를 천천히 나가라

성공을 확신하고 새로운 행동 습관의 규모를 늘리기 전에 적어도 4주간은 작은 습관을 유지하면서 완전히 몸에 배게 만들어라. 너무 빨리 진도를 나가면 실천하기가 더 어렵고 곧 포기하게 된다. 실패는 때로 유익하지만, 일부러 실패 가능성을 높일 필요는 없다. 어제 간신히 실천한 행동을 오늘 또 해야 한다고 생각하면 스트레스를 받고 의욕이 떨어진다. 하지만 사소한 습관이면 '오늘은 빼먹었지만 내일은 꼭 실천해야지' 하고 다짐하기가 더 쉽다. 내 고객 중 많은 이들이 아주 작은 습관을 정착시키는 데 실패하는데, 쉬운 것에서 중간 단계로, 다시 더 높은 단계로 너무 빨리 이동하기 때문이다. 진도를 너무 빨리 나가고 있다면 멈춰서 처음에 정한 사소한 습관으로 돌아가라.

5. 실천이 잘 안 되면 더 작게 만들어라

더 사소하고 쉬운 행동으로 바꿔라. 사소한 행동일수록 꾸준히 실천하며 지구력을 키울 가능성이 더 커진다. 다시 강조하지만 말도 안 되게 하찮게 느껴져도 괜찮다. 작고 하찮은 변화라도 전혀 바뀌지 않는 것보다 훨씬 낫다.

> **Coach's Note**
>
> **생각하지 말고 일단 행동하라**
>
> 신경 과학과 습관 고리를 깊이 연구한 동기부여 강사 겸 저술가 멜 로빈스Mel Robbins는 획기적인 '5초의 법칙'을 제시했다. 이 법칙은 다음과 같다. 우리가 새로운 방향으로 움직여 행동을 취하려는 본능이 생기면 그 순간 뇌의 자동 회로가 활성화된다. 즉 새롭고 불확실한 무언가로부터 우리를 보호하려고 재빨리 잠재 위험을 과장하고 우리 안에 자기 의심의 목소리를 만들어낸다. 뇌가 개입해 저항감을 일으키고 우리가 행동하지 않도록 설득하기 전까지 우리에게는 단 5초가 있다. 그러니 망설이지 말고 행동하라. 5에서 1까지 카운트다운한 뒤 곧장 엎드려 팔굽혀펴기를 한 번 하라. 이에 대해 로빈스는 "진정한 변화는 결국 5초의 창문이 좌우한다"라고 말한다.

습관 체크리스트: 발전을 점검하고 촉진하라

어느 날 저녁, 침실에 들어가니 남편 매슈가 방 이쪽 끝에서 저쪽 끝까지 왔다 갔다 하고 있었다. 의아해진 내가 물었다. "지금 뭐 하는 거야?"

매슈는 스마트 워치를 흘끗 내려다보고 말했다. "오늘 걸음 수가 9,400보야. 1만 보를 다 채우고 나서 잘 거야!"

나는 성취욕이 강한 이들과 여러 번 일해봤기에(게다가 그런 사람과 결혼도 했다) 하루 걸음 수 목표를 달성하려고 주방 식탁 주변을 빙빙 돌거나 1시간의 최소 활동량을 채우기 위해 제자리 뛰기를 하는 사람을 자주 봤다. 어떤 사람은 기계의 진동으로 걸음 수를 늘리기 위해 스마트 워치를 빨래 건조기 위에 올려둔다고 고백했다. 자신의 스마트 워치를 조깅하러 나가는 아내한테 맡기는 사람도 봤다.

운동을 게임처럼 하면 목표량을 달성하기가 더 쉬워진다. 이는 많은 연구에서 입증된 사실이다. 목표를 기록하고 진행 상황을 추적하는 것은 성공률을 크게 높인다. 특히 개인적 건강과 관련된 습관인 경우 효과가 크다. 약 2만 명의 피험자가 참여한 138건의 연구를 검토한 미국심리학회의 메타 분석에 따르면, 피험자가 자신의 발전 상황을 자주 점검할수록(예컨대 1시간마다 또는 하루에 한 번) 목표 달성에 성공할 가능성이 더 높다.

그래서 내가 고객들에게 '습관 체크리스트'를 만들라고 하는 것이다. 이것은 자신의 습관을 점검하는 목록으로, 작은 습관에서 시작해 서서히 큰 습관을 실천하는 단계로 올라가는 것을 도와준다. 이 일일 점검표는 뒤에 소개할 도구를 활용할 때도 책임감을 갖고 실천하도록 도와준다. 날마다 뭔가를 해야 한다고 생각하니 부담스러운가? 걱정 마라. 표를 작성하는 데는 1분도 안 걸린다.

습관 체크리스트를 만들고 활용하는 방법은 다음과 같다.

1. 당신이 실천할 아주 작은 습관 3~5개를 정하라

꾸준히 실천할 가능성을 높이기 위해 5개를 넘기지 않도록 한다.

2. 주간 단위의 표를 만들어라

직접 손으로 그려도 좋고 내 웹사이트 www.sabinanawaz.com에 올려놓은 양식을 프린트해도 좋다. 이 표는 다음과 같이 생겼다.

아주 작은 습관	책 한 단락 읽기	상대방의 말을 끊지 않고 듣기	요청을 한 번 거절하기	아침 식사 전에 물 한 컵 마시기	팔굽혀펴기 한 개
월요일					
화요일					
수요일					
목요일					
금요일					
토요일					
일요일					
합계					

3. 실천 여부를 기록하라

매일 하루를 마무리할 때 표를 꺼내 각 습관 아래에 O 또는 X를 적어라. 어떤 이유로든 실천할 여건이 안 된 날은 '해당 없음'이라고 적는다('해당 없음'을 실천하지 않은 핑계로 사용하지 않도록 주의하라!).

최소한 4주 동안 이 표를 작성하며 점검하라. 4주 동안은 습관의 규모를 키우지 마라! 4주가 지난 뒤 어떤 습관에 대해 O가 X보다 많아지면 그때 습관의 규모를 키우기 바란다. 앞에서 잠깐 언급한 하오유를 보자. 그는 회의에 들어갈 때 하루에 한 번은 전자 기기를 갖고 가지 않는 연습을 한동안 한 뒤 그 횟수를 서서히 늘렸고, 넉 달 후에는 모든 회의에서 전자 기기를 사용하지 않게 되었다. 그리고 자신이 잘 지켰는지 점검하는 것을 그만두었다. 습관이 성공적으로 몸에 뱄기 때문이다.

긍정 심리학 관점에서 볼 때 자신이 뭔가를 해냈는지 여부를 매일 기록하는 행위는 자신감과 의욕을 높여준다. 선생님에게 '참 잘했어요' 도장을 받을 때처럼 말이다. 이 체크리스트는 당신이 어떤 부분에서 발전하고 있는지 한눈에 보여준다. 또 부족한 부분과 당신이 중요시하는 습관에 대해서도 명확히 파악할 수 있다. 평소 나는 충분한 수면을 중요하게 여기는데, 만일 습관 체크리스트를 통해 하루에 5시간 잔다는 사실을 깨닫는다면 나의 행동과 목표가 일치하지 않는 것이다. 습관 체크리스트는 자신에게 중요한 습관을 꾸준히 유지하는 데 도움을 준다.

4주 동안 실천한 뒤 평가하면 패턴과 추세를 파악해 필요한 경우 신속한 조치를 취할 수 있다. 리아나의 예를 보자. 그녀는 말이 지나치게 많아서 팀원이 발언할 기회를 빼앗는 습관을 고치고 싶었다. 그래서 하루에 한 회의에서는 적어도 2명이 먼저 말한 뒤 자신이 말하기로 다짐했다. 한 달 뒤 습관 체크리스트를 점검해보니, 유독 화요일에 이 습관을 지키지 못하는 경향이 있었다. 이유를 살펴보니 월요일 저녁 일정이 늘 빡빡했다. 퇴근하자마자 아들이 축구 경기하는 곳으로 달려가 심판을 보고, 그 후에는 지역 노숙자 쉼터에서 자원봉사 활동을 하다보니, 월요일 밤에는 다른 날보다 잠을 2시간 정도 덜 자게 되었던 것이다.

화요일 아침에 에너지가 고갈된 채 하루를 시작하는 바람에 결핍 마인드셋에 빠지기 쉬운 상태였다. '시간이 별로 없어. 내가 얼른 뛰어들어 해결해야 해. 내가 나서지 않으면 아무도 안 할 테고, 결국 시간만 낭비하게 돼'라고 생각하는 것이다. 이런 패턴을 깨달은 리아나는 화요일 아침 루틴을 조정해 회의를 1시간 늦게 시작하기로 했다. 덕분에 잠을 더 자고 일어나 에너지를 충전해 풍요 마인드셋을 지닌 채 하루를 시작할 수 있었다.

내가 달라져야 조직이 바뀐다: 이모겐의 사례

내가 코칭한 이모겐은 습관 체크리스트를 만든 뒤 놀라운 변화를 경험했다. 그 과정은 이렇다.

7년 전쯤의 일이다. 상사가 나를 부르더니 내 직속 부하 3명이 다음 해에 그만둘 예정이며, 그것이 나 때문이라고 알려주었다. 좋지 않은 비판을 처음 들어본 것은 아니었다. 하지만 그전까지는 주로 건설적 내용이었다. '이메일을 짧게 써라', '남의 말을 경청해라', '이해하기 쉽게 말해라' 같은 것 말이다. 그때마다 나는 변명이나 정당화로 사람들의 의견을 무시했고 딱히 달라지려 노력하지 않았다. 하지만 이번에는 심호흡을 하고 내가 선택한 동료 15명에게 360도 평가를 받아보라는 상사의 제안을 받아들였다.

나는 신뢰하는 동료들의 입에서 나온 의견을 읽고 충격에 빠졌다. 그들이 평가한 나는 융통성 없고, 감정적으로 둔하고, 일을 복잡하게 만드는 경향이 있고, 사소한 것에 집착하는 사람이었다. 그들의 답변은 가시처럼 내 가슴에 박혔다. 그대로는 안 될 것 같았다. 달라져야겠다는 생각이 들었지만 무엇부터 시작해야 할지 막막했다.

나는 습관 체크리스트를 만들어 날마다 행동을 점검하기로 했다. 세 가지 목표를 염두에 두고 다섯 가지 작은 습관을 정했다. 세 가지 목표는 이것이었다.

1. 내 행동이 사람들에게 미치는 영향을 이해한다.
2. 사람들과 더 연결되고 그들의 마음을 살핀다.
3. 무조건 나서서 해결하지 말고 코치가 되어준다.

습관 체크리스트를 관리하면서 달라질 '방법'뿐 아니라 달라져야 하는 '이유'도 더 분명히 이해하게 되었다. 이전에 내가 변화를 시도할 때는 놓친 부분이었다. 나는 없애야 하는 행동과 관련된 습관('아주 다급한 상황이 아닌 한 인스턴트 메시지 보내지 않기')은 빨간색으로, 새로 만들어야 하는 습관('직원들이 문제를 들고 찾아오면 나서서 해결하지 말고 그들이 답을 찾도록 유도하는 질문 던지기')은 초록색으로 표시했다.

매일 하루가 끝나면 체크리스트를 꺼내 각 칸에 O, X, 또는 '해당 없음'을 적었다. 7년이 지난 지금도 스스로 솔직해지려 노력했던 것이 생각난다. '해당 없음'이라고 쓰거나 빈칸을 보며 망설일 때면 나 자신을 속이고 있다는 사실을 깨달았다. 1~2주쯤 지나면서부터는 잘못된 행동을 그 순간에 알아채게 되었다. 나는 이 체크리스트를 15개월 동안 작성했다.

결과는 어땠을까? 나의 마지막 360도 평가 결과에 대한 면담을 하고 나오는 길에 상사가 한 말이 지금도 잊히지 않는다.

그녀는 나에 대한 360도 평가가 지금껏 자신이 한 '최고의 투자'였다고 말했다. 참, 세 부하 직원은 어떻게 됐을까? 그들은 이후 1년 넘게 회사를 다녔다. 그리고 나중에 회사를 떠날 때 누구도 나 때문이라고 말하지 않았다.

YOU'RE THE BOSS

제3부
리더의 눈을 가리는 권력의 함정들

6장

'나만 옳아'의 함정에 빠진 당신

프레드릭 배크만Fredrik Backman의 소설 『불안한 사람들』을 읽다가 부자는 돈을 주고 거리를 산다는 말을 읽고 고개를 끄덕인 적이 있다. 가진 자와 못 가진 자 사이에 불평등이 존재한다는 사실은 누구나 안다. 하지만 돈으로 물리적 거리를 산다는 말을 들으니 두 그룹의 격차가 피부에 확 와닿았다.

돈이 많으면 비행기에서 다른 사람과 멀찍이 떨어진 넓은 좌석에 앉을 수 있다. 사람들과 차단된 특별한 공간에 쏙 들어가 여행을 즐긴다. 돈이 더 많으면 승무원 외에는 아무도 없는 개인 비행기를 탈 수 있다. 스포츠 경기장의 값비싼 스카이 박스에서는 일반 관람석처럼 모르는 사람들과 다닥다닥 붙어 앉을 필요가 없다. 개인 기사가 모는 자동차를 타는 사람은 대중교통에서 낯선 타인과 어깨를 부딪칠 일이 없고, 넓은 부지에 집을 짓고 사는 사람은 가장 가까운 이웃과도 수백 미터나 떨어져 있다.

이와 비슷하게 권력은 일터에서 거리를 안겨준다. 알다시피 권력은 본질상 우리와 부하 직원 사이에 자연스럽게 거리를 만든다. 우선 물리적으로 더 높은 층에 있는 방으로 옮기고, 다른 이들이 우리를 만나고 싶을 때는 비서를 거쳐야 한다. 내 고객 중 일부는 직원들에게 "나도 별다를 것 없어. 고급 사무실이 아니라 칸막이 자리에서 일해"라고 말한 뒤 템스강이 내려다보이는 널찍하고 화려한 회의실에서 많은 시간을 보내면서도 자신의 언행에 담긴 모순을 깨닫지 못한다.

물론 물리적 변화만 있는 것은 아니다. 우리는 동질감과 친밀감을 느끼는 동료라는 위치에서 벗어나 더 높은 지위로 올라간다. **자연스럽게 생긴 그 거리가 지나치게 벌어지면 깊은 권력 간극이 생기며, 이 때문에 '나쁜 상사'의 행동이 나타나기 시작한다.**

지금부터는 권력 간극이 초래하는 가장 흔한 함정 세 가지를 살펴볼 것이다. 아울러 각각의 함정이 불러오는 실수를 바로잡고, 권력으로 생겨난 거리를 좁혀 건강하고 생산적인 관계를 형성할 구체적인 도구를 소개한다.

30대 초반인 제럴드는 전설적인 게임 프로그램을 개발해 벤처캐피털 회사에 엄청난 금액을 받고 팔았다. 따라서 어마어마한 돈을 손에 쥔 상태로 은퇴할 수도 있었다. 하지만 아직 야망과 에너지가 넘치는 젊은이였기에, 소프트웨어 개발 책임자로 와달라는 대기업의 제안을 받아들였다. 이전에는 이따금 프리랜스 개발자 2명에게 도움을 받았을 뿐 리더로서 팀을 이끌어본 경험이 없었기 때문에 그의 커리어 전환은 순조롭지 못했다.

내가 회사 인사부 책임자의 요청으로 제럴드를 만난 것은 그가 회사에 들어간 지 1년쯤 됐을 때였다. 제럴드 팀의 직원들이 자꾸 그만둔다는 것이었다. 그가 처음 회사에 합류했을 때는 다들 게임업계의 전설적 존재가 이끄는 팀에 들어가고 싶어 안달이었다. 하지만 몇 개월이 지나지 않아 그런 분위기는 점점 없어지고 제럴드 밑에 있는 직원들이 다른 부서로 이동하고 싶다고 요청했다. 제럴드의 능력과 평판은 타의 추종을 불허했으므로 회사 측에서는 그를 내보낼 생각이 없었다. 하지만 인사부 책임자와 제럴드의 상관은 점점 의문이 들었다. 그에게 팀을 이끌 리더의 자질이 부족한 것은 아닐까?

제럴드를 만났을 때 받은 첫인상은 '아무도 나를 이해하지 못해'라는 답답함과 짜증으로 가득하다는 것이었다. 두 번째로 인상적이었던 점은 대화를 장악하는 습관이었다. 그는 내가 묻기도 전에 자신이 생각하는 문제가 무엇인지(팀원들이 그의 말을 듣는 둥 마는 둥 했다), 누구의 잘못인지(그의 잘못은 아니었다), 팀장 역할을 잘하려면 무엇이 필요한지(팀원들이 그의 지시를 잘 따라야 했다) 속사포처럼 자세하게 쏟아냈다. 그는 '나만 옳아'라는 함정에 빠져 있었다.

이 함정에 빠진 사람은 무엇이 사실이고 옳은가에 대한 자신의 생각을 고집한다. 데이터를 분석하고, 현 상태와 필요한 것을 판단한 뒤, 행동 계획을 세워 밀고 나간다. 뛰어난 리더처럼 보이지 않는가? 그러나 착각하지 마라. 이것은 '하지만…' 태도의 또 다른 모습이다. '그래, 하지만 내가 해결책을 안다고. … 하지만 내게는 검증된 실적이 있어. … 하지만 직원 의견을 다 듣다가는 방해만 되고 일 속도만 느려져. … 하지만 이건 내 비전이고 내 일이고 내가 만든 결과물이야. 지금 이대로가 최선이야.'

물론 다 맞는 말일지도 모른다. 하지만 그건 '당신'의 관점일 뿐이다. 세상에는 항상 여러 관점이 존재한다. 우리가 '사실' 혹은 '진실'이라 믿는 것이 자신만의 렌즈로 해석한 결과물인 경우도 많다. 현 상태와 해결책에 대한 당신의 견해가 노벨상을 받을 만큼 탁월할 수도 있다. 그러나 다른 관점도 있을 수 있지 않을까? 만일 당신이 보지 못한 각도나 더 나은 해결책, 또는 더 높은 수익을 올릴 전략이 있다면 어쩔 것인가? 당신이 아는 것은 그렇다 치자. 하지만 당신이 모르는 것 또는 미처 고려하지 못한 점은 어떻게 할 것인가?

친구 노아가 자신의 아내, 다른 네 쌍의 커플과 함께 '샐러드 볼'이라는 게임을 한 이야기를 들려준 적이 있다. 이 게임은 이렇게 진행한다. 단어를 하나씩 적은 작은 종이들을 접어서 볼에 넣고 섞은 뒤 한 사람이 그중 하나를 뽑는다. 그런 다음 파트너에게 종이에 적힌 단어에 대해 힌트를 주면 파트너가 단어를 맞힌다. 이때 힌트를 주는 사람은 단어 자체를 말해서는 안 된다. 노아는 자신의 차례가 되자 종이를 뽑고 나서 "개의 적"이라고 힌트를 주었다. 그러자 노아의 아내는 확신에 차서 "고양이!"라고 외치고는 성공을 의미하는 제스처를 요란하게 취했다. 노아가 틀렸다고 말하자 그녀는 못 믿겠다는 표정으로 말했다. "에이, 노아, 말도 안 돼. 개한테 적은 고양이뿐이잖아!"

정답은? 개장수였다. 이는 나만 옳다고 생각하는 관점을 잘 보여주는 일화다.

물론 상사인 당신에게는 원하는 대로 일을 진행할 권한이 있다. 다른 사람의 견해에 귀 기울이는 것이 강제적 의무 사항은 아니며, 실제로 당신의 관점이 옳을 수도 있다. 어쨌든 당신은 지금까지 수없이 여러 번 옳은 결정을 내렸기에 지금 그 자리에 올랐다. 그러나 똑똑한 인재라고 해서 반드시 똑똑한 상사가 되는 것은 아니다. 똑똑한 상사는 더 분명한 목적의식과 장기적 전략 아래 움직여야 한다. 당신만 옳다는 태도를 시종일관 고수하며 목표를 달성했고 실제로도 당신이 옳았지만 그 과정에서 다른 직원의 의견은 깡그리 무시했다면, 그들과의 관계나 팀의 장기적 성공 측면에서 치러야 할 대가가 너무 크지 않을까?

선승 스즈키 슌류鈴木 俊隆는 "초심자의 마음에는 많은 가능성이 있지만 숙련자의 마음에는 가능성이 거의 없다"라고 말했다. 나만 옳다는 생각에 빠져 있으면 다른 관점에 귀를 닫게 된다. 경험이 많고 지위가 높을수록 자신의 생각이 옳다고 확신하기 쉽다. 그 결과 훨씬 나은 해결책을 제시하거나 혁신과 창의성, 더 나은 조직 문화를 촉진할 수 있는 다른 이들의 풍부한 아이디어를 놓치게 된다.

예를 들어 360도 평가에서 자주 나오는 피드백 중 하나는 관리자가 부하 직원에 대한 판단을 너무 빨리 내린다는 것이다. 그들은 '저 직원은 별로야'라는 견해를 형성한 뒤 그것이 옳다고 믿으면 좀처럼 생각을 바꾸지 않는다. 또 다른 흔한 피드백은 팀장끼리 충돌하며 싸우기를 반복한다는 내용이다. 그들은 각자 상대방의 동기와 목적을 자기 관점에서 추정하고 그걸 토대로 서로를 비난하며, 리더의 불화는 밑에 있는 팀원들의 전면전으로 번지기 일쑤다. 그런 분위기에서는 리더가 팀원 말에 집중하고, 고객을 돕고, 시장에서 성공할 전략을 효과적으로 세우기 어렵다.

"내가 고려하지 못한 점이 무엇일까?", "이 문제를 다른 어떤 관점으로 해석할 수 있을까?"라는 질문을 던져야 한다. 그래야 소중한 시간을 절약하고, 불필요한 언쟁을 피하고, 기회를 발견하고, 관계가 망가지는 것을 피할 수 있다. 또 그래야 생각지 못한 아이디어와 직원의 숨겨진 능력을 발견할 수 있다. 무엇보다 권력 간극이 초래하는 실수를 피할 수 있다. 부하의 의견에 귀를 닫고, 그들의 침묵이 자신의 관점이나 계획, 해결책만 옳다는 생각에 동의하기 때문이라고 착각하는 실수 말이다.

당신이 부하의 의견과 노력에 관심이 없다는 신호를 보내면 권력 간극이 더 벌어진다. 그들은 상사에게, 특히 늘 자신만 옳다고 생각하는 상사에게 다른 의견을 내기가 더 어려워질 테고(1장에서 마이크가 필요한 루이스에게 아무도 그 사실을 말하지 못한 것을 떠올려보라), 그러면 상황은 더 악화된다. 직원이 자신의 가치를 인정받지 못한다고 느끼는 경우 조용히 업무를 망치고 반항하는 행동이 나타나기 쉽다. 스탠퍼드대학교 교수 로버트 I. 서튼Robert I. Sutton은 『또라이 제로 조직』에서 상사가 부하의 감정을 무시하면 그 직원은 자기가 하는 일에서 애정과 가치를 못 느낀다는 연구 결과를 소개했다. 그런 직원은 고의로 생산성에 피해를 입히고, 회사 물건을 훔치며, 병가를 더 자주 낸다. 코로나19 사태 이후 생겨난 신조어인 '조용한 퇴사quiet quitting'는 최소한의 일만 하고 다른 일에는 관여하지 않는 소극적 업무 태도를 말하며, 이런 태도는 과거에 비해 훨씬 많아졌다.

제럴드의 팀에서도 바로 그런 일이 일어나고 있었다. 직원에게 일을 맡겼는데 당신이 원하는 수준의 결과물이 나오지 않는다면, 애초에 그들의 동의와 지지를 얻지 못한 것이 문제일 수 있다. 당신은 자신이 제시한 전략적 계획에 모두가 동의한다고 믿었는데, 회의를 서너 번쯤 진행한 뒤까지도 일에 아무런 진척이 없는 걸 경험했을지 모른다. 나는 상사가 확실한 방향을 잡아주지 않는다고 불평하는 직원을 자주 본다. 그런데 대화를 나누며 상황을 자세히 파악해보면 실제로는 비전이 주어진 경우가 많다. 하지만 그들은 상사가 택한 방향에 공감하고 지지하는 마음이 없기 때문에 그것을 무시하거나, 회사를 그만두거나, 조직에 남더라도 소리 없이 상사의 일을 방해한다.

동의와 지지 없는 명령은 힘을 발휘하지 못한다. 팬데믹 이후 많은 관리자가 다시 날마다 회사로 출근하라는 일방적 명령이 역효과를 낸다는 것을 깨달았다. 이제는 지위에 따르는 힘이 아니라 직원들의 힘이 더 중요해졌다. 그들은 유연성 있는 업무 환경을 원하고 자신의 목소리와 요구를 존중해달라고 요청할 줄 알게 되었다. 조직 내 상사들은 자신의 힘이 위협이나 처벌, 강압의 수단으로 느껴지지 않게끔 할 줄 알아야 한다. "내가 말했으니 그렇게 해"라는 방식은 이제 더 이상 통하지 않는다. 훌륭한 상사가 되려면 파괴적 방식이 아니라 건설적 방식으로 힘을 나눠 갖는 방법, 경쟁이 아니라 협력할 방법을 찾기 위해 깊이 경청하는 자세가 필요하다.

나는 마이크로소프트에서 소프트웨어 프로그램 관리 부서에 있다가 인사 관리 부서로 옮긴 지 얼마 안 되어 핵심 인재 개발 책임자 자리에 올랐다. 해마다 마이크로소프트에서는 임원으로 성장할 가능성이 높은 직원 700~1,000명이 커리어를 개발할 기회를 얻고 빌 게이츠, 스티브 발머와 직접 만나는 행사에도 참여했다. 하지만 당시 이 프로그램은 제대로 궤도에 오르지 못하고 있었다. 엔지니어 출신인 나는 인재 관리 분야로 옮긴 지 얼마 안 돼서 아직 감을 잡지 못했다. 그래서 부서를 이동한 첫해에 전년도의 프로그램 계획을 살짝 수정해 재사용했다. 그 사실을 누군가 알아챌까 내심 걱정하면서 말이다.

내 우려가 현실이 되는 데는 그리 오래 걸리지 않았다. 내가 프로그램 계획을 소개하자 스티브가 이렇게 말한 것이다. "사비나, 잔에 물이 채워지는 중이군요. 하지만 아직 절반도 안 찼네요." 앞으로 1년 동안 지금보다 발전해서 뭔가 보여달라는 의미였다. 나는 그러겠다고 약속했다.

이후 나는 특기인 피나는 노력에 의지했다. 엔지니어로서의 능력을 십분 발휘해 팀원들과 GE, 포드, 보잉 등 30개 기업의 데이터를 수집하고 비교·분석했다. 각 기업의 인재 개발 책임자에게 연락해 그들이 핵심 인재를 발굴하고 키우는 방법을 알아봤다. 그런 과정을 거쳐 새로운 프로그램을 만들었고, 이를 마이크로소프트의 모든 인사 부서 책임자가 참석하는 워크숍에서 발표하기로 했다. 내 생각에는 3개월쯤 뒤면 이 새로운 프로그램을 사내에서 실행할 수 있을 것 같았다.

나는 자료가 가득 담긴 바인더를 소중하게 품에 안고 워크숍에 갔다. 무엇이 효과적이고 무엇이 그렇지 않으며 우리가 앞으로 어떻게 해야 할지에 대해 내가 내린 결론을 머릿속에 정리한 채 말이다. 내 의견을 발표하고 그들의 동의와 지지를 얻어야 했다. 스티브와 한 약속을 지키고 다음 분기 말에는 프로그램을 도입할 수 있도록 말이다. 내가 옳다고 굳게 믿고 있는 새 프로그램이 모두를 위한 해결책이 되리라 기대했다.

그러나 나는 곧 깨달았다. 모두가 참여해 함께 만들지 않으면 동의와 지지를 얻기 힘들다는 사실을 말이다. 그곳에 모인 인사 팀장들은 자신의 직원들에게 효과적인 방식을 자신보다 더 잘 안다는 듯이 말하는 나를 못마땅해했다. 나는 그들을 위한 효율적이고 확실한 프로그램을 준비해왔다고 믿었다. 하지만 50분쯤 지났을 때 박수를 보내는 이는 아무도 없었다. 오히려 여기저기서 반대 의견이 쏟아졌다. 내가 직원들을, 그동안 인사 관리자들이 사내에서 해온 활동을, 그리고 타 부서와 다른 인사부만의 독특한 특성과 요구 사항을 제대로 이해하지 못한다는 것이었다.

나는 내가 옳다는 것을 증명해줄 자료를 아무리 많이 제시해도 소용이 없으리라는 것을 깨달았다. 그 프로그램은 '함께' 만든 결과물이 아니라 '내가 옳다고 믿는 관점'이었기 때문이다. 이후 우리는 6개월 동안 열 번의 워크숍을 개최해 프로그램을 함께 만들었다. 다들 결과물에 대한 자부심이 대단해서 많은 이들이 새로운 프로그램을 자신의 경력 포트폴리오에 포함시키겠다고 말했다. 최종 결과물은 사내 인사 책임자들과 내가 '함께' 완성한 것이었다.

새 프로그램의 골자는 과거와 같았다. 즉 마이크로소프트의 유능한 임원을 육성하기 위한 프레임워크와 도구였다. 하지만 프로그램을 소개하고, 임원 및 훈련 참가자와 소통하고, 회사 전체적으로 협력하는 구체적인 방법이 크게 달랐다. 우리는 각 부서가 자신의 예산으로 자체 프로그램을 만드는 접근법을 탈피해 하나의 통일된 프로그램을 마련하게 되었다. 그 결과 프로그램 참가자가 부서를 옮겨도 다른 도구를 익힐 필요가 없었다. 또 내가 이 프로그램을 실행해야 하는 이유를 각 부서에 일일이 설명할 필요도 없었다. 인사 책임자들이 나서서 적극적으로 도와줬기 때문이다. 우리는 의견 충돌로 옥신각신하느라 시간을 낭비하지 않고 참가자의 교육을 지원하는 데 집중했다. 이 프로그램은 이후 25년 동안 건재했다. 글로벌 조직의 핵심 인재에게 필요한 것에 대한 우리의 집단 지성이 빚어낸 결과물이었기 때문이다.

예를 들어 과거에는 임원 후보가 비밀스럽게 결정되어 때로는 직원과 그의 상사 모두 해당 직원이 후보 목록에 올랐다는 사실을 몰랐다. 직원은 리더십 교육과정에 참여해서도 자신이 뭔가 잘못해서 '소년원'에 보내진 것이 아닌가 하는 불안을 느꼈다. 우리는 이런 비밀스러운 프로세스를 없애고 프로그램을 투명하게 바꿨다. 이제 그들은 불안을 버리고 교육을 통해 뛰어난 리더로 성장하겠다는 다짐을 한 채 교육에 참가했다. 게다가 프로그램에 참가하지 못한 직원은 자신도 언젠가는 핵심 인재로 발탁되어 이 프로그램에 들어가고 싶다는 목표를 가졌다. 프로그램이 안정적으로 뿌리를 내리면서 참가자들은 회사가 그들의 발전과 성장에 투자한다는 사실을 만족스러워했고, 이는 그들을 회사에 계속 남아 있게 하는 동기부여 요소가 되었다.

아이러니하게도 똑똑하고 경험이 많으면 '나만 옳다'는 함정에 빠질 가능성이 크다. 유능하고 명석하며 경험이 풍부한 사람은 타인의 관점을 쉽사리 받아들이지 못하는 경우가 꽤 많다. 물론 소신을 지키고 주변의 비판에 휘둘려 무너지지 않으려면 확고한 자아감이 필요하다. 그러나 자아감이 지나치게 부풀어 오르면 오만함이 될 수 있다. 더 묻고 알려는 태도가 사라지고 오로지 자신만 답을 안다고 믿게 된다. 자기 관점에만 파묻혀 다른 시각과 견해는 보려 하지 않는다. 다른 누군가가 감히 당신의 소중한 견해에 이의를 제기하거나 비판하면 곧장 발끈한다. 제럴드가 상대방이 문장 한 줄도 채 끝마치기 전에 말허리를 끊고 "아냐, 아냐, 그게 아니라니까. 자, 왜 그런지 이유를 설명해줄 테니 들어봐"라고 말하는 습관은 그가 '나만 옳다'는 함정에 갇혔음을 보여주는 신호였다.

이 함정에 빠진 사람은 반대 의견을 맞닥뜨리면 짜증을 내거나 답답함을 표출한다. 그러나 그런 외적 반응의 이면 깊숙한 곳에는 대개 두려움이 깔려 있다. 사람들은 다른 관점을 충분히 고려하면 자신이 틀렸음이 드러나 거기에 동의해야 하는 상황이 되는 것을 두려워한다. 이런 두려움은 우리 안에 깊이 내장된 자기 보호 본능과 맞닿아 있다. 내 의견이 비판받으면 내 존재의 중요성이 줄어드는 것 아닐까? 내 지위가 타격을 입지 않을까? 내 관점을 다시 생각해보고 수정해야 한다면 그건 내가 비난받을 여지가 없는 완벽한 결과물을 내놓는 데 실패했다는 의미 아닐까? 우리는 이런 의문이 비합리적이라는 것을 머리로는 안다. 다른 이들의 의견을 충분히 고려하면 더 폭넓은 관점을 얻을 수 있고, 그중에서 최선으로 보이는 방안을 선택하면 된다는 것도 잘 안다. 그러나 우리의 관점이 공격받는다고 느끼면 뇌의 자기 보호 본능이 즉각 깨어나 주도권을 잡기 때문에 완전히 다른 상황이 펼쳐진다.

'나만 옳아' 함정을 피하는 확실한 방법은 '여러 가능성 찾기' 도구를 활용하는 것이다.

> **Coach's Note**
> **'나만 옳아' 함정에 빠졌음을 알려주는 신호**
>
> 1. 신체적 신호가 동반된 방어적 태도를 강하게 보인다. 대표적으로 목이 조여오거나 가슴이 답답한 느낌, 주먹을 움켜쥐는 행동, 콧구멍을 벌름거리며 씩씩대는 모습 등이 있다.
> 2. 남의 의견이나 관점을 알고 싶어 하지 않는다. 남들이 자신이 탁월하다는 것을 인정해주길 바라면서 귀를 닫아버리거나 성급하거나 방어적인 태도로 짜증을 낸다.
> 3. 부하 직원들이 조용해진다. 당신 생각이 옳다는 태도를 강하게 보일수록 부하들은 의구심을 표현하거나 다른 의견을 내길 주저한다. 하지만 당신에게 반대하길 두려워하는 것을 당신 의견에 대한 동조와 지지라고 착각하지 마라. 영국의 정치인 존 몰리John Morley는 1874년에 이렇게 말한 바 있다. "상대방이 침묵한다고 해서 꼭 그의 생각이 당신에게 동의하는 쪽으로 바뀌었다는 의미는 아니다."

여러 가능성 찾기:
더 많은 스토리를 상상하라

다음과 같은 신호가 나타날 때마다 여러 가능성 찾기 도구를 사용하라.

- 당신이 옳다는 기분이 든다(누군가가 당신 의견에 의문을 제기하면 짜증과 화가 치민다).
- "이렇게 해야 해"라고 100퍼센트 확신한다.
- 부하나 동료에 대한 당신의 판단을 사실로 간주한다(그는 얍삽해, 그는 게을러, 저 사람은 오로지 자기밖에 몰라).
- 공격당하거나 비방을 받거나 무시당하는 것 같다.
- 동료와 충돌하는 일이 잦다.
- 특정 동료에 대해 고정된 의견을 갖고 있다.
- 팀원들에게 그들의 의견이 무시당한다고 느낀다는 피드백을 받는다.

아이들이 어렸을 때 다른 학부모들이 내 직업을 알고 나면 자주 묻는 질문이 있었다. 자기 아이를 나중에 사회생활을 잘하는 어른으로 키우기 위해 가르쳐야 할 것 중 가장 중요한 것이 무엇이냐는 질문이었다. 그때마다 나는 상황을 보는 관점이 하나뿐이라고 믿지 않게 가르쳐야 한다고 대답했다. 이것은 인생에서도 일에서도 똑같이 중요하다.

그래서 나는 아이들이 그런 사고방식을 갖는 것을 막기 위해 각각 여덟 살과 열 살쯤 됐을 때 게임을 만들었다. 이 게임의 이름은 '여러 가능성 찾기'다. 나는 매일 아침 아이들을 차에 태워 학교에 데려다주면서 다리를 건너는 동안 이 게임을 했다. 교통 흐름이 원활한 날이면 보통 1분 30초 정도 걸렸다. 게임 방법은 이렇다. 셋 중 하나가 차창 너머 보이는 것 중 아무거나 한 가지를 고른 뒤, 셋이 돌아가면서 그 대상과 관련된 상황을 추측해 의견을 말했다.

예를 들어 하루는 양팔에 잔뜩 타투가 있고 민소매 티셔츠를 입은 남자가 다리를 걸어서 건너고 있었다. 첫째 아들 자레프가 말했다. "저 아저씨는 타투를 막 하고 나오는 길이라서 땀이 안 차게 하려고 민소매를 입은 거야." 나는 이렇게 말했다. "저 사람은 변호사야. 평소에 직장에서는 타투를 가려야 하지만 오늘은 쉬는 날이라서 사람들에게 마음껏 자랑하는 거야." 그리고 둘째 지벤은 이렇게 말했다. "저 아저씨는 다리 건너 저쪽 동네에서 타투 숍을 운영하는데 자기 몸을 보여주면서 가게를 광고하는 거야." 우리는 다리를 다 건널 때까지 게임을 계속했다.

이 게임을 시작하고 두세 달쯤 지났을 때였다. 하루는 지벤이 울면서 내게 오더니 악을 쓰며 말했다. "형 못됐어! 내 레고 조각을 훔쳐 갔어!"

나는 차분하게 말했다. "그래, 형이 못된 짓을 했을 수도 있지. 하지만 여러 가능성 찾기 게임을 하면서 다른 어떤 상황이 있을지 생각해볼까?"

지벤은 훌쩍거리면서 고개를 끄덕였다. 우리에게는 이 게임에 너무 익숙해져 있던 터라 지벤은 곧장 이렇게 말했다. "형이 자기 레고 비행기 세트에서 한 조각을 잃어버렸는데 나한테 안 쓰는 조각이 있는 걸 보고 빌려 갔을지도 모르겠네." 이야기를 하는 동안 어느새 훌쩍거림은 멈춰 있었다. "아니면 나한테 물어봤는데 내가 헤드폰을 끼고 있어서 못 들었을지도 몰라." 가능성이 추가될 때마다 지벤의 목소리는 한결 차분해졌다. 그러다가 지벤은 형이 자기 레고 조각을 가져갔을지 모르는 이유가 너무 많으니 그 수수께끼를 푸는 가장 좋은 방법은 직접 물어보는 것이라고 결론을 내렸다. 지벤은 자기 추측이 옳다는 고집을 버리고 충분히 생각해봤기에 자레프가 자신의 레고 조각을 훔치지 않았다는 사실을 깨달을 수 있었다. 자레프는 그날 아침에 신발 끈을 묶다가 서랍장 밑에서 레고 조각을 발견한 것이었다. 그날의 사건은 별일 아닌 것으로 마무리되었다.

일터에서 우리는 레고 조각 대신 남이 우리에게서 '훔쳐 간' 프로젝트나 승진 때문에 흥분한다. 우리를 짜증 나게 한 사람은 누구라도 '못된 놈'이 된다. 그리고 우리는 자신의 판단이 옳다는 생각에 파묻혀 미처 보지 못한 사각지대를 계속 보지 못한 채 권력 간극을 더 넓힌다. 그럴수록 다른 여러 가능성을 고려하지 못하는 것은 당연하다.

인간은 원래 스토리를 만들고 의미 찾는 것을 좋아하는 동물이다. 스토리텔링에 대한 인류의 사랑은 수천 년 전부터 시작되었다. 그러니 이 인간의 본성을 거부하지 말고 더 많은 스토리를 상상하라. 더 많은 스토리를 고려해야 나만 옳다는 생각의 함정에서 빠져나올 수 있다. 그리고 시야를 넓혀 다른 가능성에 눈을 돌릴 수 있다.

당신의 의견에 대한 확신이 강할수록 이 함정에 갇혔다는 신호다. 자신이 옳다는 것을 한 치도 의심하지 않으면서 그것을 증명할 근거를 찾고 있다면 여러 가능성 찾기를 시도해야 할 때다.

실행 방법

1단계: 당신이 옳다고 믿는 생각을 찾아내라

대개는 자신의 관점에 너무 깊이 갇혀 있어 '나만 옳아' 함정에 빠졌다는 사실을 깨닫지 못한다. 다음 다섯 가지 단서에 주목하라.

1. 자신의 생각이 왜 옳은지 길게 설명한다.
2. 이분법적 시각으로 당신은 영웅이라 믿고 나머지는 전부 악당처럼 취급한다.
3. 다른 사람과 의견 충돌이 일어나면 상대방의 관점을 이

해하기 위해 질문하지 않고 당신이 옳다는 증거를 찾는 데만 집중한다.
4. 여러 가능성을 찾는 것을 시간 낭비로 여긴다.
5. 팀원들이 반대 의견을 내거나 질문하거나 고려해볼 다른 사항을 제시하지 않는다. 그리고 당신은 이를 모두가 당신 견해에 동의한다는 의미로 받아들인다.

2단계: 다른 관점을 정리해보라

여러 다른 관점을 상상해보라. 다음과 같은 간단한 질문을 던지면 된다. "다른 어떤 가능성이 있을까?", "이 문제를 다른 각도에서 본다면 뭐가 보일까?" 또는 이런 질문도 좋다. "만일 내가 이 문제에서 반대 입장에 선다면 뭐라고 주장할까?" 최소한 세 가지 스토리가 나올 때까지 계속 질문을 던져라. 또는 상상 가능한 모든 시나리오를 만들어도 좋다.

꼭 정확한 근거를 토대로 답하지 않아도 된다. 개연성이 좀 부족해도 상관없다. 그리고 감정적 판단은 배제하라. "그 자식이 멍청이라서 그렇게 행동한 거야" 같은 답을 피하라는 얘기다. 우리 목표는 편도체의 투쟁-도피 반응에 휩쓸려 자신의 관점을(그럼으로써 자신의 가치와 통제감, 우월함을) 미친 듯이 보호하려는 모드로 돌입하지 않는 것이다.

여러 가능성 찾기를 꼭 혼자서 할 필요는 없다. 이 도구는 다른 사람에게 의견을 물을 때 훨씬 큰 효과를 낸다. 다른 이들에게 객관적 정보를 얻기 위한 핵심은 단순한 문장으로 요청하되 그 말에 당신의 편향이 섞이지 않게 하는 것이다. 내가 동료 마크에게 배운 짧고 효과적인 문장은 이것이다. "더 자세히 설명해주세요." 나는 이 말을 두 가지 경우에 사용한다. 진심으로 상대방의 견해가 궁금하거나, 상대방을 비판하고 싶은 마음이 강하게 들 때다.

당신 생각이 '절대적으로 맞다'고 확신하며 상대방을 비판하고 싶어진다면 말을 멈추고 그의 의견을 자세히 설명해달라고 요청하라. 그리고 가급적 짧은 문장을 사용하라. 질문이나 요청 내용이 길어질수록 당신 자신의 목적이나 특정 방향으로 유도하는 말이 섞일 가능성이 커진다. 그러니 그냥 담백하게 "더 자세히 설명해주세요"라고 하라.

단 하나의 가능성이 아닌 여러 가능성에 사고의 창을 여는 순간, 우리는 결핍 마인드셋에서 풍요 마인드셋으로 이동한다. 이와 같은 전환은 뇌에서 진정한 리더처럼 사고하도록 돕는 신경 회로가 생성되는 데 기여한다. 유연성이 높아 민첩하게 방향을 전환하고 큰 그림을 보는 전략을 세울 줄 아는 리더 말이다.

> **Coach's Note**
> ### 일상의 여러 가능성 찾기 훈련
>
> 하루에 한 번, 별로 중요하지 않은 상황(즉 당신의 감정이 별로 자극받지 않는 상황)을 택해 이런 질문을 던져보라. "그 사람이 그렇게 행동한 데 다른 이유가 있지 않을까?", "이 문제에 내가 생각한 것 외에 다른 측면이 있을까?" 적어도 세 가지 스토리를 만들어라. 처음엔 가벼운 시나리오에서 시작해 이런 질문 던지기를 반복적으로 연습해서, 긴장감이 높은 상황에서도 자동으로 튀어나오는 습관으로 만들어라(일터뿐 아니라 개인적 생활에서 상황을 선택해도 좋다. 많은 고객이 이 습관 덕분에 가족과 소통이 훨씬 향상되었다고 말한다).

다른 시각 받아들이는 법: 에밀리오의 사례

에밀리오는 새로 들어온 직속 부하 제프가 느리고 게으르다고 확신했다. 우리는 만날 때마다 제프에 대해 많은 이야기를 나눴다. 한번은 면담하러 온 에밀리오가 특히 짜증을 냈다. 제프가 하루면 충분할 보고서를 완성하는 데 사흘이나 걸렸다는 것이었다. 에밀리오는 제프가 효율성이나 뛰어난 성과에는 관심도 없다고 믿었다. 그러면서 자기 말이 옳다는 것을 증명하려고 몇 가지 구체적인 사례도 들려주었다.

자신이 절대적으로 옳다는 사실을 증명하려는 열의가 강하다는 것은 '나만 옳아' 함정에 빠졌다는 의미다. 내가 여러 가능성 찾기 도구를 제안하자, 에밀리오는 '시간 낭비'일 뿐이라며 손사래를 쳤다(이 역시 '나만 옳아' 함정에 빠졌다는 신호다). 그래서 나는 우선 비용 편익 분석을 해보자고 했다. 나는 "당신이 아닌 다른 사람의 관점이나 해결책을 고려할 경우 무엇을 잃을 것 같나요?"라고 물었다. 답은 간단했다. 통제감이었다. 그는 자신이 옳다는 주장을 포기하고 원하는 대로 일을 진행할 통제권도 포기해야 한다. 하지만 그가 얻을 수 있는 것은 팀원들의 동의와 지지, 참여, 더 높은 생산성이었다. 그들이 의견을 내며 적극적으로 참여하면 에밀리오 혼자서 할 때보다 더 풍성하고 정확한 결과물이 나올 가능성이 높다. 결국 에밀리오는 마지못해 여러 가능성 찾기를 해보겠다고 고개를 끄덕였다.

내가 말했다. "제가 먼저 시작하죠. 어쩌면 제프는 중요한 보고서라고 생각해서 너무 꼼꼼하게 하느라 시간이 오래 걸렸는지도 몰라요."

이번에는 에밀리오 차례였다. 여전히 반신반의하던 그는 한숨을 쉬며 말했다. "보고서 작성에 필요한 자료를 다른 직원한테 받아야 했는데 그들이 자료를 늦게 넘겼을지도 모르죠."

나는 또 다른 스토리를 제시했다. "중요한 실수를 발견해서 바로잡느라 시간이 걸렸을 수도 있어요. 당신과 회사가 난처해지는 일이 없도록 말이에요."

에밀리오는 고개를 끄덕이며 작게 "음…" 하는 소리를 냈다. 그리고 또 다른 가능성을 제시했다. "그에게 조언을 구하는 동료들이 자꾸 중간에 방해해서 보고서 진행이 지체됐을 가능성도 있어요."

그런 식으로 몇 번 하다 보니 에밀리오는 어느새 차분해져 있었다. 자신의 생각이 옳다는 좁은 관점을 버렸고 짜증 가득한 표정도 사라졌다. 그는 이성적인 시각과 호기심 어린 태도로 제프를 바라보았다. 보고서를 완성하는 데 왜 그렇게 오래 걸렸을까? 내가 모르는 뭔가가 더 있는 건 아닐까?

알고 보니, 있었다. 사실 제프는 난독증 때문에 자료를 읽는 데 남들보다 더 많은 시간이 걸렸다. 게다가 자신의 업무 속도를 에밀리오가 못마땅해한다는 사실을 느끼고 있던 터라 그 때문에 불안하고 자꾸 신경이 쓰여서 집중을 못하는 바람에 속도가 더 느려졌다. 에밀리오는 나와 면담한 후 제프를 다그치거나 그 앞에서 짜증을 내지 않기로 했다. 대신 제프에게 일을 완수하는 데 필요한 시간을 충분히 주기로 했다. 레고 조각의 진실을 발견한 두 사람은 서로 협력해 더 생산적으로 일할 수 있었다. 보고서 사건이 있고 6개월 후, 제프는 에밀리오가 가장 믿을 만한 부하로 몇 손가락 안에 꼽는 직원이 되었다.

7장

리더의 입에는
메가폰이 달려 있다

　많은 청중 앞에서 처음 강연한 날이 지금도 기억난다. 스물여덟 살 때 한 기술 콘퍼런스에서 3,000명의 여성을 상대로 강연을 하게 되었다. 긴장되기보다 설레는 마음이 더 컸다. 그렇게 많은 여성 기술 전문가가 한자리에 모인 행사에 참석한 것은 처음이었기 때문이다. 나는 자신감 넘치는 태도로 무대에 올라 마이크 앞에 섰다. 그런데 강연을 시작하자마자 당황했다. 내 입에서 나온 말이 계속 강당 뒤쪽 벽에 부딪혀 메아리처럼 울렸기 때문이다. 그래도 평소처럼 빠른 속도로 강연을 이어갔다. 하지만 앞에 말한 문장의 메아리가 그다음 문장과 겹치면서 말의 전달력이 떨어졌다. 거기에 신경 쓰다 보니 집중력이 떨어졌고, 생각 흐름이 끊겨져 할 말을 자꾸 잊어버렸다.
　강연을 끝내고 무대에서 내려왔을 때 시작하기 전 의기양양했던 기분은 온데간데없었다. 내가 상상했던 우레와 같은 기립박수 대신 간신히 체면만 지킬 정도의 박수만 받았고, 인정받는 훌륭한 강연자가 되고 싶다면 강연 전략을 수정해야 한다는 생각이 들었다. 내 특징이자 장점인 빠른 속도로 에너지 넘치게 말하는 스타일이 대규모 강당에서는 오히려 방해가 된다는 것을 깨달았다. 넓은 공간에서 마이크를 사용할 때는 말하는 속도도 달라져야 했다. 시간이 흐르면서 청중과 음향 시설과 내가 완벽히 조화를 이루려면 문장과 문장 간격을 어떻게 조절해야 하는지, 어디쯤에서 잠깐 멈춰야 하는지, 억양에 어떻게 변화를 줘야 하는지 등을 알게 되었다.

　권한이 큰 자리에 올라간 사람에게도 비슷한 일이 일어난다. 권력 간극이 존재하는 상태에서는 모든 말이 다르게 들린다. 당신 귀에는 꼭 그렇지 않을지 몰라도 부하들에게는 확실히 그렇다. **건널목 안전 관리 팀장이든 기업 CEO든 힘을 지닌 사람은 사실상 모든 말의 볼륨을 높이는 메가폰이 입에 붙어 있는 것과 다름없다.** 메가폰을 입에 단 사람 입장에서는 자신이 한 말이 부하들 귀에 의도와 다르게 들릴 수 있다는 사실을 모르기 쉽다. 당신은 프레젠테이션 실력을 키우도록 노력하라고 부하에게 말해주는 것이 도움이 된다고 생각하겠지만, 그에게는 자상한 조언이 아니라 다음번 연봉 협상 때 불리할 것이라는 미묘한 위협으로 들릴 수 있다. 당신은 내년에 회사가 제공하는 서비스를 확대할 계획을 설명하면서 직원들의 업무 의욕을 고취했다고 믿겠지만, 그들은 일이 잔뜩 늘어날 생각에 스트레스를 받는다. 그리고 물론 그 사실을 아무도 당신에게 말해주지 않는다. 힘을 지닌 사람에게 솔직한 피드백을 해주기는 어렵기 때문이다.

이 메가폰이 만들어내는 영향은 또 있다. 당신 입에서 나오는 모든 말이 중요한 것은 물론이고 긴급한 내용으로 해석된다는 것이다. 당신이 직속 부하에게 완성된 보고서를 언제 받아볼 수 있느냐고 묻는 이메일을 보내면 그는 최대한 빨리 끝내라는 의미로 받아들인다. 당신은 그저 보고서와 관련된 당신의 스케줄을 짜려고, 또는 직원 본인이 자신의 업무 스케줄에 맞춰 현실적인 마감 기한을 정할 수 있게 해주려고 완성 예정일을 물었을지도 모른다. 하지만 부하는 그 말을 당장 보고서를 완성하라는 신호로 해석한다. 그래서 주말 계획을 전부 취소하고 부랴부랴 보고서를 쓰면서 짜증과 스트레스에 시달린다.

"하지만 나는 신경 쓸 일이 많기 때문에 직원 눈치를 살피면서 그들 기분을 하나하나 돌볼 겨를이 없다"라고 말하고 싶을지 모른다. 왜 아니겠는가? 리더인 당신은 당연히 할 일이 많다. 그러나 그 할 일 중 큰 부분은 직원에게 의욕을 불어넣고 일할 맛이 나게 해줌으로써 최고의 성과를 끌어내는 것이다.

만일 내가 강연했던 강당에서 메아리가 딱 한 번 울렸다면 아무 상관이 없었을 것이다. 계속해서 목소리가 울렸기 때문에 대처할 수 없는 문제가 된 것이다. 마찬가지로 어쩌다 한 번 의사소통 실수가 일어나는 것은 큰 문제가 아니다. 진짜 문제는 이것이다. 당신의 메가폰은 '절대' 스위치가 꺼지지 않으며 시간이 흐를수록 작은 의사소통 균열이 더 큰 실수를 만들어낸다. 그러면 권력 간극이 더 넓어져 결국 당신과 직원들 사이에는 거대한 협곡이 생기고 만다.

내가 25년 동안 경영자 코치로 활동하면서 수집한 데이터에 따르면, 상사의 단점으로서 두 번째로 가장 많이 언급되는 것은 형편없는 소통 능력이다(첫 번째는 부하를 모질게 대하는 태도다). 여기에는 불분명한 화법, 일관성 없는 변덕, 지나치게 장황하게 말하기, 세심한 배려 부족, 너무 딱딱한 태도, 투명하지 않은 것, 불명확한 방향 제시, 경청 능력 부족 등이 포함된다. 상사의 위치에 있는 사람은 자신이 전달하는 언어적 메시지와 비언어적 메시지 모두에 신경 써야 한다. 또 무엇을 말하느냐보다 어떻게 말하느냐가 더 중요하다. 그래야 의도하는 바를 오해 없이 분명하게 전달할 수 있다.

내가 성공적인 강연을 위해 발화법과 억양을 조정했듯 조직에서 더 높은 위치에 올라 큰 팀을 이끄는 사람도 소통 능력을 강화해야 한다. 이를 위해 내 인터뷰 데이터에서 가장 많이 드러난 커뮤니케이션 실수 일곱 가지를 알아보자.

커뮤니케이션 실수 1:
한쪽으로 치우친 피드백

비영리단체의 간부 엘사가 맡은 주요 업무는 기부금 유치였다. 그녀와 직원들은 대규모 기부금 유치 행사를 1년 동안 세 차례 진행했다. 한 행사가 끝나고 그다음 행사를 준비하기 전에 엘사는 각 직원에게 이전 행사와 관련한 피드백을 주었다. 피드백이 있어야 발전할 수 있다고 굳게 믿는 그녀는 잘한 점은 건너뛰고 곧장 개선할 점을 지적했다.

직원이 잘못한 부분, 특정 상황에 더 잘 대처할 수도 있었는데 그러지 못한 점, 다음 행사에서 고쳐야 할 문제 등이었다. 그녀는 직원을 한 명씩 방으로 불러 고칠 점에 대한 피드백을 한참 쏟아냈다. 그러고 나서 스스로 관리자 역할을 똑똑하게 잘하고 있다는 뿌듯함에 젖어 업무를 시작했다. 남들은 모닝커피를 마시고 있을 시간에 자신은 벌써 그날 스케줄 중에 직원 셋과의 면담을 끝냈을 뿐만 아니라, 직원들이 더 생산적으로 일하도록 독려했기 때문이다.

세 직원은 상사에게 왕창 깨진 뒤에 무슨 일을 했을까? 직원 A는 구직 사이트에 들어가 다른 일자리를 알아봤다. 직원 B는 엘사가 공감 능력이 형편없고 냉담하다며 직원 A를 붙들고 1시간 동안 불만을 쏟아냈다. 직원 C는 일은 안 하고 복수하는 스토리의 비디오게임을 했다. 그들은 인정받지 못하고 하찮은 존재 취급을 당한 것 같은 기분을 느꼈다. 무엇보다 억울한 마음이 컸다. 열심히 준비한 대규모 행사를 막 끝마쳤고 지출도 예산 범위 내에서 성공적으로 관리했으며, 많은 기부금도 확보했다. 그런데 엘사는 고생한 그들에게 고맙다거나 잘했다는 말한마디도 없이 '고칠 점'만 지적한 것이다.

엘사는 고칠 점에 대한 피드백에만 집중하는 실수를 자꾸 저질렀다. 물론 개선할 점을 알려주는 일은 중요하고 필요하다. 그런데 '오로지' 그런 피드백만 주는 것은 잘못이다. 이런 불균형은 그들의 심리에(그리고 업무 생산성에도) 생각보다 훨씬 해로운 영향을 미친다.

심리학자이자 관계 전문가 존 고트먼John Gottman은 오랫동안 수많은 커플을 관찰하며 행복한 관계의 비밀을 연구했다. 그는 파트너로 하여금 긍정적 피드백과 부정적 피드백을 균형 있게 받았다는 기분이 들게 하기 위해서는 **부정적 피드백과 긍정적 피드백의 비율을 1:5로 조절해야 한다고 강조하면서 이를 '마법의 비율'이라 부른다.** 인간은 본능적으로 부정적이거나 위협적인 것에는 민감하게 귀를 기울이는 반면 긍정적인 것은 여러 차례 반복되어야만 그제야 받아들인다.

이런 생각이 들지 모른다. '그래, 좋은 말이군. 하지만 그건 연인이나 부부 얘기잖아. 여긴 일터라고.' 다시 강조하지만, 일터에도 언제나 감정이 존재한다. 일을 하는 우리도 인간이다. 우리는 아침에 출근할 때 인간 고유의 심리적 특성과 감정을 상자에 담아 집에 놔두고 오지 않는다. 그리고 장담하건대, 부하에게 긍정적 피드백을 주지 않으면 그들이 제대로 인정받지 못한다는 생각에 감정이 상하는 데서 그치지 않는다. 업무 생산성이 타격을 입는 것도 문제다. 당신이 얼마나 훌륭한 리더인가에 대한 그들의 평가가 낮아지는 것은 말할 것도 없다.

리더십 개발 컨설팅업체 젠거 포크먼Zenger Folkman에서 7,000명이 넘는 관리자를 상대로 실시한 설문조사 결과에 따르면 응답자의 37퍼센트가 부하에게 긍정적 피드백을 잘 주지 않는다고 말했다. 내 고객 역시 그런 경우가 많다. 내가 '마법의 비율'을 설명하면 그들은 불편한 미소를 짓거나 눈썹을 치켜올리면서, 자신은 직원들이 작은 성공에 만족해 안주해도 된다고 느끼는 것이 싫다거나 칭찬만 들어 연약한 직원이 되는 걸 원치 않는다고 주장한다. 하지만 내가 연구 결과를 들려주면 웃음기가 싹 가시고 진지한 표정으로 변한다. 긍정적 피드백을 받는 사람은 업무 생산성이 12.5퍼센트 높아지고 8.9퍼센트 더 높은 수익률을 달성하며 퇴사율이 14.9퍼센트 낮다는 연구 결과다. 젠거 포크먼의 조사에서 무려 69퍼센트의 직원이 노력한 만큼 인정받으면 더 열심히 일하고 싶어진다고 대답했다.

한편 칭찬과 긍정적 피드백을 구분할 필요가 있다. "잘했어", "훌륭해"는 칭찬이다. 자신을 인정해주는 말을 들으면 힘이 나기도 하지만, 때로 그 말을 듣는 사람은 어린애 취급을 당하는 기분이 들거나 상대방이 깔보는 투로 말한다고 느낄 수 있다. 게다가 그런 칭찬은 쿠키를 단 두 입에 다 먹어버릴 때처럼 효과가 일시적이다. 우리는 이내 또 하나 더 얻기를 갈망한다. 아몬드 쿠키든 "잘했어!"라는 칭찬이든 말이다. 신경 과학적으로 볼 때 칭찬을 받으면 뇌에서 쾌감을 주는 화학물질인

도파민이 분비된다. 그러니 자꾸 더 칭찬을 원하게 된다. 자연히 질 높은 결과물을 내는 것보다는 칭찬을 받는 데 더 집중하게 된다.

반면 긍정적 피드백은 칭찬처럼 피상적이지 않다. 긍정적 피드백 역시 혁신적 사고와 창의적 문제 해결 능력을 돕는 도파민을 분비시키지만, 그것은 영양가 없이 칼로리만 높은 쿠키보다 더 오랫동안 포만감과 만족감을 유지해주는 단백질 가득한 식사와 비슷하다. "오늘 온라인 세미나에서 잘했어"가 칭찬이라면, "온라인 세미나의 발표 내용이 유익했어. 적절한 프레임워크를 제시한 데다 곧장 실천할 수 있는 세 단계 덕분에 현실화 가능성이 설득력 높게 다가왔거든"은 긍정적 피드백에 해당한다. 긍정적 피드백에는 상대방의 행동과 '그 행동이 미치는 영향'에 대한 긍정적 인정이 담긴다. 이와 같은 피드백을 받은 사람은 머릿속의 아이디어를 청중이 즉시 실천할 수 있는 구체적 행동과 결합하는 방법에 대한 통찰력을 얻는다.

나는 이런 종류의 피드백이 두고두고 힘을 발휘하는 것을 직접 경험했다. 9년 전 뉴욕의 한 금융 서비스 회사에서 비즈니스 전략에 대한 워크숍을 이틀간 진행했다. 첫째 날 휴식 시간에 마틴이라는 참가자가 다가와 말했다. "피드백을 좀 드리고 싶은데, 괜찮을까요?" 순간 '아, 이런, 대체 무슨 실수를 한 걸까?'라는 생각이 스치면서 온몸이 뻣뻣하게 경직되었다. 나는 최대한 태연한 표정을 지으며 대답했다. "그럼요. 저야 감사하죠."

마틴은 "굉장히 열정적이세요"라 말했고, 잠시 침묵이 이어졌다.

"그래서요…?" 나는 부드럽게 대꾸했다. 그의 말을 어떻게 해석해야 할지 알 수 없었다. "좋다는 뜻인가요, 아니면 나쁘다는 뜻인가요?" 그가 요청받지도 않은 피드백을 해줄 만큼 용감했으니 나 역시 용감하게 더 정확한 설명을 요청해도 괜찮으리라 생각했다.

"아, 좋다는 뜻입니다." 마틴이 힘찬 목소리로 대답했다.

"왜 좋지요?" 나는 재차 물었다. 훌륭한 프레젠테이션을 설계하는 법에 대한 정보를 얻고 싶기도 했지만, 한편으론 그가 타인에게 피드백 주는 기술을 향상시키도록 돕고 싶은 마음도 컸다.

마틴은 잠시 주춤하더니 내게서 시선을 돌려 천장을 쳐다보며 고개를 끄덕였다. 적당한 단어를 고르며 말할 내용을 머릿속에서 정리하는 게 분명했다. 잠시 후 그가 입을 열었다. "상황에 맞게 어조에 변화를 주고 적절한 몸짓을 사용하니까 말씀하시는 내용에 확 공감이 가더군요. 강한 열정이 느껴졌어요. 당신의 에너지가 저를 계속 깨어 있게 했어요. 덕분에 더 배우고 싶다는 의욕도 생겼고요."

9년이 지났는데도 나는 지금 당신에게 이 이야기를 들려주고 있다. 강당을 빠져나가는 사람들에게 수없이 받은 "훌륭한 워크숍이었습니다"라는 칭찬은 잊어버린 지 오래인데도 말이다. 마틴에게 그 피드백을 받은 뒤 나는 세계 최고의 강연가들이 제스처 활용하는 방법을 배우기 위해 책을 찾아서 읽고 동영상도 열심히 봤다. 프레젠테이션 코치를 고용해 말하는 내용의 전달력을 최대한 높이는 보디랭귀지에 대한 구체적인 조언도 받았다. 원래 강연하면서 양손을 자주 활용하는 편이었지만, 이 기술도 한층 더 효과적으로 갈고닦았다. 지금도 나는 열정적으로 강연해줘서 감사하다는 말을 들을 때마다 마음속으로 마틴에게 고마움을 보낸다.

Coach's Note

피드백을 조정하는 세 가지 방법

1. 5:1 규칙을 기억하라. 고칠 점을 한 번 말해줄 때 긍정적 피드백을 다섯 번 주어라. 진심을 담은 구체적 내용의 긍정적 피드백을 평소에 많이 주면 직원이 비판적 조언을 훨씬 쉽게 받아들인다. 그들은 잘못한 점을 지적받으면 당신이 창피를 주려는 것이 아니라 부하의 발전을 도우려 한다고 생각한다.

2. 칭찬 대신 긍정적 피드백을 주어라. 칭찬은 그저 특정 행동을 인정하는 말이지만, 긍정적 피드백은 그 행동의 긍정적 '영향'까지 인정하는 말이다.

3. 점검하는 습관을 만들어라. 매주 금요일에 5분만 시간을 내서 한 주를 되돌아보라. 긍정적 피드백을 주었어야 했는데 그러지 못한 직원은 누구인가?

커뮤니케이션 실수 2: 무지하다고 가정하기

내가 아는 것이 많으면 남들도 알고 있을 것이라는 생각을 못하기 쉽다.

산제이라는 고객에게 코칭해준 지 1년쯤 됐을 때 그가 명망 높은 대학의 경제학 객원 교수로 가게 되었다. 그는 대학원생을 대상으로 강의와 그룹 토론이 섞인 형태의 세미나를 진행했다. 학기가 끝날 때 학생들은 익명으로 강의 평가서를 제출했다. 긍정적 평가가 대부분이었지만 많은 학생이 공통적으로 밝힌 부정적 의견 하나가 산제이를 괴롭혔다. 산제이가 학생들을 어린애 취급하고 무시하는 듯한 느낌이 든다는 것이었다.

"왜 그렇게들 느끼는지 정말 모르겠습니다." 산제이는 나와 나눈 면담에서 혼란스러운 표정으로 말했다.

나는 산제이에게 강의 평가서를 보여달라고 했다. 그리고 곧 그의 오판이 학생들을 짜증 나게 한 원인임을 발견했다. 산제이는 강의를 시작하면서 주제를 소개할 때 상당히 많은 시간을 할애해 기초적인 내용을 설명했다. 그러고 나서야 복잡한 내용으로 들어갔다. 한 학생은 강의 평가서에 이런 신랄한 의견을 밝혔다. '그는 강의실에 앉아 있는 우리 대부분이 이 분야를 다년간 공부했으며 수상 경력도 있는 연구자라는 사실을 까맣게 잊은 것 같다.'

산제이가 저지른 실수는 '무지하다고 가정하는 것'이었다. 이 실수는 말하는 방식과 듣는 방식 모두에서 드러난다. 즉 상대방이 무엇을 아는지 묻지 않은 채 자신이 상대방보다 훨씬 수준 높은 지식을 갖췄다고 믿고 지나치게 말을 많이 하며 상대방의 말은 제대로 듣지 않는다. 후자의 현상은 꽤 흔하게 나타나는데, 이는 권력 간극이 만든 벽 안에 갇혀 있으면 피드백 신호가 잘 보이지 않는 탓이다. 그런 상태에서는 방 안 분위기를 읽기 어려울 수 있다. 당신 앞에 있는 사람들은 '이 사람 대체 왜 이래?', '지금 장난하는 거야?' 같은 짜증스러운 속마음을 정중하고 무표정한 얼굴 뒤에 숨기는 경우가 많기 때문이다.

어떻게 하면 그걸 알 수 있을까? 알 수 없다. 그렇기 때문에 자가 점검이 필요한 것이다.

우리가 질문하고 듣기를 좀처럼 하지 않는 가장 흔한 두 상황은 누군가를 가르칠 때와 피드백을 줄 때다. '가르칠 때'라는 것이 꼭 산제이처럼 강단에 서는 경우만 뜻하는 것은 아니다. 팀원이 새로운 업무를 맡을 때 방향을 잡아주거나 코칭해주는 모든 상황을 의미한다.

예를 들어 새로 들어온 팀원이 이사회에서 프레젠테이션을 할 예정이라고 치자. 당신은 준비 작업으로 우선 그에게 이사회 멤버의 역할, 이사회 앞에서 어떻게 처신해야 할지, 발표 속도를 어떻게 조절할지 등을 가르쳐준다. 물론 의도는 훌륭하다. 하지만 만일 그가 10년 동안 이사회 앞에서 숱하게 발표를 해봤다면? 당신만 다 안다는 듯한 태도로 기나긴 설명을 시작하기 전에 시간을 내서 그의 경험을 묻지 않았기 때문에 당신이 그 사실을 몰랐던 것이라면? 당신은 불필요한 조언을 하느라 시간을 낭비한 셈이 되고, 상대방은 기분이 상하거나 짜증이 나게 된다. 누군가에게 뭘 모르는 사람 취급을 당하고도 짜증이 나지 않거나 모욕감을 느끼지 않을 사람은 세상에 없다.

> **Coach's Note**
> **방 안 분위기 읽기**
>
> 우리는 상사의 눈썹이 씰룩거리는 순간 하나까지도 초집중하면서 성공의 사다리를 올라간다. 그런데 사다리 위쪽에 도착하고 나면 밑에 있는 직원들의 표정에 둔감해진다. 무지하다고 가정하는 실수를 피하는 간단한 방법 하나는 잠깐 멈춰서 방 안 분위기를 살피는 것이다. 직원들이 당신에게 집중하는가, 아니면 미심쩍어하는 눈빛을 자기들끼리 교환하는가? 그들이 당신 말에 멍하니 기계적으로 고개를 끄덕이는가, 아니면 상황에 맞는 반응을 하는가? 질문을 하는가, 아니면 말없이 앉아만 있는가? 당신과 눈을 맞추는가, 아니면 휴대전화로 파격 할인 행사 상품을 구경하고 있는가? 조금만 노력을 기울여도 방 안 분위기를 알려주는 신호는 얼마든지 찾을 수 있다.

직원에게 부정적 피드백을 줄 때도 마찬가지다. 우리는 그들이 발표를 얼마나 잘했거나 못했는지, 어떤 점이 부족했는지, 더 잘할 수도 있었는데 그러지 못한 점이 무엇인지 당연히 모를 거라고 생각한다. 하지만 사실 그들 자신도 알 가능성이 꽤 높다.

대부분의 사람은 자신이 훌륭한 성과를 내지 못했다는 사실을 누구보다 잘 알며 아주 사소한 실수를 두고도 쉽게 자책한다. 당신이 그들에게 자신의 부족함을 안다는 사실을 밝힐 기회를 주지 않은 채 곧장 잘못이나 부족한 점을 지적하면, 안 그래도 수치심을 느끼고 있던 그들은 수치심이 더 커진다. 수치심은 직원의 정신적 건강과 업무 생산성에 큰 영향을 미치는 감정이다.

취약성과 수치심을 오랫동안 연구한 교수이자 저술가 브레네 브라운Brené Brown은 수치심이 우리를 움츠러들게 하고 생산성을 심각하게 망친다고 강조한다. 또 2021년 《프런티어스 오브 사이콜로지Frontiers of Psychology》에 실린 연구 결과에 따르면, 수치심을 느끼는 직원은 실패를 극복하고 거기서 배우는 능력이 현저하게 떨어진다. 따라서 부하의 사기를 높이고 최고 성과를 내도록 이끌고 싶은 리더라면 무지하다고 가정하는 실수를 반드시 피해야 한다.

이를 위해 다음에 소개하는 '피드백 방향 뒤집기' 도구를 사용하라. 이 도구를 활용하면 비판적 피드백을 주는 행위가 당신과 부하 모두에게 생산적인(그리고 싫지 않은) 활동이 된다. 또 상대방이 무지하다고 가정할 때처럼 상대방을 오해하거나 수치심을 자극해 업무 생산성을 떨어뜨리는 일을 막을 수 있다.

관계를 지키는 피드백 뒤집기

이 도구를 다음과 같은 경우에 사용하라.

- 부하 직원이 실적을 못 낸다.
- 일을 잘하던 직원이 점점 의욕을 잃는다.
- 부하의 감정을 상하게 하지 않으면서 또는 사기를 떨어뜨리지 않으면서 비판적 피드백을 줄 방법을 잘 모르겠다.
- 늘 좋은 상사로 비치고 싶다(그런 사람일수록 비판적 피드백 주는 것을 힘들어한다).

내가 처음 팀장이 되었을 때 2년 동안 함께 일해온 엘리스에게 업무 태도를 바꾸라는 피드백을 줄 필요성을 느꼈다. 엘리스는 일을 제대로 하지 않았다. 그녀의 방 옆을 지나갈 때마다 슬쩍 들여다보면 게임을 하고 있었다.

나는 어떻게 말해야 할지 고민이 돼서 밤잠을 설쳤다. 급기야 몇 주 동안 남편을 괴롭혔다. 남편에게 조언을 구했고 여러 시나리오를 상상하며 둘이서 역할극도 해봤다. 마침내 엘리스와 마주 앉았을 때 그녀는 이렇게 말했다. "사실은 당신과 이 문제에 대해 대화할 기회를 기다렸어요. 저도 제가 최선을 다하지 않고 있다는 것을 잘 알아요. 솔직히 말하면 뭘 해야 맞는 건지 잘 모르겠어요. 그런데 당신 앞에서 그걸 인정하기가 겁

났어요." 진작 묻고 그녀의 생각을 들어봤더라면 얼마나 좋았을까. 이런 실수를 하는 관리자는 나뿐만이 아니다.

우리 대부분은 '피드백'이라는 단어를 듣는 순간 덜컥 부담부터 느낀다. 주는 쪽이든 받는 쪽이든 마찬가지다. 다음과 같이 평소 하는 방식을 뒤집으면 피드백이 훨씬 쉬워진다.

실행 방법

직원에게 스스로 얼마나 잘하고 있다고 생각하는지 물어보라. 당신 의견부터 말하지 말고 피드백 방향을 뒤집어 상대방 의견부터 들으면, 당신이 그들의 견해를 존중하며 열린 대화를 할 의지가 있다는 신호가 전달된다. 반면 훈계하듯 피드백을 쏟아내면 권력 간극만 더 크게 벌어진다. 예를 들어 이렇게 말한다.

- "어제 그 미팅에 대해 자네 의견을 듣고 싶네."
- "올 한 해를 어떻게 보냈다고 생각하나?"
- "만일 자신의 업무 성과를 1에서 10까지 점수로 매긴다면 몇 점을 주겠어?"

현실감각이 전혀 없는 바보가 아닌 한 대다수는 자신의 성과가 목표치에 얼마나 근접했는지 잘 안다. 나는 한 해에 강연을 수십 번씩 하고 대규모 청중 앞에 설 때도 많은데, 행사가 끝나고 나면 내가 멋진 강연을 했는지, 청중에게 별로 감동을 주지 못했는지 그 누구보다 잘 안다. 직원에게 스스로 자신을 어떻게 평가하는지 물어보면 그의 의견도 당신과 비슷하다는 사실을 알고 깜짝 놀랄 것이다. 이 경우 당신은 그의 실수나 단점을 일일이 말해줘야 하는 부담감을 덜 수 있다.

직원의 의견이 당신과 일치하지 않는 경우 먼저 그 사실을 부드럽게 알려주면서 어려운 대화로 들어가는 진입로로 삼을 수 있다. 예전에 워크숍을 진행할 때 기대에 못 미치는 수준으로 일을 한 직원이 있었다. 나는 그를 불러 대화를 시도하면서 먼저 스스로를 평가해보게 했다. "이번 워크숍에 대한 당신의 준비 작업을 스스로 점수로 매긴다면 1~10점 중 얼마쯤이라고 생각하나요?"

그는 생각에 잠겨 고개를 끄덕이더니 대답했다. "8점이요. 준비 작업에 정말 많은 시간을 쏟았거든요."

그는 워크숍용 교육 자료를 만들 때 여러 실수를 했을 뿐만 아니라 자료를 너무 늦게 완성하는 바람에 그 오류를 행사 전에 바로잡을 수 없었다. 내가 보기에 그가 받아야 할 점수는 8점보다 훨씬 아래였다.

나는 이렇게 말했다. "당신의 성과에 대해 우리의 견해가 서로 다른 것 같군요. 하지만 이건 어디까지나 내 관점이에요. 내가 뭔가 놓치고 있을지도 모르죠. 그래도 우리는 이 문제를 해결해야 해요. 모두의 눈에 보이는 결과도 중요하니까요."

성과에 대한 의견이 다를 때 당신이 꼭 사용해야 할 단어는

'그리고'다. 예를 들어 이런 식으로 말하는 것이다. "당신은 이 일에 쏟은 노력을 감안해 8점이라고 생각해요. '그리고' 나는 우리가 결국 바로잡지 못한 오류 때문에 그보다 낮은 점수라고 생각하고요. 우리는 모두가 자랑스러워할 10점짜리 결과를 내기 위해 노력하고 있어요. 그런 결과를 내려면, 또 우리가 생각하는 점수가 더 비슷해지게 하려면 어떻게 해야 할까요?"

기억하라. 상사인 당신의 역할은 팀원에게 목표와 결과물의 수준, 타협 불가능한 기준을 제시하는 것이다. 그리고 이런 대화의 목적은 그것을 다시 언급하며 상기시키는 것이다. 팀원들과 대립하는 것이 아니라 협력할 수 있도록 말이다. 그들의 성과에 대한 당신의 견해는 그들과 다를 수 있다. 그리고 전체의 목표를 감안해 이런 질문을 던져라. 공통의 목표를 달성하려면 함께 어떤 노력을 기울여야 할까? **'하지만' 대신 '그리고'라는 단어를 사용하면 직원의 말을 무시하거나 일방적으로 명령을 내리지 않는 상사가 된다.** 그들을 자신과 동등하게 대하며 목표를 향해 함께 달려나가는 소중한 구성원으로 여기는 상사가 된다.

Coach's Note
상대방에게 먼저 물어보기

비판적 피드백이 필요한 상황을 만났을 때, 당신 의견을 말하기 전에 상대방에게 일의 결과에 대해 스스로 얼마만큼 만족하는지 물어보라.

커뮤니케이션 실수 3:
지나치게 많이 말하기

예전에 남편과 함께 아마추어 극단을 만들어 운영한 적이 있다. 진지한 연극을 몇 편 올린 뒤 처음으로 코미디 연극을 제작하고 있을 때였다. 연습을 시작한 지 2주쯤 되었을 때 연출자가 장에 문제가 생겨 갑자기 수술을 받는 바람에 비상이 걸렸다. 공연 시작일은 6주 뒤였고 작품 완성은 아직 멀기만 한 상태였다. 부업으로 다른 극단의 연출을 맡고 있던 지인 애나가 다행히 도와주겠다고 나섰다. 애나는 무대 배치 감각이 뛰어날 뿐 아니라 디테일을 살리는 능력도 겸비한 실력 있는 연출가였다. 효과를 극대화하려면 특정 대사를 말하기 전에 언제 잠깐 멈추는 것이 좋은지 섬세하게 조언했다. 애나와 함께 일하는 것은 즐거운 경험이었다. 그녀는 우리에게 공연에 대한 조언과 주의 사항을 적은 종이를 잔뜩 건넸다. 배우고 개선해야 할 것이 너무도 많았다.

그러던 어느 날, 또 다른 지인 카일이 객원 연출가로 와서 연습을 도와주었다. 그가 우리에게 해준 피드백은 단 '한 가지'였다. "이 작품은 코미디니까 타이밍이 생명이에요. 대사 전달을 더 빠르게 하세요. 한 배우가 자기 대사의 마지막 단어를 말하려는 찰나에 상대 배우가 대사를 시작해야 해요." 카일의 조언은 너무나 분명했고, 우리는 그 이후로 속도 조절에 특히 집중해 연습했다. 결국 이 작품은 우리 극단의 최고 작품이 되었다. 관객석에서 웃음이 빵빵 터질 때마다 말할 수 없이 뿌듯했다. 남을 웃기는 일은 생각보다 어려우니까 말이다.

나는 흥분해서 나중에 애나에게 이렇게 말했다. "카일은 정말 대단한 사람 같아요. 그가 해준 조언은 대사의 속도를 높이라는 것뿐이었는데, 그게 신의 한 수였어요." 그러자 애나는 이렇게 응수했다. "내가 4주 전에 다 말해준 거잖아요!" 그랬을지 모른다. 하지만 안타깝게도 그녀가 해준 조언이 '너무 많아서' 어디에 초점을 맞춰야 할지 알기 어려웠다. 그녀가 해준 이야기가 쓸모없었다는 뜻이 아니다. 문제는 피드백이 넘쳐나서 무엇이 핵심이고 무엇이 곁가지인지 구분이 가지 않았다는 점이다.

앞에서 언급했듯 상사인 우리가 하는 말은 메가폰을 거쳐 증폭된다. 게다가 쏟아내는 말의 양까지 많으면 듣는 이들에게 엄청난 영향을 미친다. 그리고 그 과정에서 진짜 중요한 것이 무엇인지 혼란이 생긴다.

또 말이 지나치게 많은 상사는 상대적으로 발언 기회가 적은 직원들의 목소리를 더 억누를 수 있다. 내 고객 서배스천은 어떤 주제에 대해서든 답을 다 알고 늘 다른 사람을 제치고 먼저 결론에 도달한다. 기술 스타트업 공동 창립자로서 항상 할 일이 많고 자신의 능력과 가치를 입증하고 싶은 욕구도 강한 그는 사람들 말을 자르고 바로 본론으로 들어가 문제점을 지적

할 때마다 자신이 그들의 소중한 시간을 절약해준다고 믿었다. 그는 누군가가 아이디어를 내면 "아니야, 아니야, 그건 별로야" 하며 반대하기 일쑤였다. 비슷한 아이디어를 이미 3년 전에 시도했다 실패했다든가, 경쟁사에서 비슷한 실수를 했다는 게 이유였다. 또 서배스천은 직원이 뭔가 말을 하면 결코 그냥 지나가는 법이 없었다. 매번 반응하며 답을 말해주거나 자기 의견을 상세하게 덧붙였다.

서배스천의 360도 평가에서 한 직원은 이렇게 말했다. "어떤 아이디어도 그의 성에 차지 않는다. 그는 늘 이기고 싶어 한다. 경쟁사뿐 아니라 우리까지 경쟁자로 느끼는 것 같다. 그는 상대방이 지쳐서 두 손 두 발 다 들고 그가 원하는 것에 찬성할 때까지 자기 생각을 늘어놓는다. 또 다른 사람이 말하는 도중에 불쑥 끼어들어 자기 생각을 말하곤 한다. 그러니 누가 아이디어를 내고 싶겠는가." 회의에서 서배스천 혼자 떠드는 시간이 늘어날수록 의견을 내는 사람은 점점 없어졌다. 그리고 서배스천 자신은 나와의 면담에서 이런 답답함을 토로했다. **"대체 왜 아이디어를 내는 사람이 나뿐일까요? 왜 다들 적극적으로 참여하지 않는 걸까요?"** 그는 자신이 쏟아내는 말이 다른 이들을 침묵시킨다는 사실을 깨닫지 못했다.

또 다른 직원은 360도 평가에서 이렇게 답변했다. "서배스천은 방 안 분위기를 아예 읽을 줄 모른다. 사람들이 자신의 말을 귀담아듣는지, 자신의 생각에 동의하는지 아닌지를 살피지 않는다." 자신만 옳다고 믿는 경향에 말이 지나치게 많은 것까지 합쳐져, 그는 자기 의견에 남들도 동의하는지 아닌지 제대로 판단하지 못했고, 입을 닫고 귀를 더 열어야 한다는 사실도 깨닫지 못했다. 몇몇 또 다른 답변에서는 그가 '모든 말에' 과도하게 반응하는 습관을 지적했다. 머리가 '너무' 빨리 돌아가는 사람이 모든 말에 의견을 덧붙이려고 들면 그가 바라는 것과 반대 효과가 발생한다. 말의 홍수에 묻혀 전하려는 메시지의 핵심이 흐릿해지고 커뮤니케이션에 문제가 생긴다.

많은 고객이 서배스천과 비슷하게 360도 평가에서 '저항할 수 없는 슈퍼맨' 같다는 평가를 받는다. 그들은 무조건 밀어붙이는 단호한 행동력과 뛰어난 지적 능력으로 목표를 달성한다. 이는 유용한 장점이지만 때로는 비생산적 결과를 불러온다. 물론 불가능한 듯 느껴지는 벽을 무너뜨리고 혼자 힘으로 지구를 돌리는 슈퍼맨 같은 리더가 필요한 순간도 있다. 그러나 그것은 평소에 팀원들을 이끌 때 필요한 에너지와 능력은 아니다.

상사에게는 더 세심한 기술이 필요하다. 당신이 힘과 지위를 계속 과시하면 당신과 팀원들 사이에 바람직하지 않은 관계가 형성된다. 즉 당신은 슈퍼히어로이고 팀원들은 당신이 구해줘야 할 하찮은 조연이 된다. 득달같이 개입해 답을 제시하고 지식을 내세우며 대화를 장악하는 태도는 중요한 존재로 비치고 싶거나 유능함을 증명하고 싶은 욕구를 채우는 데만 도움을 줄 뿐이다.

리더 자리에 올랐다면 그것이 곧 유능하다는 증거다. 능력을 입증하려고 계속 애쓸 필요 없다. 이제 당신의 리더십은 방 안 분위기를 읽고 사람들이 상호작용하는 방식에 주의를 기울이며 그들에게 성장할 기회를 만들어주는 능력을 통해 더 강해진다. 지나치게 말을 많이 하는 습관을 고치기 위해서는 '입 다물기 근력'을 길러야 한다.

입 다물기 근력을 키워라

이 도구를 다음과 같은 경우에 사용하라.

- 팀원들에게 질 높은 의견을 얻지 못한다.
- 당신이 늘 문제의 해결책이나 아이디어를 제시해야 한다고 느낀다.
- 항상 시간이 부족한 것 같고 자잘한 세부 사항에 집착한다.

입 다물기 근력을 키우는 핵심 행동은 두 가지, 즉 기다렸다가 말하기와 끼어들지 않기다. 둘 다 대화를 장악하는 태도와 반대되는 행동이다. 스스로 방 안에서 가장 똑똑한 사람이라는 자부심을 느끼는 것은 상관없지만 그것을 자꾸만 과시하고 증명하려 들지 마라. 중요하거나 우월한 존재로 비치고 싶은 욕구가 일자마자 그것을 채우려 하는 것은 어리석은 짓이다.

그 욕구를 채우지 않고 입을 다물면 뭔가를 잃는 기분이 들지도 모른다. 하지만 얻을 수 있는 것을 생각해보라. 당신이 부하 직원의 잠재력을 끌어내고 각자의 기량을 한껏 발휘하게 돕는 훌륭한 상사가 될 가능성이 커진다. 말을 줄이고 그들이 적극적으로 참여하도록 유도하면, 힘의 차이로 인한 거리감이 줄어들고 직원들이 자신의 의견이 존중받고 좋은 리더 밑에서 일한다고 느끼도록 만들 수 있다. 게다가 그들 각자의 아이디어와 개성이 풍부하게 드러나 당신에게도 조직 전체에도 이롭다. 그들에게서 당신보다 훨씬 훌륭한 아이디어가 나올지 누가 알겠는가? 또는 당신 혼자서는 불가능했을 성과를 함께 이뤄낼 수도 있다.

실행 방법

입 다물기 근력을 키우는 몇 가지 방법을 소개한다. 늘 의견을 제일 먼저 말하거나, 대화를 장악하거나, 참지 못하고 상대방 말에 끼어드는 습관이 있다면 다음 방법을 실천하라.

1. 적어도 두 사람이 말한 뒤에 말하라

여럿이 이야기할 때 적어도 다른 두 사람이 먼저 말한 뒤에 말하라. 그들이 말하는 동안 그저 멍하니 앉아 말할 차례를 기다리라는 얘기는 아니다. 그동안 당신은 무엇을 해야 할까? 그들의 말을 들어라. '열심히' 경청하는 데만 집중하라. 열심히 듣는 만큼 뭔가를 얻을 수 있다. 또 직원들은 상사가 경청하며 반응하면 금세 알아채고 존중받는 듯한 기분을 느낀다. 사람들 말에 열심히 귀를 기울이면 대화에 훨씬 더 효과적으로 기여할 수 있다.

"하지만 나는 멀티태스킹을 잘해"라고 반론을 제기할 사람이 있을지 모른다. 머릿속으로 할 일을 계획하는 '동시에' 상대방 말도 경청할 수 있다고 말이다. 그러나 다른 일을 하면서는 상대방의 말을 제대로 들을 수 없다는 사실이 연구로 분명히 밝혀졌다. 나도 사람들이 모인 자리에서 자주 목격하는데, 뭔가 다른 일을 하는 도중에 질문을 받은 사람은 꼭 질문자에게 질문이 무엇이었냐고 되묻는다.

사람들은 멀티태스킹을 큰 장점으로 착각한다. 멀티태스킹을 넘치는 에너지와 유능함의 상징처럼 여기면서 이렇게 생각한다. '나는 일을 소화하는 능력이 남달라', '내 머리는 얼마든지 한 번에 여러 가지를 처리할 수 있어.' 특히 종일 책상 앞에 앉아 온라인으로 업무를 처리하고 화상회의를 하는 요즘 사람들은 멀티태스킹이 중요하다고 믿는다. 많은 이들이 FOMO 증후군Fear Of Missing Out(중요한 것을 놓치거나 소외될까 봐 두려워하는 심리―옮긴이) 탓에 화상회의 도중에도 이메일을 자주 확인한다. 가짜 긴급함으로 우리를 낚는 스팸 이메일('오늘 딱 하루, 25퍼센트 세일!')도 집중력을 분산시킨다.

멀티태스킹 욕구를 잠재우는 방법은 현재 말하고 있는 상대방의 견해에 대해 묻고 싶은 질문 한두 가지를 생각해보는 것이다. 똑똑한 사람처럼 보이기 위한 질문이 아니라 정말로 궁금한 점을 물어라. 이렇게 하면 지루한 회의도 훨씬 덜 지루해진다.

흔히 사람들은 상사가 주재하는 회의에서 멀티태스킹을 한다. 이런 회의는 허브 앤드 스포크hub and spoke(자전거 바큇살처럼 중심축에서 방사형으로 노선이 뻗어나가는 구조—옮긴이) 방식일 때가 많기 때문이다. 다시 말해, 부하 직원(바큇살)이 상사(중심축)가 뭔가 요청하거나 질문할 때만 말하고 다른 사람의 말에는 귀를 잘 기울이지 않는다.

당신이 그런 회의의 참석자 중 한 명이라고 상상해보자. 당신은 다른 동료가 상사를 향해 주간 보고를 할 때도 귀를 기울여야 한다. 이유는? 언젠가 그 상사의 자리에 오르고 싶다면 지금 당장 맡은 업무와 당신의 부서를 뛰어넘어 전체적인 상황을 보는 전략적 시각을 키워야 하기 때문이다.

당신은 네 방향 모두의 사람들과 효과적인 관계를 형성해야 한다. 옆쪽(동료), 위쪽(상사), 아래쪽(부하), 바깥쪽(고객 등 외부 이해관계자) 말이다. 당신이 지금보다 더 높은 위치로 올라갈 준비가 되었음을 보여주는 신호는 현재 직급이 같은 동료들이 당신을 존경하고 신뢰하는 것이다. 동료 관계를 잘 다져놓아야 한다. 그들과 경쟁해 이기려고만 하거나 그들과 함께 있을 때 리더 행세를 하지 말고 협력과 존중의 태도로 신뢰를 얻어라. 진정한 리더는 그저 인재 관리 기술이 뛰어난 사람이 아니라 말과 행동으로 모두에게 오래도록 영향을 미치는 사람이다.

2. '도움'의 의미를 재정의하라

우리는 보통 문제를 붙들고 씨름하는 직원을 보면 즉시 개입해 해결해주려 한다. 그러나 그런 식의 도움이 꼭 최선의 방법은 아니다. 직원에게 자신이 무능하다는 기분을 안겨주고 그의 성장과 발전을 방해할 수 있기 때문이다. 경영 코치 마셜 골드스미스는 상사가 개입해 알려준 방법으로 결과물이 5퍼센트 개선되더라도 직원의 주인의식과 책임감은 50퍼센트 줄어들 위험이 있다고 말한다.

모든 것을 무조건 해결해야 할 문제로 보지 마라. 늘 즉각 뛰어들어 상황을 바로잡을 필요는 없다. 직원의 말에 귀를 기울이고 그들과 대화하는 것만으로 충분한 경우도 많다. 때로 그들은 그저 당신이 진지하게 경청해주길 바라거나 자신의 의견에 대한 피드백을 듣고 싶어 한다.

그들의 속마음을 확인하고 도움의 의미를 재정의하기 위해, 당신 의견을 제시하기 전에 직원에게 이 두 가지를 물어라.

- 어떤 아이디어를 생각해봤나요?
- 현재 시점에서 그중 어떤 것이 가장 효과적일까요?

이 두 질문을 던지면 공감과 존중의 대화가 가능하다. 상대방에게 정말로 무엇이 필요한지는 아랑곳하지 않고 자신의 해결책부터 들이미는 상사가 되지 마라. 게다가 '도와주려는' 당신의 행동은 사실 똑똑하고 중요한 사람이 되고 싶은 욕구를 채우기 위한 것일지도 모른다.

3. 여백에 메모하라

경청이 그토록 유익한데도 왜 그렇게 어려운 걸까? 한 가지 이유는 타인의 말에 집중하다 보면 우리가 하고 싶은 말을 잊어버릴까 봐 자꾸만 우리 자신에게로 주의력이 되돌아오기 때문이다.

나는 임원들을 코칭하는 과정에서 경청하는 태도를 기르는 데 도움을 주는 간단한 도구를 개발했다. '여백에 메모하기'다. 아마 당신은 회의 때 메모를 활용하겠지만, 그럼에도 여전히 다른 사람의 말 중간에 끼어들거나 충분히 생각하기 전에 말하는 습관이 있을지도 모른다. 여백에 메모하기를 활용하면 뭔가가 생각나자마자 불쑥 말하는 대신 차분히 생각하며 정보를 이해하고 논의되는 포인트의 연결 관계를 파악하는 데 도움을 준다. 또 전체 그림을 보면서 효과적인 질문을 던지는 능력도 키울 수 있다.

양옆 여백이 넓은 문서 양식으로 프린트한 종이를 준비하라(또는 직접 펜으로 그린다면 빈 종이에 중앙 위에서 아래까지 세로줄을 그어도 좋다). 종이의 본문 부분에는 '오로지' 다른 사람이 말한 내용만 적는다. 말한 내용 전부를 토씨까지 그대로 기록할 필요는 없다. 핵심만 요약해라. 만일 AI 필기 앱을 사용한다면 여백 메모만 적으면 된다.

다른 사람이 말한 내용과 관련해 당신의 의견, 판단, 반박, 질문 등이 떠오를 때 그것을 여백에 적는다. 여백을 활용해 당신의 생각과 사람들의 말을 분리하는 것이다. 이는 당신 자신의 목소리를 말 그대로 한쪽으로 밀어놓고 사람들의 이야기에 더 귀를 기울이게 해준다.

회의에서 여백에 메모한 내용과 사람들의 말을 기록한 내용의 예는 다음과 같다.

여백의 메모	회의 내용 및 상황
올리버는 X 프로젝트의 장단점을 꼼꼼히 따지기보다 장점에만 주목하는 것 같음.	X 프로젝트에 더 투자할지 여부를 결정해야 함.
계속 낮은 성과를 내는 프로젝트가 무엇인가?	X를 계속 추진할 경우 대신 포기해야 할 프로젝트 결정하기.
수니타(회의 주재자)가 잭에게 계속 발언 기회를 주는 것은 더 많은 정보를 얻고 싶어서일까, 아니면 그저 갈등을 피하고 싶어서일까?	잭이 자신이 진행하는 프로젝트의 장점을 어필함.
사람들이 자기 부서를 보호하려는 경향이 강함. 그들이 공통의 목표를 위해 협력하게 할 방법이 무엇일까?	유발이 자기 부서에서 자발적으로 예산 및 인력을 삭감했다는 사실을 설명함.
사람들이 자신의 이익만 지키려 애쓰거나 수니타에게 생각을 묻는 경우가 많음. 서로 대화가 부족함.	크리스가 수니타에게 의견을 물음.

4. 끼어들고 싶은 충동의 신호를 파악하라

상대방의 말이 틀렸다고 생각하면 말허리를 끊고 끼어들곤 하는가? 재미있는 농담이 떠오르면 다른 사람이 말하고 있건 말건 상관없이 그 순간 들려주지 않고는 못 배기는가? 중간에 끼어드는 습관이 작동하기 직전에 나타나는 신호를 스스로 알아채는 연습을 하라. 말하고 싶은 조급함이 마음속에서 불쑥 올라오는가? 상대방의 설명이 다 끝나지도 않았는데 '그래, 그래, 알았다고. 무슨 말인지 알겠어'라는 생각이 드는가? 상대방이 잘못 짚었고 당신에게 더 나은 해결책이 있다는 생각에 상대방 말을 듣는 게 짜증스러운가?

말을 자제해야 하는 순간임을 상기시키는 물리적 행동을 정해두면 끼어들고 싶은 충동을 행동으로 옮기는 것을 막는 데 도움이 된다. 예컨대 그런 충동이 느껴지는 순간 한쪽 손을 깔고 앉는다. 또는 화상회의 중이라면 음소거 버튼을 누른다. 잠시 후 음소거를 해제할 때쯤에는 당신의 충동도 가라앉아 있을 것이다.

> **Coach's Note**
> ### 입에 달린 모터를 잠재우는 한마디
>
> 도나는 나와의 면담에서 얻은 것을 되돌아보며 이렇게 말했다. "간단한 한마디가 대화 흐름을 완전히 바꿔놓는다는 걸 깨달았습니다. 그건 '감사해요'예요."

> 나는 "더 자세히 설명해주세요"라고 요청했다.
> "회의에서 누군가가 제게 피드백을 주거나 반대 의견을 제기할 때, 또는 상대방이 한 말에 대해 제가 완전히 동의하기 힘들거나 해결책을 알려주고 싶거나 저를 방어하고 싶거나 더 많은 데이터를 들이밀며 논박하고 싶을 때, 대신 그저 '감사해요'라고 말하는 편이 더 낫더라고요. 그 말을 하면 제 논리를 쏟아내 상대방을 압도하려는 충동이 가라앉아요. 늘 옳은 대신 더 생산적인 사람이 될 수 있습니다."
> '감사합니다'는 입 다물기 근력을 키우는 간단하면서도 확실한 방법이다.

5. 표현을 바꿔 다시 말하라

당신이 말을 쏟아내는 대신 현재 상황에 집중하면서 질 높은 대화를 나누는 방법 중 하나는 상대방에게 초점을 맞추는 것이다. 상대방이 한 말을 다른 표현으로 바꿔서 반복하는 습관을 만들어보라. 예컨대 "그러니까 당신이 한 말은 이런 뜻이군요", "내가 제대로 이해했는지 확인하고 싶으니 당신이 방금 한 이야기를 다시 설명해볼게요"라고 한다. 이미 한 말을 다시 짚어보는 것은 대화의 초점을 계속 발화자에게 맞추는 행위다. 또 상대방은 당신이 대화를 장악하려 들지 않고 자신의 생각을 이해하려 진심으로 노력한다는 느낌을 받으므로 둘의 관계에 긍정적 정서가 형성된다. 발언 내용을 다른 방식으로 표현해 확인하면 소통 오류가 발생할 가능성도 낮아진다.

표현 바꿔서 말하기는 당신이 말한 내용을 이해하지 못한 사람이 있는 것 같아서 다시 설명해야 한다고 느낄 때도 유용하다. 그럴 때 당신이 직접 다시 설명하는 대신, 상대방에게 그 내용을 다른 표현으로 설명해보라고 요청하라. 이렇게 하면 당신이 말하는 양이 줄어들고, 사람들은 다시 설명하거나 요약하라는 요청을 받을지 모른다는 생각에 더 집중해서 듣게 된다. 어느 한 사람이 한없이 길게 설명하거나 대화를 장악하는 대신 당신을 포함한 모두가 주의 집중과 경청 모드로 들어갈 수 있다.

> **Coach's Note**
> **입 다물기 근력을 발휘해야 할 다섯 가지 순간**
>
> 1. "나 때는 말이야…" 또는 "예전에 내가 일한 회사에서는…"이라고 이야기를 시작하고 싶어질 때
> 2. 상대가 당신의 말을 듣기 싫어하는 듯한 신호가 포착될 때(예: 휴대전화를 들여다본다, 질문이나 의견 제시는 하지 않고 계속 고개만 끄덕인다)
> 3. 같은 청중에게 똑같은 설명을 반복하고 싶어질 때
> 4. 상대방 말을 끊고 끼어들었음을 깨달았을 때(그럴 때는 "미안합니다. 내가 말을 끊었네요. 계속 이야기하세요"라고 말한다)
> 5. 회의에서 질문을 던졌는데 아무도 반응하지 않을 때

말보다 질문으로 리드하라: 베라의 사례

이번에는 회의 시간에 열린 질문을 통해 팀원들의 참여를 이끌어낸 베라의 이야기를 직접 들어보자.

나는 팀원들과 브레인스토밍을 하고 다양한 관점을 나누며 최상의 결론에 도달할 수 있다고 믿기에 그런 회의를 자주 열었다. 그럴 때면 주로 그들이 꺼내놓는 사안에 대해 누구보다 적극적으로 생각을 말했다. 그들의 아이디어에 대한 내 견해를 열정적으로 설명하고 문제점을 지적했다. 나와 오래 일했거나 나를 잘 아는 사람들은 내가 반대 의견에 귀 기울이고 상대방이 더 좋은 아이디어를 제시하면 기꺼이 생각을 바꾼다는 것을 알았다. 하지만 팀에 들어온 지 얼마 안 됐거나 조용하고 소극적인 직원은 나를 부하에게 이래라저래라 하고 과도하게 간섭하는 권위주의적인 상사로 느꼈다.

하지만 리더십 코칭을 받으면서 그런 스타일을 바꾸었다. 나는 회의에 훨씬 더 열린 마인드로 참여한다. 발언할 때는 내 앞에 최소한 2명 이상이 말한 뒤에 말한다. 조급함을 다스리기 위해(다른 이들이 아직 안건을 토론하고 있는데도 나 혼자 결론에 도달할 때가 종종 있다) 여백에 메모하기를 활용하고 직원이 말한 좋은 의견도 따로 적어둔다. 내가 발언할 차례가 되면 먼저 메모한 내용 일부를 표현을 바꿔 다시 언급한 뒤("존, 아까 ___라고 말한 것은 아주 좋은 생각 같아요.") 열린 질문을 던진다("당신은 ___에 대해 어떻게 생각해요?", "당신이라면 어떻게 하겠어요?"). 그리고 모두가 회의에 적극적으로 참여하도록 유도한다.

나는 지위가 가장 높은 사람이 말하면 여러 의견 중 하나가 아니라 반드시 따라야 할 지시 사항처럼 여겨진다는 것을 깨달았다. 따라서 이와 같이 리더십 스타일을 바꾼 것은 정말 잘한 일이었다. 나는 강압적으로 끌고 가는 리더가 아니라 옆에서 방향을 잡아주는 리더가 되어 그들이 최상의 기량을 발휘하고 자신의 의견이 존중받는 것 같은 기분을 느끼게 한다. 무엇보다 중요한 결정을 내리는 것이 그들 자신임을 일깨워주기 때문에 더 책임감을 갖고 열심히 일한다.

커뮤니케이션 실수 4: 현인처럼 말하기

칩 히스Chip Heath와 댄 히스Dan Heath가 쓴 책 『스틱!』을 보면 스탠퍼드대학 학생 엘리자베스 뉴턴이 진행한 실험 이야기가 나온다. 뉴턴은 피험자를 둘씩 짝지은 뒤, 한 사람은 유명한 노래의 리듬에 맞춰 테이블을 두드리고, 다른 한 사람은 그 소리를 듣고 노래 제목을 맞히게 했다. 이때 두드리는 사람들은 상대방이 정답을 맞히는 성공률을 크게 과대평가했다. 두드리는 사람들은 성공률을 50퍼센트로 예측했지만, 실제로 듣는 사람들은 120곡 중 겨우 3곡밖에 맞히지 못해 성공률은 2.5퍼센트에 불과했다. 두드리는 사람이 이처럼 과대평가하게 되는 것은 '지식의 저주curse of knowledge' 때문이다.

1989년 경제학자 콜린 캐머러Colin Camerer와 조지 로웬스타인George Loewenstein, 마틴 웨버Martin Weber가 처음 제시한 개념인

지식의 저주는 네 번째 커뮤니케이션 실수인 현인賢人처럼 말하기를 낳는 직접적 원인이다. 지식의 저주에 빠진 사람은 대화할 때 자신이 아는 것을 상대방도 당연히 알 것이라 가정하고 기본적인 내용을 굳이 설명하지 않는다(또는 상대방이 '이해하지 못하는' 것을 답답해한다). 경험과 지식이 많을수록 이 저주에 빠지기 쉽다.

자신이 지식의 저주에 빠지지 않을 것 같다면 글자를 모르는 어린아이에게 알파벳을 가르쳐보라. 당신은 이미 글자를 알기 때문에 그것을 모르는 상태를 상상하기 어렵다. 우리는 특정 작업에 너무 능숙해지면 그것을 생각할 필요도 없이 자동으로 수행할 수 있다. 예컨대 출근하는 일처럼 말이다. 우리는 집을 나서면 어느새 회사 문 앞에 도착해 있다. 가는 방법에 대해 깊이 생각할 필요도 없고 그 과정을 여러 단계로 쪼개 논리적으로 수행할 필요도 없다. 그냥 자동으로 할 뿐이다.

이와 같은 **무의식적 능숙함은 경험이 많고 직급 높은 사람에게 문제가 될 수 있다.** 많은 것을 알고 머릿속에서 압축된 단계로 사고가 이뤄지기 때문에, 아무렇지 않게 전문용어(특히 세 글자로 된 약어)를 사용하거나 추상적이고 일반론적인 표현을 쓰거나("우리의 목표는 고객을 만족시키는 것입니다"(음… 그렇지 않은 회사도 있나?)) '산속의 현인' 스타일의 모호한 말을 던진다("하나 더하기 하나는 둘입니다. 그러니 이 프로젝트를 성공시키세요").

우리는 지식이 풍부하고 지위가 높기 때문에 스스로 특별한 존재라 여기면서, 이와 같은 화법이 훨씬 똑똑하고 유능하며 남다른 사람이라는 인상을 준다고 믿는다. 하지만 부하 직원이 갈피를 잡지 못한 채 혼란스러워하게 만드는 결과를 낳을 뿐이다. 그들은 상사 앞에서는 감히 더 정확하게 설명해달라는 말을 하지 못하고 나중에 자기들끼리 모여 머리를 맞대고 토론한다. 상사의 의도를 누가 정확하게 해독했는지 옥신각신 입씨름을 벌이는 것이다.

보단은 이런 문제를 겪는 대표적인 예다. 그는 답답해 죽겠다는 듯이 내게 말했다. "대체 왜 다들 뭘 해야 할지 이해하지 못할까요? 직원들이 들고 온 프로젝트 기획서 초안을 보면 정작 중요한 내용이 쏙 빠져 있어요. 매번 그런다니까요."

그 분야에서 업계 최고의 전문성을 갖춘 보단은 팀원들과 격차가 대단히 크다. 팀원들은 아직 경력이 적어 보단만큼 지식을 갖추지 못했기 때문이다. 보단은 자신이 원하는 것을 제대로 전달하고 이해시킬 줄 모른다. 부하가 일을 엉뚱하게 처리했다며 화를 폭발시킬 줄만 알 뿐이다. 게다가 곧 있을 중요한 연설의 준비 작업 때문에 스트레스를 받고 있어서, '그들의 눈높이에 맞춰' 설명하거나 그들의 고충을 살필 여력도 없다. 대신 회의 때마다 왜들 그렇게 말귀를 못 알아듣느냐며 고함을 치기 일쑤다. 물론 직원이 말귀를 알아듣는 가장 빠른 방법은 그가 정확하게 설명하는 것이다.

내 동료 리즈의 표현을 빌리자면 보단과 직원들은 '돌 가져오기'를 하고 있다. 상사가 지시를 내린다. "주차장에 가서 돌을 가져와." 부하들은 주차장에 달려가 가장 예쁘고 매끈하며 커다란 돌을 찾아낸다. 그리고 깨끗이 씻어 준비한 뒤 상사에게 보여준다. 상사가 고함을 친다. "이건 내가 원하는 돌이 아니야. 아까 내가 말할 때 집중하지 않고 뭘 들은 거야? 가서 제대로 된 걸 다시 가져와." 낙담하면서도 이번엔 제대로 해야겠다고 다짐한 직원들은 터덜터덜 밖으로 나가 다른 돌을 가져온다. 이번에는 예쁘거나 매끈하지 않고 무겁고 얼룩덜룩한 돌이다. 그들은 돌에 묻은 흙을 씻지 않고 그대로 두어 자연에 노출된 투박한 느낌을 살린다. 그래야 상사 방에 있는 빈티지한 캐비닛과 잘 어울릴 것 같다. 상사도 좋아하지 않을까? 이번에는 상사가 호통과 간청을 섞어 말한다. "더는 못 참겠어! 그렇게들 이해를 못해? 제발 이번에는 돌을 제대로 가져오라고!" 이제 직원들은 절망적으로 느끼고 우울하다. 그들은 좋은 돌의 기준을 도통 모른 채 이와 같은 과정을 계속 반복하다가 결국 세 가지 결과 중 하나에 이른다. 즉 기적처럼 상사 마음에 드는 돌을 찾아내거나, 참다못해 상사의 캐비닛을 향해 돌을 던져버리거나, 해고된다.

잠시 멈춰서 당신의 말을 청중이 제대로 이해하고 있는지 점검하지 않으면, 아일랜드 극작가 조지 버나드 쇼George Bernard Shaw가 의사소통의 가장 큰 문제라고 말한 것, 즉 소통이 이루어졌다는 착각에 빠진다.

지식의 저주에서 빠져나오기:
마깃의 사례

다음은 내가 코칭한 마깃이 지식의 저주를 극복하며 소통 방식을 바꾼 사례를 직접 들어보자.

나는 과학자이자 의료계 종사자이기에 학교 다닐 때와 직업 생활 초반에 복잡한 개념과 이론을 이해하고 설명할 줄 아는 것이 중요했다. 그런 능력이 뛰어날수록 칭찬과 인정이라는 보상이 돌아왔다. 그때는 그런 능력이 성공에 도움이 됐지만, 점차 직급이 높아져 리더의 위치에 오르자 난관에 부딪혔다. 내 생각과 전략을 제시하면 사람들은 아무 반응 없이 침묵하거나 더 명확히 설명해달라고 요구했다. 그럴 때마다 기운이 쭉 빠지고 짜증이 났으며, 일 진행도 느려졌다.

그러다 사비나와 면담을 한 뒤 팀원들 사이에 공통의 이해를 형성하는 것이 얼마나 중요한지 깨달았다. 나는 직업 생활 초반에 주로 나와 같은 분야에 속한 전문가들과 함께 일했다. 하지만 현재 내가 속한 팀은 다른 여러 분야에서 온 사람들로 구성되어 있다. 이제 내가 해야 할 역할은 내 분야의 복잡한 전문 지식을 설명하는 것이 아니라 팀의 성공을 위해 내 관점을 이해하기 쉽게 제시하는 것이다. 나는 팀에 기여하는 훌륭한 구성원이 되기 위해 소통 방식을 재평가하고 수정해야 했다.

가장 먼저 한 일은 내 안에 뿌리 깊이 박힌 보상 시스템을 재설정하는 것이었다. 해박한 지식을 남들에게 과시하는 것은 이제 중요하지 않았다. 대신 팀이 성공할수록 내가 일에서 느끼는 만족도도 높아졌으며, 팀의 성공을 위해서는 공통의 이해를 형성하는 것이 필요했다. 나는 사람들이 몰랐던 것을 깨우치는 모습을 보면서 보상받는 듯한 기분을 느꼈다.

또 그동안 습관적으로 사용해온 전문용어도 점검했다. 전문가가 되는 과정에서는 해당 분야의 특수한 용어를 배움으로써 '그들만의 세계' 일원이 된다. 물론 이는 효율적 연구를 위해 중요하지만 그 세계 바깥에 있는 사람을 배제하는 장벽이 되기도 한다. 이것은 여러 분야의 인재로 이뤄진 팀의 성공을 방해하는 큰 장애물이다. 따라서 나는 팀원들과 소통할 때마다 가급적 그들이 이해하기 쉬운 언어로 정보를 전달하려 노력한다.

커뮤니케이션 실수 5: 과거 경험에 매달리기

트래비스는 각종 대회에서 수많은 메달을 딴 전직 미국 스키 국가대표 팀 선수다. 선수 생활을 은퇴한 뒤 부유층 고객을 상대하는 산악 리조트의 스키 강사 팀장이 되어, 일대일 스키 교육을 하는 강사들을 관리했다. 이 스키 학교는 몇 년간 운영 상태가 신통치 않았던 터라, 강사 12명의 결속력과 운영 성과를 높이기 위해 트래비스를 영입한 것이었다.

트래비스는 의욕을 활활 불태우며 일을 시작했다. 스타 스키 선수라는 화려한 경력에서 오는 자신감으로 충만한 데다 스키 교육을 개선하고 강사 팀의 성과를 높일 방법을 누구보다 잘 안다고 믿는 그는 툭하면 과거 경험을 소환했다. 장비를 관리하는 방법부터 신입 회원을 가르치는 방법에 이르기까지 주제가 무엇이 됐든 간에 "예전에 올림픽 경기를 준비할 때 썼던 방법을 설명해줄게요", "우리가 스키 경기를 할 때 어떻게 했냐면…" 같은 말로 설명을 시작했다. 그는 과거의 경험과 성공에만 의지해 팀을 이끌었다. 남들은 하지 못한 경험이 스키 학교 운영에 매우 요긴하리라 믿었기 때문이다.

물론 풍부한 경험은 대단히 유용하다. 하지만 그것을 끝없이 늘어놓는 것을 듣고 싶어 하는 사람은 없다. 그것은 데이트 상대가 전 애인 이야기만 계속 늘어놓는 것만큼이나 짜증 나는 일이다.

다섯 번째 커뮤니케이션 실수는 과거 경험에 매달리는 것이다. 사람들은 리더가 '먼저' 자신들의 환경과 상황을 이해하는 데 시간을 쏟아주길 바란다. 타인을 제대로 이해하는 것은 리더십에 필요한 공감 능력의 초석이다. 공감 능력은 신뢰를 강화하고 직원의 업무 의욕과 성과를 높이는 것으로 밝혀졌다. 조사 결과에 따르면, 직원의 74퍼센트 이상이 상사가 자신의 말을 경청하고 자신을 존중해준다고 느낄 때 업무 효율이 높아진다고 말한다.

조직에 새로 합류했거나 높은 직위로 승진했을 때 열정적이고 고압적인 태도로 과거 경험을 자꾸 들먹이는 것은 리더십 실패를 초래한다.

당신의 팀원들은 무시당하는 듯한 기분을 느낄 것이다. 당신이 경험이 많다는 장점 때문에 영입되었다 할지라도 그 경험만 내세워서는 안 된다. 팀원 각자에게도 그들만의 경험과 지식이 있기 마련이다.

트래비스는 권력 간극이 만든 벽에 갇힌 탓에 강사들이 '저 인간, 또 시작이네'라는 뜻으로 눈짓을 교환하는 것을 알아채지 못했다. 또 자신의 방식이 옳다고 굳게 믿었기 때문에 오랜 경험과 전문성을 최대한 이용해 강사들의 성공을 도울 생각이었다. 이미 효과를 거둔 방법을 아는데 굳이 새로운 접근법과 전략을 고안하느라 시간을 낭비할 이유가 뭐란 말인가? 기존 공식을 그대로 가져와 사용하면 스키 학교도 성공할 것이 분명했다.

어떤 업계에서든 과거 실적을 토대로 뛰어난 인재를 영입한다. 당연히 그들은 자신이 기대에 부응하는 인재임을 증명하고 싶어 하며, 과거 일터에서 성공한 접근법을 새로운 조직에도 적용하곤 한다. 그들은 단기간에 성과를 보여주어 신뢰를 얻고자 한다. 새로 합류한 조직의 문화를 아직 속속들이 알지 못하는 상태이고 사내 인간관계망도 빈약하므로, 그런 결핍을

(그리고 그로 인한 불안감을) 상쇄할 방법을 찾아야 한다.

그래서 택하는 방법은? 자신의 경력을 과시하고 풍부한 과거 경험과 외부 인맥을 강조한다. 그리고 그들이 '나는 이런 문제를 다루는 데 익숙하다', '우리가 원하는 목표를 이루려면 이렇게 해야 한다'라는 취지로 이야기해도, 사람들에게는 "난 답을 다 알아. 그러니 당신들의 상황이나 당신들이 뭘 아는지 파악하느라 시간을 들일 필요가 없어"라는 말로 들린다. 순식간에 그들은 참신한 아이디어와 성공이 검증된 접근법을 제시하는 상사가 아니라 팀원의 지식과 경험을 아무렇지 않게 무시해버리는 짜증 나는 상사가 된다.

전문성과 풍부한 경험? 물론 좋은 것이다. 그러나 높은 지위에 있다면 그것을 활용할 때 자신감과 새로운 것을 알려는 태도를 똑같은 비율로 갖춰야 한다.

커뮤니케이션 실수 6: 비언어적 요소 신경 끄기

의사소통에서 비언어적 요소가 차지하는 정확한 비율에 대해서는 전문가들 사이에도 의견이 분분하지만 50퍼센트 이상이라는 데는 대체로 의견이 일치한다. 하버드의과대학 정신의학 부교수이자 『최고의 나를 만드는 공감 능력』의 저자 헬렌 리스Helen Riess는 개인과 조직이 의사소통 시 공감 능력을 향상시킬 수 있는 교육 프로그램을 개발했다.

그녀가 밝힌 공감 기술의 일곱 가지 요소 가운데 다섯 가지가 비언어적인 것이며 이는 눈 맞춤, 표정, 자세, 감정, 어조다(나머지 두 가지는 상대방 전체에 귀 기울이기, 상대방 감정에 대한 당신의 반응이다). 이런 비언어적 요소는 의도했든 그렇지 않든 상당히 많은 신호를 전달한다. 때로는 '와, 당신 정말 멋진 일을 해냈군요'라는 메시지를, 때로는 '당신 말을 듣고 있자니 지루해 죽겠어. 포크로 내 눈알을 뽑아버리고 싶을 지경이야'라는 메시지를 전달한다. 말없이 전해지는 이런 신호는 꽤 강력해서 의사소통 실수를 끔찍한 재앙으로 만들어버릴 수 있다.

나는 리더십 워크숍을 진행할 때 사람들이 힘을 지닌 누군가의 표정에 얼마나 큰 의미를 부여하는지 보여주는 실험을 한다. 나는 워크숍 진행자라는 이유만으로 참가자들에게 힘을 지닌 사람으로 인식된다. 워크숍 첫날 점심 식사 시간이 끝난 뒤, 나는 방 앞쪽 내 자리로 가서(또는 온라인 워크숍의 경우 모니터 앞에 앉아서) 말없이 무표정하게 있는다. 별다른 행동도 하지 않는다. 처음엔 사람들이 약간 어리둥절한 표정을 짓는다. 그러다 몇 분쯤 지나면 눈에 띄게 불편해하고, 이내 곤혹스럽고 초조한 모습을 보이면서 '강사님이 왜 저러지?' 하는 시선을 교환하며 서로 어깨를 으쓱해 보인다. 나는 계속 그대로 서 있는다. 결국 누군가가 침묵을 깨고 너도나도 수군거리며 추측한다. '강사님이 우리 때문에 짜증이 난 것 같아', '워크숍 진행 상황이 마음에 안 드나 봐. 고개도 별로 끄덕이지 않았어', '우리가 제대로 경청하지 않는다는 사실을 일깨워주려는 걸까?'

잠시 후에는 미묘하게 서로를 탓하기 시작한다. '아까 린지가 강사님 의견에 반론을 제기한 방식이 부적절했다고 우리에게 알려주려는 건지도 몰라', '우리가 오후 2시까지는 전부 자리에 착석해야(모니터 앞에 앉아야) 했는데, 시간을 지킨 사람이 몇 명뿐이라 짜증이 났나 봐', '레이철이 웹캠을 꺼놓았네. 그것 때문인가?'

물론 전부 틀린 추측이다. 위계질서에 따른 관계의 역학은 인간 심리에 깊이 뿌리박혀 있기 때문에 본능적으로 상사의 비언어적 커뮤니케이션에서 부정적 신호를 읽는다. 그저 무표정한 얼굴에서도 말이다. 우리의 원시적 뇌가 '대장이 나를 싫어해!'라고 외치는 것이다.

까다롭다고 느껴지는 동료들과 일해본 내 경험에 따르면, 일터에서 분노나 낙담, 짜증, 사기 저하를 유발하는 불편한 관계가 생성되는 것은 대개 누군가가 악의를 품거나 파워 게임 또는 심리전에서 이기려고 교묘한 술책을 부리기 때문이 아니라 단순한 오해나 소통 오류 때문이다. 사람들은 상대방이 별 의미 없이 한 말이나 행동을 기분 나쁘게 받아들이곤 한다. 세상에 못되고 이기적인 인간이 없다는 말이 아니다. 대부분 특정한 상황의 진짜 원인은(그리고 해결책도) 따로 있다는 이야기다.

이런 상황을 가정해보자. 금요일 아침, 회사에 도착한 당신은 엘리베이터 앞에서 마케팅 팀장 제리를 마주치고 인사를 건넨다. "안녕하세요. 주말에 뭐 좋은 계획 있나요?"

제리는 무표정한 얼굴로 종이컵에 담긴 커피를 홀짝일 뿐 별다른 반응이 없다. 당신은 속으로 '뭐지?' 하는 생각이 든다.

당신은 불편한 침묵을 깨려고 다시 덧붙인다. "저는 이번에 새로 나온 마블 영화를 보려고요." 제리는 눈을 가늘게 뜨고 당신을 보더니 어깨를 한번 으쓱하고 아무 말 없이 엘리베이터에 탄다. 당신은 생각한다. '분명히 내 말을 들었는데… 뭐 이런 자식이 다 있어? 내가 이메일에 아직 답장을 안 해서 이러나?'

기분 좋게 회사에 도착했지만 제리에게 무시당한 일이 자꾸만 떠오른다. 업무에 집중하려고 애써도 아침의 그 상황이 마치 모기 물린 곳처럼 계속 당신을 괴롭힌다. 긁으면 긁을수록 더 가렵고 짜증이 난다. '팀장님은 대체 왜 그런 걸까? 팀장님이 아니라 이 회사가 문제인가? 이런 대우는 더 이상 못 참겠어.'

이렇게 말해서 안됐지만, 제리는 당신의 주말 계획에 별로 관심이 없다. 그 이메일 때문에 화가 난 것도 아니다. 당신의 영화 취향이 못마땅한 것도 아니다. 사실 그도 당신이 보려는 마블 영화를 지난주에 재미있게 봤다. 당신이 정중한 대화를 시도할 때 제리가 반응하지 않은 것은 당신의 말이 제대로 귀에 들어오지 않았기 때문이다. 사실 제리는 아침형 인간이 아니다. 벤티 사이즈 아메리카노 두 잔을 마시고 나서야 정신을 차리는 타입이다.

우리의 유아론적 사고 경향은 타인과 상호작용하는 모든 순간에 작동한다. 우리는 사람들이 우리에게 실제보다 훨씬 더 관심을 기울인다고 착각한다. 당신은 제리와 카페인에 대한 중요한 맥락 정보를 모르는 상태이므로 그가 친절하게 대꾸하지 않았을 때 기분이 상할 수밖에 없다. 누군들 그렇지 않겠는가? 하지만 만일 당신이 제리가 카페인에 심각하게 의존한다는 사실을 알고 있다면 그의 무뚝뚝한 태도가 멍한 머리 탓이라고 이해할 것이다. 제리의 성격과 스타일을 잘 안다면 그가 아무런 반응도 하지 않은 것이 당신에게 화가 나서가 아니라 단지 잠이 덜 깨 몽롱해서라고 제대로 짐작할 것이다. 어쩌면 그는 아침을 너무 싫어해서 해가 뜨는 것만 봐도 화가 나는 사람일지 모른다. 당신이 그런 제리의 스타일을 알았다면 만나자마자 충동적으로 스몰 토크를 시도하는 대신 그를 그냥 내버려둔 채 엘리베이터에서 머릿속으로 오늘 할 일을 정리할 것이다.

직장에서 함께 일하는 사람들은 시간이 흐르면서 서로의 성격이나 특이한 점을 자연스레 알게 된다. 매일 얼굴을 보며 일하므로 서로에 대한 암묵적 지식을 습득해, 특정한 언행을 모욕으로 느끼거나 엉뚱하게 오해할 가능성이 줄어든다. 하지만 일의 세계란 워낙 정신없이 돌아가기 때문에, 긴장도와 압박감이 높은 상황에서 잘 모르는 사람과 함께 일해야 하는 경우도 많다. 이는 설명서도 읽지 않고 전동 공구를 이용해 뭔가를 수리하려 달려드는 것과 비슷한 상황을 만들어낸다. 자칫하다간 다치거나 물건을 망가뜨리기 십상이다.

만일 적절한 사용 설명서, 즉 사람들의 업무 스타일과 그들이 싫어하는 것을 알려주는 가이드가 있다면 그들과 일하기가 훨씬 쉬울 것이다. 당신도 아마 제리처럼 본의 아니게 상대방 기분을 상하게 해서 자신도 모르는 새에 그 일이 부정적 결과로 돌아온 적이 있을 것이다. 다음에 소개하는 '상사 사용법 알려주기'를 활용하면 양측의 오해와 소통 오류를 줄일 수 있다.

당신은 아침형 인간이 아니고, 생각에 잠기면 눈살을 찌푸리는 습관이 있으며, 감정이 좀처럼 표정으로 드러나지 않는가? 그래도 상관없다. 당신의 성격과 특성을 개조할 필요는 없다는 뜻이다. 다만 자신을 한두 단어로 규정해버리는 데서 그치는 대신 생산적인 프레임워크를 택하면 된다. 당신의 활력 패턴, 독특한 습관, 바이오리듬을 감안할 때 당신과 가장 효과적으로 일할 방법이 무엇인지 부하 직원들에게 알려줘라. 이를테면 '상사 사용 설명서'를 제공하는 셈이다.

비용 편익 분석의 관점에서 볼 때, 이렇게 하면 높은 직급으로 누리는 신비로움을 어느 정도 잃을 가능성이 있다. 그 거리감을 포기하는 것이 처음에는 불편하게 느껴질 것이다. 거리를 좁히는 도구를 사용하면 특별하게 분리된 존재라는 기분과 비밀스러움은 약간 포기할 수밖에 없다. 하지만 외부로 드러난 당신의 행동이나 말에 정확히 어떤 이유가 있는지 알려줄 수 있다. 당신이 얻는 것은 직원들과의 더 강한 신뢰 관계다.

또 의사소통이 효과적으로 이뤄질 가능성도 커진다. 직원이 당신의 심중을 짐작하느라 귀중한 시간과 에너지를 낭비하지 않아도 되므로 팀의 생산성도 높아진다. 투명성과 효과적인 의사소통은 신뢰를 낳으며, 서로 신뢰하는 일터에서는 자연히 모두의 스트레스가 줄고 생산성이 향상된다. 의사소통 하나만 개선돼도 직원들의 업무 실적이 향상되고 당신과의 관계도 좋아진다.

상사 사용법 알려주기:
소통의 효율을 위한 맞춤 가이드

다음과 같은 소통 오류가 발생할 때 이 도구를 사용하라. 이것들은 당신의 비언어적 커뮤니케이션이 더 명확해지도록 개선해야 함을 알려주는 신호다.

- 사람들이 당신의 말이나 행동을 엉뚱하게 해석한다.
- 당신의 개인적인 경계선이 침범당하는 것 같은 기분이 든다.
- 당신의 기대치에 사람들이 부응하지 못하는데 그 이유를 모르겠다.
- 기대치에 부응하지 못했다는 피드백을 주면 직원들이 놀랍게도 "저는 이게 당신이 원하는 결과인 줄 알았습니다", "저는 당신이 ~했다고 느꼈습니다"라고 말한다.

- 직원들이 당신에 대해 잘못 이해하고 있다는 사실을 알 게 된다.

상사 사용법 알려주기는 비언어적 메시지에 대한 오해를 없애는 확실한 방법이다. 직원들은 당신의 업무 스타일을 이해하고 당신과 함께 효과적으로 일하는 방법을 알 수 있다.

실행 방법

상사 사용법 알려주기는 두 단계로 구성된다. 먼저 당신의 개인적 특성을 파악하고, 그것을 사람들에게 알려줄 방법을 생각해본다.

1단계: 개인적 특성 파악하기

먼저 상사 사용법에 포함할 구성 요소를 정리해본다. 당신의 일하는 리듬, 속도, 감정 표현 정도, 독특한 버릇, 학습 스타일, 시간 사용 방식 등이다. 평소 습관이나 행동은 많은 시간을 들여 의식적으로 검토한 뒤에 나오는 것이 아니다. 또 우리는 남들도 우리처럼 생각하거나 행동하리라고 무의식적으로 가정한다. 당신이 무엇을 원하는지 또는 어떤 의도를 지니고 있는지 사람들이 추측하게 내버려둔 뒤 그들이 제대로 판단하지 못했다고 나무라는 대신, 당신의 비언어적 신호를 분명하게 설명하는 편이 낫다.

당신의 스타일과 평소 습관이 어떤지 다음처럼 여러 범주별로 생각해보라.

- **신체적 행동과 태도:** 평소에 어떤 행동 습관이 있는가? 뭔가 생각할 때 콧등을 찡그리거나 눈을 감는가? 한숨을 자주 쉬는가? 주로 어떨 때 한숨을 쉬는가? 특별히 심각한 생각을 하지 않더라도 무표정하게 있으면 심각해 보이는가? 아니면 반대로 심각한 상태라도 얼굴에 잘 드러나지 않는가? 악수를 꺼리는 편인가? 문화권마다 미소나 눈 맞춤, 신체적 거리 등에 대한 관점과 관습이 다르게 마련이다. 사람들이 그 차이를 당연히 알 것이라고 가정하지 마라. 필요한 경우 그것에 대해 설명해줘라.

- **활력과 기분:** 커피 없이는 하루를 시작하지 못하는 제리를 떠올려보라. 신체 리듬은 사람마다 각양각색이다. 당신은 어떤가? 아침형 인간인가, 저녁형 인간인가? 당신의 활력과 집중력이 하루 동안 어떻게 변하는지 관찰해보라. 직원들이 그런 정보를 고려해 당신과 함께 효과적으로 일하려면 어떻게 해야 할까?

- **커뮤니케이션과 개인적 경계선:** 정보 습득이나 학습에서 어떤 방식을 선호하는가? 포인트를 목록으로 정리하는가? 스토리텔링 방식이 나은가? 개인적 정보를 드러내

는 것이 불편한가? 아니면 본론으로 들어가기 전에 잠시 일상적 대화를 나눠도 편안하게 느끼는가? 업무 시간이 끝난 뒤 급한 일이 생겼을 때 어떤 경로로 연락받는 것이 가장 좋은가? 긴장하면 횡설수설하는 경향이 있는가? 상관이 당신에게 마감일을 알려준 뒤 알아서 하게 내버려두는 것이 좋은가, 아니면 중간중간 상기시키는 것이 좋은가? 다른 이들의 요청이나 문의에 얼마나 빨리 회신하는 편인가?

- **성격:** 내성적이라 대화에 처음부터 참여하지 않고 혼자서 충분히 생각해본 뒤 말하는가? 큰 그림을 논의하기 전에 세부 정보와 데이터를 철저히 검토하는 꼼꼼한 스타일인가? 타고난 낙천주의자라서 누군가가 패배주의적 사고방식을 보이면 못마땅한가? 그리고 어떨 때 침울함 또는 행복감을 느끼는지 생각해보는 것도 좋다.

- **사고 유형과 문제 해결:** 혼자서 조용히 생각하는 것을 선호하는 사람도 있고, 주변에 의견을 들려주며 피드백받는 것을 좋아하는 사람도 있다. 어떤 사람은 화이트보드를 애용하고, 어떤 사람은 추상적 원칙을 이해할 때 구체적 사례가 유용하다고 느낀다. 어떤 사람은 계획이 꼭 필요하고, 어떤 사람은 즉흥적인 것을 선호한다. 미루는 습관이 있는지, 또는 일을 끝낸 뒤에도 계속 만지며 손보는 스타일인지 생각해보라. 당신은 어떤 유형에 속하

는가?

- **유머**: 농담을 편하게 주고받는 편인가? 이따금 비꼬는 농담을 강도 높게 하는가? 농담하기에 부적절한 때나 주제가 있다고 생각하는가?

> **Coach's Note**
> **당신의 특성에 대한 피드백을 요청하라**
>
> 평소 행동 방식과 독특한 비언어적 습관, 당신 자신은 인식하지 못하는 패턴을 정확히 파악하려면 친한 친구나 가족에게 물어보라. 사회적 가면을 벗은 평소의 당신을 가까이에서 보는 그들만큼 정확히 말해줄 사람은 없다.

2단계: 상사 사용법 알려주기

앞에서 정리한 개인적 특성을 이용해 상사 사용법을 정리하라. 직원들이 당신이 일하는 스타일을 파악하고 당신과 관계 맺는 법을 익힐 수 있도록 말이다. 우리가 습관적으로 생각하거나 행동하는 방식은 자신에게는 당연한 것이고, 의식조차 못하지만 남들에게는 그렇지 않을 때가 많다. 내 경험상 암시적이거나 애매한 메시지를 명료한 메시지로 바꾸면 사람 사이의 많은 긴장과 갈등이 해소된다.

당신의 개인적 특성 목록을 작성한 뒤 그것을 직원들에게 어떻게 알려줄지 각 항목의 옆 칸에 적어라. 이렇게 알려주면 갈등이나 불화, 오해가 생기기 전에 막을 수 있다. 아마 당신이 적은 내용 중 많은 특성이 이 책 곳곳에 언급되어 있을 것이다. 그러니 책을 읽으며 각 항목에 대한 간단한 해결책을 눈여겨보길 바란다.

상사 사용법 알려주기의 예시는 다음과 같다.

개인적 특성	해야 할 행동
생각에 잠기면 얼굴을 찡그린다.	직원이 아이디어를 내거나 중요한 문제를 설명할 때, 내가 얼굴을 찡그리는 것을 무시한다는 뜻으로 오해하지 않도록 그것이 습관이라고 알려준다. 좀 더 깊은 숙고가 필요한 문제인 경우 먼저 직원의 기여를 인정해준다. "아주 중요한 점을 지적했군요. 하지만 시간을 두고 생각해봐야겠어요."
늦은 오후에는 활력이 떨어진다(또는 인내심이 줄어든다).	중요한 회의는 내가 집중력이 높은 오전에 했으면 좋겠다고 직원들에게 말해둔다.
멀티태스킹을 좋아하지 않는다.	내가 그들의 전화를 받지 않고 음성사서함으로 넘겨도 기분 나빠 하지 말라고 말해준다. 그것은 내가 다른 일에 집중하고 있기 때문이며, 하던 일이 끝나는 대로 연락할 것이라고 설명한다.
밤늦게 일이 잘되는 편이라 이메일도 그때 보낼 때가 많다.	내 업무 스타일이 직원에게 불안감을 조성한다는 것을 알게 됐다. 그들이 퇴근 이후에도 빨리 회신하거나 연락이 원활해야 한다고 느끼기 때문이다. 이런 불안감을 없애기 위해, 내 바이오리듬을 바꿀 필요 없이 앞으로는 메일이 다음 날 아침에 발송되도록 예약 발송을 설정해둔다.

상대방의 최종 목적을 모르는 상태에서는 그의 말에 집중이 잘 안 된다.	이런 상황이 되면 내 얼굴에 짜증이 역력해진다. 이를 막기 위해 이렇게 말한다. "잠시만요. 먼저 이 논의를 통해 당신이 얻고 싶은 결과를 얘기해줄 수 있나요? 그걸 미리 알고 있으면 더 집중해서 들을 수 있을 것 같군요."

위와 같은 표를 만들 때 정답은 없다. 당연히 사람마다 다르다. 상사 사용법 알려주기의 목적은 의도치 않은 소통 오류를 막는 것이다. 당신의 습관과 스타일을 명확히 알려줌으로써 직원이 상사 대하는 방법을 깨우치게 돕는 것은 당신을 완전히 다른 사람으로 바꾸는 것보다, 또는 타인을 바꾸려 드는 것보다 훨씬 효과적인 접근법이다.

리더가 모든 것을 공유할 때: 주세페의 사례

이번에는 새로운 조직에 리더급 간부로 합류한 주세페가 조직원들과 일하는 방식을 서로 공유하고 이해하게 된 과정을 직접 들어보자.

나는 새로 익히고 적응해야 할 것이 많았다. 상관은 내게 리더십 팀을 꾸리고 관리하는 임무를 맡겼고, 나는 조직의 목표에 더 잘 부합하도록 리더십 구조를 재편했다. 그 결과 거의 모든 구성원이 바뀌었고 일부 직원은 간부 직위를 처음 맡게 되었다. 우리는 함께 일하기 시작하자마자 각자 커뮤니케이션 스타일이 다르다는 사실을 알게 되었다. 한 팀으로서 같은 목표를 위해 노력하는 동시에 가장 효율적인 소통 방식을 찾는 것이 중요한 과제로 떠올랐다.

내가 맞닥뜨린 문제 중 하나는 그들이 내게 미리 알리지 않은 채 대규모 회의에서 논쟁적인 안건을 꺼내곤 한다는 점이었다. 또 어떤 이들은 업무 범위를 정확히 파악하지 못해 자신의 관리 영역이 아닌 곳에 개입하는 바람에 다른 구성원과 갈등이 생겼다. 나는 팀원들과 워크숍 겸 단합 대회를 하는 게 좋겠다고 판단했다. 그래서 사비나의 도움을 받아 신뢰와 유대감, 팀워크를 다지기 위한 프로그램을 짰다.

우리는 '상사 사용법 알려주기'라는 도구에서 아이디어를 얻어, 나를 포함한 모두의 업무 스타일에 대해 대화 나누는 시간을 마련했다. 각자가 자신의 업무 스타일을 설명하는 동안 다들 '아, 이제야 이해가 되네!' 하며 고개를 끄덕였다. 우리는 누가 긴 이메일을 싫어하는지, 누가 빠른 회신을 선호하는지 알게 되었다. 또 누가 개인적 삶에서 시간과 에너지 부족으로 많은 스트레스를 겪는지, 누가 부하의 업무에 깊이 간섭하지 않는 스타일인지, 누가 직접 얼굴을 보며 대화하는 것을 선호하는지도 알게 되었다. 그리고 이런 시간을 통해 서로에 대해 더 깊이 알게 되었다.

우리는 일하는 스타일과 취향을 스스럼없이 밝히며 공유했다. 알고 보니 대부분 사람마다 일하는 방식이 다르다는 사실을 제대로 인식하지 못하고 있었다. 2년이 흐른 지금 우리 리더십 팀은 매우 훌륭하게 돌아간다. 서로 열린 태도로 활발하게 대화하고 협력하며 적극적으로 아이디어를 낸다. 여전히 이따금 소통 문제가 발생하지만, 이제는 공통의 이해와 언어를 기반으로 문제가 생기는 즉시 해결하려 노력한다. 우리는 손발이 잘 맞는 팀으로서 계속 성장하고 있다.

> **Coach's Note**
> **비언어적 신호에 대해 서로 공유하기**
>
> 1. 비언어적 신호와 당신이 그렇게 하는 이유를 하루에 한 번 말로 설명하라. 예를 들어 "화상회의를 할 때 내가 시선을 아래로 두는 건 메모를 하기 위해서예요", "나는 뭔가 생각할 때 얼굴을 찡그리는 습관이 있어요. 당신이 방금 한 말은 좋은 생각거리가 되는군요"라고 말한다.
> 2. 상대방의 비언어적 신호를 설명해달라고 요청하라. "방금 얼굴을 살짝 찌푸렸는데, 그게 어떤 의미인가요?"

커뮤니케이션 실수 7:
메가폰을 간과하는 것

상사인 당신의 입에서 나오는 모든 말은 영향력을 내뿜는다. 당신의 말에는 늘 모종의 의미가 부여된다. 가능성이 있다는 말은 확정적인 것으로 받아들여진다. "이 방법 괜찮은 것 같은데?"라는 말은 '진행을 승인한다'라는 뜻으로 해석된다. 당신이 무심코 "왜 그렇게 생각하지?"라고 물으면 부하들은 접근법을 완전히 바꿔야 한다고 생각한다.

때로 메시지의 의도와 듣는 이의 해석 사이에 괴리가 발생하는 것은 '조절되지 않은 메가폰' 탓이다. 이 메가폰이 있을 때는 당신이 한 말이 상대방에게 당신 의도보다 더 크게(또는 더 작게) 들린다. 이는 부하에게 혼동을 야기해 불안감이 커지고 업무 능력도 저하될 수 있다. 당신의 성공이 '그들의' 성공에 좌우된다는 사실을 감안할 때, 모두를 위해 적절한 볼륨 조절이 얼마나 중요한지 알 수 있다.

메이의 경우를 보자. 메이는 상사 투안에게 "자네가 실력을 더 발휘하면 좋을 텐데 말이야"라는 말을 듣고 나서 밤새 잠을 설쳤다. 그 후 일주일간 불안해서 일에 집중할 수 없었다. 자신이 곧 잘릴 거라는 은근한 암시 같았다. 결국 메이는 투안에게 면담을 요청해 정확한 의도를 물어보았다.

"제 성과를 5퍼센트 더 높이라는 뜻입니까? 아니면 90퍼센트인가요?"

투안은 깜짝 놀랐다. 그는 자신이 한 말이 성과를 90퍼센트 높이라는 뜻으로 받아들여져 메이에게 스트레스를 안기리라고 전혀 생각하지 못했다. 사실 그는 메이가 지금보다 5퍼센트만 더 실력을 발휘해도 눈에 띄는 인재로 부각되어 향후 높은 자리로 승진할 수 있으리라 여겼기에 격려 차원에서 그런 말을 한 것이었다. 투안은 재빨리 메이를 안심시키며 설명했다. "메이, 지금 아주 잘하고 있어. 자네는 전략적 분석 능력이 뛰어나. 그러니 그런 강점을 발휘해 회사의 수익성에 훨씬 더 크게 기여할 수 있는 프로젝트를 몇 가지 더 구상해보면 좋겠어."

권력과 관련한 인간의 본능적 심리와 힘의 역학이 초래하는 복잡한 관계 때문에, 부하 직원들은 당신의 말을 긍정적 신호 대신 부정적 신호로 해석할 가능성이 크고, 감정적으로 민감하게 반응하며 별일도 아닌 것을 침소봉대한다. 만일 투안이 "자네는 지금 10점 만점에 10점이야. 이제 11점이 될 방법을, 자네의 기여도를 더 높일 방법을 생각해보세"라고 말했다면 그의 의도는 오해받지 않았을 것이다. 그랬다면 메이는 일주일 내내 편도체가 흥분해서 불안과 걱정에 시달려 집중력과 생산성을 떨어뜨리는 대신 11점이 되기 위해 노력했을 것이다.

당신은 사소한 언행이 부하에게 얼마나 큰 영향을 미치는지 모른다. 정신없이 바쁠 때는 자신이 명료하지 않은 지시를 내리거나 모호한 피드백을 줬다는 사실을 깨닫지 못하며, 이는 오해를 낳고 업무 생산성을 떨어뜨린다. 다음에 소개하는 '숫자로 표현하기'를 활용하면 그런 문제를 쉽게 해결할 수 있다.

숫자로 표현하기:
의도를 정확히 전달하라

이 도구를 다음과 같은 상황에서 사용하라. 이는 당신이 메가폰을 간과하고 있을 가능성이 높다는 신호다.

- 당신과 부하 사이에 갈등과 오해가 자꾸 생긴다.
- 부하들이 당신의 지시를 잘못 이행한다.
- 그들이 특정한 의제나 프로젝트의 중요성을 제대로 이해하지 못하는 것 같다(예를 들어 거기에 별로 시간을 쏟지 않는다).
- 그들이 내놓는 결과물이 당신의 기대치에 미치지 못한다.

숫자로 표현하면 어떤 사안이나 상황의 영향력 및 긴급함 정도를 오해 없이 당신의 의도대로 전달할 수 있다. 특정한 이슈를 정확히 언급하고 그와 관련한 당신의 생각 및 감정의 진폭을 알려줘야 한다. 예컨대 의견을 말하거나 뭔가를 요청할 때 그것이 얼마나 중요하고 왜 중요한지 명확히 언급하면 상대방이 오해할 가능성이 줄어든다. 또 직원을 당신의 사고 프로세스에 동참시킬 수 있다. 직원들이 당신의 의중을 추측하느라 에너지를 낭비하게 하지 마라. 당신의 의도를 분명하게 설명해주면 그들은 존중받는 것 같은 기분을 느낀다.

30초만 투자해 그들에게 당신의 의견을 숫자로 표현해 알려줘라. 그러면 소통 오류는 줄어들고 그들의 생산성은 몰라보게 높아질 것이다.

실행 방법

의견을 밝히거나 요청을 하거나 피드백을 줄 때 간단한 1~10 점수 체계를 이용해 표현한다. 다음과 같은 네 가지 방식으로 활용할 수 있다.

1. 일의 긴급도나 중요도

- 1에서 10까지 숫자로 표현한다면 나는 이 일의 중요도를 ___라고 생각합니다.
- 이 문제는 긴급도가 ___입니다. ○○(날짜 또는 시간)까지 후속 보고를 할 수 있나요? 또는 언제까지 후속 보고를 해줄 수 있나요?
- 완성도 측면에서 볼 때 이 보고서는 ___입니다.

2. 생각이나 감정의 강도

- 1에서 10까지 숫자로 표현한다면 내가 이 문제에 갖는 관심은 ___입니다.
- 이 프로젝트에 대한 나의 기대감/우려 수준은 ___입니다.
- 당신이 내 목소리에서 느끼는 확신/망설임은 정확하지

않을 수 있어요. 내가 느끼는 확신/망설임은 대략 ___ 수준입니다.

3. 직원을 인정하는 정도나 기대치(피드백을 줄 때는 다음처럼 구체적으로 말한다)

- 1에서 10까지 숫자로 표현한다면 당신이 팀에 기여하는 가치는 ___ 정도입니다.
- 당신의 성과에 대한 내 우려 수준은 ___ 입니다.
- 당신은 이미 ___ 입니다. 앞으로 ___ 에 도달하기를 기대해볼게요.

4. 직원에게 숫자로 표현해보라고 함으로써 그의 생각을 파악한다

- 내가 말한 날짜까지 일을 끝낼 수 있다고 확신합니까? 1에서 10까지 숫자로 표현한다면 어느 정도인가요?
- 당신의 성과에 대한 내 평가에 어느 정도로 동의하나요?
- 내가 말한 지시 사항을 얼마나 분명하게 이해했나요?

이때 점수 체계의 숫자를 일관성 있게 사용하는 것이 중요하다. 만일 어떤 일의 중요도를 7로 매긴다면 그 숫자가 의미하는 바를 기억해둬라. 예컨대 A의 중요도를 7이라고 말했는데 그보다 훨씬 사소한 B도 7이라고 표현하면 안 된다는 의미다. 숫자를 일관성 있게 사용해야 직원들이 당신의 의도와 각 숫자의 기대치를 제대로 이해할 수 있다.

또 모든 대상에 너무 높거나 너무 낮은 숫자를 부여하지 않는지 점검하라. 예를 들어 급하게 여러 일을 진행하고 있다면 머리가 과열된 상태라 모든 일의 긴급도를 10으로 매길 수도 있다. 천성적으로 보살핌 제공자 성향이 강한 경우(이에 대해서는 11장에서 자세히 살펴본다) 부하들에게 부담을 주고 싶지 않아서 일의 중요도를 실제보다 낮게 매기기도 한다. 부하들이 좋아하는 상사가 되고 싶어 하는 사람은 상대방의 마음을 상하게 하지 않으려고 비판적 피드백의 강도를 낮출 수도 있다. 모두 바람직하지 않은 방식이다. 요컨대 최대한 객관적인 시각으로 숫자를 선택하라.

Coach's Note
숫자로 소통하는 법

- 하루에 한 번 이분법적 반응("잘했어" 아니면 "더 보완해야겠어")을 보이는 대신 숫자를 이용해 피드백을 주어라("1~10점으로 표현한다면 이건 9점이야", "이 기획서는 5야. X 부분을 더 보완하면 7이 될 수 있겠어").
- 숫자를 이용해 질문하라. "1~5의 숫자로 표현한다면 이 일이 얼마나 중요하다고 생각하나?", "'전혀 중요하지 않음'에서 '매우 중요함'까지 단계별로 나눈다면 이 문제가 어디쯤이라고 생각하는가?"

8장

나의 '하지만'에는 이유가 있다는 착각

　28세인 알렉스는 영화 회사 간부였다. 그가 제작을 주도한 영화들은 엄청난 상업적 성공을 거둬 회사에 막대한 수익을 안겨주었고, 평단에서 연이어 호평받았다. 그는 회사 역사상 전례 없는 성과를 거둔 인재였다. 이런 지위 때문에 회사 직원들은 그의 이상한 행동을 말없이 꾹 참았다. 사실 '이상하다'기보다 매우 불쾌한 행동이었다. 알렉스는 아침마다 부하 직원 책상에 놓인 신문을 가지고 화장실에 들어가 30분쯤 있다가 나왔다. 그러고는 신문이 더러워졌을지 모른다는 점은 아랑곳하지 않은 채 부하 책상 위에 아무렇게나 툭 던져놓았다. 또 그는 프렌치프라이든 닭 가슴 살이든 모든 음식을 손가락에 잔뜩 묻히고 먹는 역겨운 습관이 있었다. 손가락에 묻은 소스를 쪽쪽 핥아 먹고는 누군가 방에 들어오면 그 손으로 악수를 했다.
　시간이 흐르며 알렉스 덕분에 회사가 올리는 수익이 계속 늘어나자 눈살을 찌푸리게 하는 행동이 더욱 심해졌다. 그의 고약한 행동은 한두 가지가 아니었다. 식당에 가면 거만한 태도로 지위를 뽐내며 가장 좋은 자리를 요구했고, 씻지도 않은 채 회의에 참석했으며, 동료들의 의견을 '멍청한 생각'이라며 단칼에 무시했다.

알렉스를 그렇게 만든 원인은 무엇일까? 성공해서 높은 위치에 오른 사람이 흔히 그렇듯, 그는 자신이 '탁월'하므로 '예외적'이라는 착각에 빠졌다.

탁월하다는 것은 뛰어난 성과를 낸다는 뜻이고, 당연히 알렉스는 탁월한 인재였다. **그러나 자신이 예외적이라는 생각은 일반적 규칙이 자신에게는 해당하지 않는다고 믿는 것이다.** 알렉스의 경우 그것은 기본적 위생과 예의에 관한 규칙이었다. 자신은 예외적 존재라는 잘못된 믿음에 빠진 많은 리더가 공금 횡령이나 비윤리적 행위로 신문 헤드라인을 장식하고 부하에게 고압적인 최후통첩을 하거나 안하무인으로 고함을 지른다. 내가 일일이 나열하지 않더라도 인터넷에서 잘못 처신한 CEO를 찾아보면 수많은 사례가 나올 것이다.

나는 알렉스의 이와 같은 행동에 대해 들은 지 얼마 지나지 않아 그와 연락이 끊겼다. 하지만 보통 그런 행동이 처음엔 사소하게 시작돼도 금세 걷잡을 수 없이 더 심각한 불법 행위나 못된 행동으로 악화된다는 걸 감안하면, 언젠가 그가 끔찍한 곤경에 처했다는 소식이 들려와도 놀랍지 않을 것이다.

'나는 예외다'라는 생각의 중심에는 특권 의식이 자리 잡고 있다. 내가 말하는 특권 의식이란 원하는 게 있으면 무조건 떼를 써서 얻어내는 부잣집 응석받이 소녀인 〈찰리와 초콜릿 공장〉의 버루카 솔트 같은 태도가 아니라, '내가 노력해서 이만큼 왔으니 특별한 대우를 받아야 마땅하다'고 믿는 사고방식을 뜻한다.

어떤 분야든 높은 자리에 올라가기까지는 어느 정도 희생과 타협이 필요하다. 내가 25년간 경영자 코치 생활을 하며 만난 고객 중 일 때문에 자녀의 야구 경기에 가는 것을 포기하거나, 급한 업무 때문에 휴가 일정을 줄이거나, 중요한 프로젝트를 위해 잠을 줄여본 경험이 없는 사람은 단 한 명도 없었다. 물론 금전적 보상은 그런 희생을 상당히 보상해준다. 하지만 그것이 완벽한 보상이 될까? 그렇지 않을 때가 많다. 그리고 곧 설명하겠지만 알게 모르게 조직의 시스템 전체가 누군가의 특권 의식을 존속시키는 공범이 된다. 우리가 실제로 받는 보상과 스스로 마땅히 받아야 한다고 느끼는 보상의 차이는 특권 의식을 키우는 촉진제가 된다.

지위 높은 사람은 칭송과 인정, 특전에 둘러싸여 정확한 자아 인식과 판단력을 잃기 쉽다. 주변에서 그들에게 보여주는 존경과 관심, 특별대우는 그들에게 당연히 특권을 누려도 된다는 메시지를 전달한다. "당신은 정말 대단해요. 그러니 이 쿠키를 드세요!" 그들이 더 많은 쿠키를 향해 손을 뻗는 동안 내면의 윤리적 기준은 삐딱해진다. 게다가 물론 높은 지위 때문에 어느 누구도 그들이 공정한 양보다 더 많은 쿠키를 가져가도 뭐라고 하지 못한다. 설령 누군가가 지적한다 해도 그들의 마음속에는 '하지만…'이라는 정당화가 자리 잡고 있어서 그 말을 무시할 것이다.

쿠키 가져가기는 보통 작은 것부터 시작된다. 프로젝트를 성공적으로 끝낸 뒤 '내 노력의 대가야' 또는 '나한테 이 정도 근사한 보상은 해줄 만해'라고 생각하며 회사 경비로 평소보다 조금 더 좋은 식당에 가거나 고급 와인을 한 잔 더 마신다. 이해할 만한 일이다. 책무가 커질수록 견뎌야 하는 중압감도 커지니까 말이다. 그리고 더 높은 자리에 올라가면 더 많은 희생이 필요해진다. 그러다 어느 시점이 되면 저울의 균형을 맞추고 싶어진다. 고급 와인 한 잔을 추가하던 당신은 이제 출장을 가서 업무 일정이 끝난 뒤 회사 경비로 고급 호텔에서 며칠 더 묵는다. 그것이 개인적 희생, 즉 지난달에 일 때문에 아내의 생일을 함께 보내지 못한 것에 대한 마땅한 보상이라고 착각하면서 말이다.

특권 의식을 지닌 개인의 마음가짐만 문제인 것도 아니다. 특권 의식은 주변 사람들과 조직에 의해 강화된다. 높은 자리로 올라갈수록 회사에서 더 많은 특별 보상을 받기 때문이다. 우리는 전망 좋은 고층의 근사한 방을 사용하고, 잘나가는 고객을 만날 수 있는 회원제 고급 클럽에 들어갈 자격을 얻으며, 대폭 인상된 연봉이나 두둑한 보너스를 받는다. 우리는 특별함이라는 망토를 온몸에 두르고 편안히 앉아 자신의 지위를 만끽한다. 그리고 우리가 위험한 함정에 빠졌음을 초반에 알아챈 일부 부하 직원들이 침묵하는 동안 권력 간극은 더 크게 벌어진다.

물론 노력이 가져다준 보상과 열매를 즐기는 것은 중요하다. 그렇지 않다면 그토록 열심히 일할 이유가 없지 않겠는가? 그러나 자신이 거둔 열매를 즐기는 것과 다른 이들의 나무에서 열매를 빼앗아 오는 것은 구분해야 한다.

조직 심리학자 메레테 베델베델스보르Merete Wedell-Wedellsborg는 다음 세 가지가 리더의 비윤리적 행동이 나타날 가능성을 높인다고 말한다.

- **절대 권력을 쥐고 있다는 착각:** 리더가 자신에게 그 누구보다 또는 무엇보다(규칙보다도) 큰 힘이 있다고 믿는다.
- **무감각해진 직원들:** 상사의 행동이 약간 이상한 정도에서 매우 부적절한 지경까지 서서히 악화되는 동안 직원들이 그런 상사에게 익숙해진다.
- **나름의 이유가 있는 외면:** 직원들이 자기 보호에 급급하다. 상사의 공금 유용을 나서서 지적해 불이익을 당하고 싶은 사람이 어디 있겠는가?

나는 비윤리적 행동을 하는 리더를 옹호할 생각이 결코 없다. 당연히 그들에게는 책임이 있다. 그러나 오로지 그들에게만 책임을 묻는 것이 옳은지도 생각해볼 필요가 있다. 사실 그들을 둘러싼 시스템 전체가 공범이라는 얘기다. 하버드대학교 교수 로널드 하이페츠와 마티 린스키는 고장 난 시스템처럼 보이는 것이 사실은 공모 시스템이라고 말한다. 그런 시스템이 계속 존재하며 돌아가는 것은 그 안에 있는 모든 사람의 이익이나 목적에 어떤 식으로든 기여하기 때문이다. 그렇지 않다면 당연히 바뀌었을 것이다.

시스템 전체가 공범이라는 것은 무슨 뜻일까? 리더가 탁월한 성과를 내는 한, 팀원들은 그가 무례하거나 부적절한 농담을 해도 못 들은 척하고 커피가 미지근하다는 이유로 부하를 심하게 혼내도 못 본 척한다. 회사 측에서는 그런 리더를 경영자 교육 프로그램에 참여시키거나 소통 전문가에게 상담을 받게 해서 문제가 해결되길 기대한다. 또는 적어도 문제를 해결하기 위해 노력했다는 인상을 줄 수 있다.

많은 기업이 겉으로 보이는 화려한 성과만 중요시할 뿐 그 뒤에 숨겨진 불편한 진실은 마주하려 하지 않는다. 게다가 잘나가는 상사 주변에는 '예스맨'이 모여드는 탓에 진실을 말하며 쓴소리를 해줄 사람을 접할 기회가 줄어든다. 그 결과 그런 상사는 '좋은 리더 또는 나쁜 리더'로만 나누는 단순한 이분법적 시각에 빠진다. 늘 달콤한 칭송과 아부에 둘러싸여 '다들 나더러 좋은 리더라고 하잖아. 그러니 나는 좋은 리더야'라고 믿는다. 그리고 그것을 어떤 말이나 행동을 해도 괜찮다는 의미로 받아들인다. '상관'이 되는 것을 '우월하다'라는 말과 동의어라고 착각한다. 스스로 만든 긍정적 자기 이미지를 내면화해, 자신은 남들보다 뛰어나고 아무도 건드릴 수 없는 존재라고 믿는다.

다시 말해 어떤 경우라도 '하지만…'이라는 말로 자신의 행동을 정당화할 수 있다고 믿는다.

당신이 이 함정에 빠지기 직전이거나 이미 빠졌다는 사실을 기꺼이 직시하거나 인정하는 데는 용기와 겸손함이 필요하다. 그 사실을 알려주는 대표적인 신호는 다음과 같이 생각하는 것이다.

- 나는 열심히 일했으니까 이걸 누릴 자격이 있어.
- 높은 자리에 있는 아무개가 그랬으니까 나도 이렇게 해도 괜찮아.
- 나는 바빠서 (출장 때 쓴 경비의 영수증을 전부 챙길/사람들이 어떻게 생각하는지 신경 쓸/세세한 사항까지 고려할/줄을 서서 기다릴) 시간이 없어.
- 일 때문에 아들의 축구 경기에 한 번도 가지 못했어. 그 정도로 희생했으니까 회사에서 나한테 이 정도는 해줘야지.
- 이 회사에서 나만큼 열심히 일한 사람은 없어.

이런 생각은 '나는 예외다'라는 행동 방식을 만들어내며, 그 영향은 해당 행동이 이뤄진 순간과 당사자에만 그치는 것이 아니라 일터 전체를 오염시킨다. 당신의 샌드위치에 마요네즈가 빠졌다며 모두가 보는 앞에서 부하를 사정없이 질책하면 혼나는 직원의 자존감만 무너지는 것이 아니라, 다른 직원들에게 당신이 부하를 어떻게 여기는지 보여주게 된다. 존중받지 못하는 살벌한 분위기에서 일하고 싶은 사람은 없다. 또 당신이 그런 식으로 행동하면 팀의 생산성이 떨어진다. 직원들이 감정이 상해 일에 집중하지 못하고 자기 보호에 급급해지기 때문이다.

아무리 실력이 뛰어나고 일을 잘해도 예의와 윤리에 대한 기본 규칙을 무시할 권리는 없다. 뛰어난 리더의 위치를 유지하는 동시에 '나는 예외다'라는 사고방식에서 벗어날 방법은 있다. 그래야 지위와 권력에 취해 어리석은 행동을 하면서 정작 자신은 인지하지 못하는 비극을 막을 수 있다. 아무도 당신에게 진실을 말해주지 않을 가능성이 높으므로 너무 늦게야 잘못을 깨닫고 후회하기 십상이다. 따라서 당신 스스로 점검해야 한다. 먼저 다음에 소개하는 '피드백 요청하기'를 활용해보라. 다른 이들의 도움을 받음으로써 특권 의식에 빠진 '문제적 상사'가 되는 것을 피할 수 있다.

Coach's Note

좋은 의도는 중요하지 않다

나는 못된 행동을 해놓고선 자신은 좋은 의도였다고 강변하는 상사를 수도 없이 봤다. 하지만 의도는 중요하지 않다. 행동이 중요하다. 팀장인 당신에게 좋은 의도가 있다고 치자. 그렇다면 그 의도는 마음 속에만 간직하고 사람들에게는 '행동으로' 보여주는 편이 낫다. 머릿속 우선순위를 실제 일과표의 항목에 포함시켜야 의미가 있듯 우리의 의도도 행동으로 옮겨야만 의미가 있다.

피드백 요청하기:
제일 먼저 리더의 행동을 점검하라

다음과 같은 경우에 이 도구를 사용하라.

- 당신과 부하 직원들 사이에 문제가 있는 것 같은데 정확히 뭔지 모르겠다.
- 당신 의견에 대해 부하 직원들이 자기 생각을 밝히지도, 반발하지도 않는다.
- 사람들이 자꾸 문제나 질문을 들고 찾아온다.
- 성과를 높이기 위해 업무 스타일에서 어떤 부분을 바꾸거나 개선하는 게 좋을지 잘 모르겠다.

어느 지점에서 문제적 상사가 될 소지가 있는지 알아볼 가장 좋은 방법은 직원에게 물어보는 것이다. 하지만 대다수는 위험을 무릅쓰고 윗사람에게 진실을 말하길 꺼리므로, 불쑥 찾아가 "내 리더십 스타일에 대해 어떻게 생각하나?"라고 묻고서 솔직한 피드백을 기대하기는 힘들다. 그런 단순한 접근법 이상의 노력과 기술이 필요하다는 의미다.

"나는 피드백에 열려 있어" 또는 "자네 생각을 자유롭게 말해보게"라고 말하는 것만으로는 직원의 솔직한 의견을 얻어내기 어렵다. 아마 당신에게 돌아오는 대답은 "훌륭한 팀장님이십니다" 또는 침묵뿐일 것이다. 10장에서 자세히 살펴보겠지만, 그런 반응이 나오는 것은 우리 안에 있는 보이지 않는 욕구 때문이다(적어도 우리 자신은 그 욕구를 인지하지 못한다). 아랫사람은 윗사람에게 피드백을 줄 때 윗사람의 욕구 시그널을 매우 민감하게 알아채기 때문에 그 욕구를 채워주는 이상의 피드백은 주지 않는다. 예를 들어 내 고객 쿠인은 칭송받고 싶은 욕구가 몹시 강해서 부하들이 늘 그녀를 추켜세우며 듣기 좋은 말만 했다. 그러니 자연히 리더십에서 부족한 점에 대한 의미 있는 피드백을 전혀 받지 못했다.

피드백 요청하기는 당신이 미처 보지 못하는 사각지대를 비추고 권력 간극을 극복하는 데 효과적인 수단이다. 그 간극을 좁혀 부하들과 더 긴밀히 연결되면 잃는 것보다 얻는 것이 더 많다. 하지만 피드백 '요청하기'가 끝이 아니다. 그것은 이 도구의 절반에 불과하다. 나머지 절반은 피드백에 당신이 어떻게 반응하느냐다. 당신은 비판적 피드백을 받아들이고 속 편한 무지함이라는 보호벽 바깥으로 기꺼이 나올 것인가?

솔직한 피드백을 받아들이는 것은 취약함을 드러내고 인정한다는 의미다. 약점을 기꺼이 인정하고 더 성장하겠다는 의지를 표명하는 것이다. 이런 태도는 리더의 성공을 뒷받침하는 초석이며, 새로운 문제 앞에서 전략적으로 사고하는 능력을 키우는 데도 도움이 된다. 경영 컨설팅 회사 콘 페리 Korn Ferry의 연구 보고서에 따르면, 늘 호기심을 갖고 열린 마인드를 유지하며 실수를 기꺼이 인정하는 사람들이 익숙하지 않은 새로운 도전 과제를 만났을 때 가장 효과적으로 헤쳐나갔다. 또 이런 태도를 지닌 기업 임원은 그렇지 않은 이들보다 25퍼센트 더 높은 이윤을 창출했다.

실행 방법

이 도구는 두 부분으로 구성된다. 첫 번째는 다음의 접근법 중 하나를 이용해 피드백을 요청하는 것이다. 두 번째는 피드백을 받아들이는 것이다. 훌륭한 리더가 되고 싶다면 피드백에 대한 마음가짐을 바꿔야 한다.

1. 피드백 요청하기

다음은 유용한 피드백을 얻는 데 도움을 주는 전략이다.

접근법 1: 구체적으로 요청한다

어떻게 요청하느냐에 따라 당신이 받는 피드백의 질이 달라진다. 모호하고 일반적인 표현으로 질문하면 그들은 당신이 듣고 싶어 할 것 같은 대답을 할 가능성이 크다. 대신 구체적인 대답이 나오도록 질문하라. 예를 들어 "내 리더십이 어때요?"라고 묻지 말고 "내 행동 중에 더 자주 하거나 줄이면 당신 업무에 도움이 될 것 같은 한 가지를 말해주겠어요?"라고 물어라. '한 가지'를 말해달라고 하면 간단한 요청이라 듣는 쪽에서 느끼는 부담도 적다. 하지만 이 방법이 모든 질문에 효과가 있는 것은 아니다. "내 단점을 한 가지 말해줄래요?"라고 말할 경우 상대방은 몹시 불편해하며 얼마나 솔직하게 답해야 할지 머릿속이 복잡해진다. 대신 이렇게 물어라. "내가 더 좋은 리더가 되는 데 필요한 한 가지가 무엇일까요? 내 행동 중에 어떤 것을 더 자주 하거나 줄이면 '당신'이 더 좋은 직원이 될 수 있을까요?"

부하 직원을 난처하게 하지 않도록 주의하라. 기습 질문을 던질 경우 그들은 진부하고 뻔한(따라서 별 쓸모없는) 대답을 하거나, 순간적으로 편도체의 납치가 일어나 얼어붙은 채 당신을 기쁘게 할 대답을 찾는다. 평소 자기 생각을 조리 있게 잘 표현하는 사람이라도 피드백을 구하는 질문에는 생각할 시간이 필요하다. 회의를 시작하기 전에 미리 질문을 제시한 뒤 회의 자리에서 함께 이야기를 나누는 것이 좋다. 또는 일대일 면담 때 질문을 한 뒤 다음번에 만날 때 대답해달라고 하라. 피드백 요청을 정기적 습관으로 만드는 것도 좋은 방법이다. 그러면 직원이 일대일 면담 때 당연히 상사가 그 질문을 던지리라 예상하고 미리 준비할 수 있다. 그들도 거기에 익숙해져 스트레스를 받지 않고 평범한 루틴으로 느낄 것이다.

접근법 2: 숫자로 표현한다

앞에서 언급한 '숫자로 표현하기'를 여기서도 활용할 수 있다. 숫자로 표현하면 피드백을 주는 사람 입장에서 더 쉽게 느끼는 경우가 많다. 직원에게 당신의 리더십 성과(일반적으로든 특정한 프로젝트에 관해서든)를 1~10점으로 표현해달라고 요청하라. 만일 그들이 7점이라고 대답하면 이런 식으로 후속 질문을 한다. "7점에서 8점으로 올리려면 내가 어떻게 해야 좋을까요?"

접근법 3: 제3자의 관점으로 바꾼다

직원이 솔직하게 말하기를 주저하는 것 같다면 제3자가 피드백을 주는 상황을 가정하게 하라. 예를 들어 이렇게 묻는다. "굉장히 비판적인 사람이라면 어떻게 말할 것 같나요?" 그러면 직원은 자기 생각을 말하는 것이 아니라 전혀 모르는 타인의 관점을 대변하는 셈이므로 부담감을 훨씬 덜 느낀다.

2. 피드백 받아들이기

이것이 가장 어려운 부분이다. 당신은 그들의 대답을 경청해야 한다. '최대한 열심히' 귀 기울여라. 내 동료 마크 옐Mark Yeoell이 말했듯 화자가 말하는 내용의 질은 청자가 듣는 태도의 질에 따라 달라진다. 영양가 높은 피드백을 얻고 싶다면 상대방에게 집중하며 정성껏 들어야 한다.

내가 만나본 모든 성공한 CEO가 공통적으로 보인 특성을 한 가지 꼽는다면, 눈앞에 있는 상대방에게 완벽히 집중한다는 점이다. 그런 태도는 적극적 보디랭귀지와 눈 맞춤은 물론이거니와 질문 수준, 상대방의 말에 반응하거나 응수하는 방식, 상대방 말을 이해한 뒤 다시 표현하는 방식에서 느낄 수 있다.

빌 게이츠는 그런 면에서 누구보다 뛰어났다. 그는 상대방의 이야기를 집중해서 들은 뒤 그 말에 집중했을 때만 던질 수 있는 질문을 했다. 그는 특정 주제를 제대로 이해하기 위해 단순히 피상적 차원에 머물지 않고 끝까지 파고드는 대화 스타일로 유명했다.

누구나 빠르고 쉬운 지름길을 원한다. 그러나 값진 피드백을 얻는 열쇠는 속도를 조금 줄이고 상대방에게 집중하며 차분히 경청하는 것이다. 간단한 것 같으면서도 어려운 일이다. 현재 눈앞에 있는 상대방에게 집중하는 사람은 전자 기기를 손에서 내려놓고, 멀티태스킹을 하지 않고, 계속 눈을 맞추고, 필요한 경우 상대가 한 말을 다른 표현으로 바꿔 확인하고, 후속 질문을 던져 상대방이 말하는 주제로 더 깊이 들어간다.

그래야 당신이 원하는 조언과 통찰력을 얻을 수 있다. 또 권력 간극을 뛰어넘어 팀원의 기량을 최대한 이끌어내는 리더로서 그들과 진정으로 협력하는 분위기를 조성할 수 있다.

> **Coach's Note**
> **일상에서 피드백 요청하기 훈련법**
>
> • 직원들 앞에서 말한 뒤 또는 누군가와 대화한 뒤 이 점을 생각해보라. '이 대화와 관련해 그들이 내게 피드백 한 가지를 준다면 어떤 것일까?'
> • 하루를 되돌아보며 당신 자신에게 피드백을 줘라. '내가 오늘 잘한 일 한 가지는 무엇인가? 훨씬 더 나은 하루를 위해 할 수도 있었는데 하지 않은 한 가지가 무엇인가?'

YOU'RE THE BOSS

제4부
압박감으로부터 멘탈을 지켜라

9장

감정을 자극하는
방아쇠를 찾아라

한 가지 말해둘 것이 있다. 내가 말하는 '압박'은 '스트레스'와 다르다. 스트레스는 압박에 대한 반응으로 당신 내면에서 경험하는 것이며, 종종 신체적 증상으로도 나타난다. 일부 전문가는 스트레스를 받으면 집중력이 높아지므로 스트레스가 이롭다고 하지만, 스트레스를 받는 상태가 장기간 지속되면 체내에 스트레스 호르몬인 코르티솔 수치가 높아져 판단력을 해치고 각종 건강 문제를 야기한다. 하지만 압박은 외부 요인이다. 그것은 외부에서 당신에게 온 뒤 행동 및 감정 반응으로 변형된다. 휴가를 더 자주 가거나 당신의 권한을 줄이는 것은 궁극적 해결책이 되지 못한다. 당신은 자신을 압박하는 요인에 대한 반응을 생산적으로 조절하는 법을 찾아야 한다.

지금부터는 내 고객들이 가장 흔하게 빠진 압박감의 함정을 소개한다. 당신의 현재 행동 방식을 관찰하면서 이들 함정이 언제, 어디서 나타나는지 판단하고 그것을 피하게 해주는 구체적인 도구를 알아보자.

"큰일 났어요."

베니타의 목소리에서 상황의 심각성이 느껴졌다. 그녀는 열정과 에너지라면 누구에게도 뒤지지 않는 씩씩한 커리어 우먼이었다. 2년 전 한 행사에서 처음 만난 그녀는 로비스트였는데, 업계에서 불가능해 보이는 일을 성사시키는 용맹한 여전사로 유명했다. 그녀는 전략가답게 혹시 필요할 경우를 대비해 내 번호를 소중한 연락처 목록에 잊지 않고 저장했다. 그녀는 전국적으로 유명한 비영리단체의 첫 여성 대표가 된 지 석 달쯤 됐을 때 공황 상태에 빠져 내게 연락했다.

"직원들이 단체로 파업하겠다고 난리예요. 저를 더는 못 참겠대요. 도대체 뭐가 문제인지 모르겠어요."

이사회에서는 베니타가 조직을 운영하는 방식에 매우 만족했기 때문에 그녀를 다시 정상 궤도로 올려놓기 위해 노력했다. 고작 3개월 만에 대표가 교체될 경우 단체의 대외 이미지가 큰 타격을 입을 것도 문제였다. 이사회는 내게 베니타와 면담을 하고 360도 평가를 진행해 그녀에게 피드백을 전달해달라고 의뢰했다. 나는 이틀에 걸쳐 직속 부하, 이사회 멤버, 다양한 직원에 이르기까지 베니타 주변에 있는 모든 사람을 인터뷰했다. 그리고 베니타와 저녁 식사를 하면서 결과를 들려주었다.

우선 긍정적인 면은 다들 하나같이 그녀의 추진력과 에너지를 인정한다는 사실이었다. 그들은 베니타가 구성원에게 비전을 불어넣고 남다른 끈기로 조직의 내부 시스템을 석 달 만에 변화시켰다고 인정했다. 평범한 사람 같으면 3년은 족히 걸릴 일이었다. 또 업계에서 알아주는 마당발이라 기부금을 연이어 유치한 덕분에 조직의 수입을 크게 높이는 데 기여했다. 하지만 그녀에 대한 맹렬한 비판이 한두 건이 아니었다. 직원의 의견을 묵살하고, 자주 이성을 잃고 노발대발하며, 공감 능력이 형편없고, 일의 내용이나 진행 방식에서 자기 생각만 옳다고 믿는다는 것이었다. 직원들의 반감은 심각한 수준이었다. 그녀 말대로 '정말로' 큰일 난 상태였다.

나는 베니타와 비슷한 리더를 수없이 봐왔다. 그들은 자신이 존경받는 훌륭한 리더가 되지 못하는 이유를 전혀 모르거나, 피상적으로만 알 뿐 문제의 심각성을 느끼지 못한다. 자신이 직원들 눈에 얼마나 고약한 상사로 비치는지 모른다. 그들은 내 앞에서 어깨를 으쓱해 보이며 말한다. "그래요, 제가 성질이 좀 급한 건/공격적으로 말하는 건/경청하는 자세가 부족한 건 저도 알아요." 하지만 그들은 부하 직원이 그들의 방에 들어가기 전에 극도의 스트레스를 느낀다는 사실을 모른다. 그리고 직원의 실력이나 헌신이 부족하다며 답답해하고, 실제로 상사가 되고 보니 자신이 상상했던 성취감이나 보람을 느끼기 힘들다고 낙담한다. 그들은 그런 상황을 초래하는 근본적인 심리적 이유를 깨닫지 못한다.

앞에서도 설명했듯 문제의 핵심은 이것이다. 아무리 똑똑하고 좋은 의도를 지닌 상사라도 압박감을 제대로 관리하지 못할 경우 그것이 그들의 행동을 나쁜 쪽으로 끌고 가며, 그들 자신과 부하의 에너지를 갉아먹는 부적절한 반응과 분노를 이끌어낸다. 여기서 중요한 말은 '제대로 관리하지 못할 경우'다.

높은 위치에 있는 사람은 압박감을 피할 수 없다. 글로벌 대기업을 이끄는 리더든 지역 푸드 뱅크를 운영하는 책임자든 사방에서 오는 압박 요인과 싸워야 한다. 다시 말해 조직의 목표를 실현하기 위해 애쓰고, 시간과 자원 부족 문제를 해결하고, 여러 이해관계자의 기대를 충족시키고, 이런저런 요구를 처리하고, 적절한 인재를 확보해 유지하고, 결과물의 기대치를 낮추지 않으면서 구성원이 사기를 잃지 않도록 동기를 부여하고, 위기나 혼란을 관리해야 한다. 그와 동시에 조직의 미래 전략과 성장 방안도 늘 생각해야 한다. 설령 조직 전체를 이끄는 리더가 아닐지라도 맡는 책무가 늘어나면 압박도 커지기 마련이다.

높은 자리에 올라갈수록 압박은 커진다. 그런 상태에서 부하 직원들을 흔들림 없이 이끌려면 압박감에 대한 당신의 반응을 관리할 줄 알아야 한다. 늘 누군가는 어떤 식으로든 당신의 기대에 못 미치기 마련이다. 당연히 확보했다고 믿었던 자원이 순식간에 사라지기도 한다. 직원들은 어김없이 실수를 하고, 동료들은 갖가지 행동으로 당신을 열받게 한다. 때로는 신경 쓰거나 대응해야 할 것이 너무 많아서 복제 인간이라도 한 명 만들고 싶은 마음이 간절할 것이다. 이것들은 당신의 통제 범위 밖에서 일어나는 일이다.

그런 온갖 압박 요인에 둘러싸일 때 내면에서 일어나는 감정도 다스리기가 쉽지만은 않다. 인간인 당신은 당연히 특정한 상황이나 사건 앞에서 감정이 일어날 수밖에 없다. 그러나 당신의 통제 범위 안에 있는 변수가 있다. 바로 거기에 반응하는 방식이다. 물론 당신은 화가 나거나, 목표치를 달성하지 못할까 봐 불안하거나, 당황스러울 것이다. 이해한다. 충분히 그럴 수 있다. 그런 감정이 내면에서 솟구쳐 올라올 때 당신은 냉정함을 유지하는가 아니면 (의식한 채로 또는 자신도 모르게) 악마 같은 상사로 돌변하는가?

바로 그럴 때 자기 조절 능력이 필요하다.

일터에서든 개인적 삶에서든 외부에서 가해지는 압박에 대한 내면의 반응을 조절할 줄 아는 능력은 대단히 중요하다. 특정한 감정을 느끼는 것은 이상한 일도, 잘못된 일도 아니다. 다만 그 감정을 느끼는 이유를 깨달으면, 편도체 과열로 인한 투쟁-도피 모드에서 빠져나와 이성적이고 생산적인 사고 모드로 돌아가는 데 도움이 된다. 그러면 부족한 직원에게 호통과 질책을 쏟아내 성과와 사기를 떨어뜨리는 대신 단호하되 존중심을 잃지 않는 태도로 그들을 대하며 더 나은 결과를 내도록 이끌 수 있다. 또 불만을 터뜨리는 고객을 진정시키고, 실패한 거

래가 주는 좌절감에 함몰되지 않고 다음 기회를 도모하며, 자원 부족을 상쇄하기 위한 대안을 모색할 수 있다. 당신은 충분히 할 수 있다.

4부에서는 평정심과 이성적 판단력을 갖추고 그런 외부 요인에 대응하는 것을 어렵게 만드는 심리적 패턴을 알아본다. 즉 압박감이 불러오는 함정이다. 이 함정을 간과하거나 방치한다면 당신이 압박감에 짓눌릴 때 괴물로 변할 가능성이 커진다. 바로 그때 뇌에서 편도체의 납치가 일어나고 내면의 하이드가 튀어나와 행동을 망친다.

이 하이드는 대개 다음 셋 중 하나의 특성을 나타낸다.

1. 상황이나 다른 사람을 통제하고 장악한다(“남들이 실수하는 걸 두고 볼 수가 없어. 내가 직접 하고 말지”).
2. 남을 비난하고 책임을 전가한다(“이건 '당신' 탓이야. 당신이 이 일을 망쳤어”).
3. 자신만 옳다는 태도를 보인다(“미안한데, 사실은 하나도 안 미안해. 이게 원래 내 방식이야”).

감정이 과열되고 편도체가 과잉 활성화된 상태에서는 평소 대인 관계 기술이 뛰어난 사람도 위와 같이 행동하기 쉽다. 앞에서 소개한 베니타의 리더십을 망친 것도 결국 압박감이었다. 베니타는 갑작스럽게 상황이 변동되어 마감일이 앞당겨지자 직원에게 '어린애처럼 불평할 생각 하지 말고' 주말 동안 보고서를 완성해 가져오라고 강압적으로 명령한 적도 있었다.

관리하지 못한 압박감은 전염성이 있어 바이러스처럼 퍼진다. 부하들에게는 상사인 당신이 그들이 느끼는 압박감의 주원인이라는 사실을 생각해보라. 그러니 당신이 압박감을 관리하는 능력은 그들에게 직접 영향을 미칠 수밖에 없다. 당신이 폭발하면 부하들의 편도체가 과잉 활성화되어 투쟁-도피 반응이 일어나고, 그러면 업무 생산성이 떨어져 그들의 심리적 건강도 손상될 수 있으며, 이는 다시 부메랑처럼 돌아와 당신의 압박감이 더 늘어난다.

나는 세상의 하이드들에게 이렇게 말해주고 싶다. 당신들은 뛰어난 실력으로 회사에 크게 기여하고 있을지 모른다. 하지만 만일 압박감을 감정 과잉의 형태로 부하들에게 쏟아내는 대신 자신을 현명하게 관리한다면 얼마나 '더 크게' 기여할 수 있을지 생각해보라. 아무리 노력해도 직원의 사기가 오르지 않는다며 불만을 토로하는 리더를 코칭하며 관찰해보면 문제의 근본 원인이 그들 자신의 행동인 경우가 비일비재하다.

가중되는 압박은 당신의 장점이나 가장 중요한 능력도 망쳐놓는다. 예를 들어 당신이 잠재 고객을 상대로 피칭하는 능력이 뛰어나다고 치자. 압박감에 짓눌려 사고력이 흐릿해지면 그런 피칭 실력도 온데간데없어질 수 있다. 즉 당신이 생각하는 결론만 유일한 답이라 믿으며 혼자만 떠들고, 상대방이 무엇을 아는지 파악할 생각을 하지 못하고, 끊임없이 과거 실적을 들먹이고, 뻔한 이야기를 대단히 값진 조언처럼 제시하는 것이다.

제대로 관리하지 못한 압박감은 우리가 예상하지 못한 방향으로도 영향을 미친다. 많은 이들이 집에 돌아가 스트레스를 가족에게 쏟아내는 바람에 가정생활에 균열이 생긴다. 자녀에게 브로콜리를 먹지 않는다고 고함을 지른다. 그들의 마음속 분노는 브로콜리와 아무 상관이 없음에도 말이다. 어떤 이들은 압박감 탓에 결국 몸이 망가진다. 심혈관계에 문제가 생기거나 알코올 또는 약물에 중독되는 것이다. 또 어떤 이들은 자기 조절 능력이 부족해 비도덕적 본능을 억제하지 못해 선을 넘는 부적절한 행동을 한다.

아마 지금쯤 당신 마음속에 '하지만…'이라는 자기방어적 외침이 올라오고 있을 것이다. '하지만 진부하고 뻔한 조언이야', '하지만 그럴 시간이 어디 있어?', '하지만 강한 자가 승리하는 법이야. 압박감 따위는 그냥 견딜 줄 알아야 해', '하지만 난 지금껏 힘들어도 늘 견뎌왔어. 이대로 계속하면 돼' 같은 생각 때문에 수많은 경영자가 곤경에 빠진다. 나 역시 마찬가지다.

2007년은 내게 정말 힘든 해였다. 당시 나는 조직에서 독립해 경영자 코치로 일한 지 1년 반쯤 되었고, 집에는 유치원생 아이와 막 걷기 시작한 아기가 있었다. 또 우리 집에서 유일하게 돈을 버는 사람이었으며, 알츠하이머병으로 요양원에 계신 어머니도 돌봐야 했다. 당시 내가 느끼는 압박감은 엄청났다.

평소와 다름없는 10월의 어느 흐린 날, 고객을 만나러 나가려고 준비하는데 머리가 핑 돌았다. 밥을 안 먹어서 그런 것 같아 얼른 아침을 챙겨 먹고 잠시 가만히 앉아 있으니 괜찮아져서 집을 나섰다. 하지만 몸 상태가 아무래도 이상했다. 차를 몰고 귀가하는 도중에 구역질이 심하게 올라와 황급히 차를 세우고 속에 있는 것을 전부 게워냈다. 간신히 집에 도착한 뒤 빙빙 도는 머리 탓에 종일 침대에 누워 있었다.

그것은 고통스러운 만성 현기증이 처음 나타난 날이었다. 처음 몇 년간은 일단 어지럼증이 일어나면 너무 심해서 방 안이 빙빙 도는 탓에 걷거나 말을 하거나 눈을 뜰 수조차 없었으며 구토 증세가 꼭 뒤따랐다. 정신없이 달려온 내게 스위치를 끄고 쉬라고 몸이 보내는 신호 같았다.

내 경우 현기증은 스트레스에 대한 예측 가능한 반응이었다. 심한 스트레스를 겪고 나면 어김없이 현기증이 찾아왔다. 세상을 떠난 사랑하는 반려견 브리오의 축 처진 몸이 우리 집 밖으로 나갈 때, 아들 자레프가 내게 또 현기증이 날 것 같으냐고 물었다. 아니나 다를까 이틀 뒤 심한 현기증이 시작되었다.

지금도 이따금 어지럼증이 일지만 예전만큼 심하거나 횟수가 잦지는 않다. 나는 초기 신호를 알아채는 법을 터득했다. 즉 몸 상태가 안 좋은 듯한 본능적 직감이 오면서, 걸음이 약간 휘청거리고 순간적으로 눈앞이 흐릿해지며 이마에 식은땀이 살짝 나는 것이다. 이런 경고신호가 나타나면 즉시 그날 일정을 취소하고 약을 먹은 뒤 버터를 바르지 않은 구운 빵과 탄산수를 침대 옆에 준비해두고 이불 속으로 들어간다. 나는 절대 그 신호를 무시하지 않으며, 그렇게 행동하면 어지럼증이 훨씬 쉽게 사라진다.

압박감이 불러오는 함정도 이와 비슷하다. 당신을 나쁜 상사로 만드는 방아쇠가 당겨지기 '전에' 신호를 알아차리면 함정을 피할 수 있다. 다음에 소개하는 '방아쇠 찾기' 도구를 활용해 당신의 개인적 신호를 파악하라. 그러면 방아쇠가 나타나 당신의 행동을 바꾸려는 순간 내면의 하이드를 잠재울 수 있다.

방아쇠 찾기:
무엇이 당신을 자극하는지 찾아내라

이 도구를 활용하면 구체적으로 무엇이 당신을 (대개는 의도치 않게) 경로에서 이탈시켜 '나쁜 상사'의 행동 방식에 빠뜨리는지 알아낼 수 있다. 다음과 같은 경우에 이 도구를 사용하라.

- 부하를 너무 모질게 대한다는 피드백을 받는다(360도 평가에 가장 자주 등장하는 문제다).
- 화를 폭발하거나 짜증을 내거나 낙담하거나 걱정에 휩싸이거나 불안한 경우가 많다.

- 힘들거나 골치 아픈 상황을 맞닥뜨릴 때 보이는 반응을 당신 자신도 제어하기가 힘들다.
- 특정한 상황에서 필요 이상으로 심하게 부정적으로 반응한다.

실행 방법

1단계: 방아쇠를 찾아낸다

내가 겪는 현기증과 마찬가지로, 대개 편도체의 과잉 활성화는 상황적 자극 요인이 유발하고 분명한 경고신호가 동반된다. 다음 질문을 이용해 당신의 방아쇠를 찾아내라.

- 보통 어떤 상황에서 심하게 스트레스를 느끼는가? 예컨대 발표를 하거나 회의를 진행하는 것처럼 주목받는 상황, 대인 관계에서 갈등을 겪을 때, 비판적 피드백을 주거나 받아야 하는 상황, 마감일이 촉박할 때, 예상치 못한 긴급 상황에 대응할 때 심한 스트레스를 느낄 수 있다. 답이 얼른 떠오르지 않는다면, 최근에 후회되는 행동을 한 적이 있는지 생각해보고 그때 어떤 일이 있었는지 되짚어보라.
- 어떤 사람을 대할 때 강한 경계 태세를 취하게 되는가? 상사인가? 고객? 일 못하는 직원? 교묘한 사내 정치에

능한 동료? 말이 지나치게 많은 사람?

- 어떤 경우에 짜증이 치밀어 오르는가? 누군가가 당신의 말을 끊고 끼어들 때? 누군가가 거짓말을 하거나 당신을 깔보는 투로 말할 때? 누군가가 지각을 하거나 마지막 순간에 일정을 취소할 때? 다른 누군가가 당신의 공을 가로채거나 정보 흐름에서 당신을 배제할 때? 또는 기술적 문제, 비행기나 열차의 연착, 조직의 번거로운 형식적 절차처럼 사람과 관계없는 요인이 당신의 뚜껑을 열리게 할 수도 있다.

- 주중의 어떤 날 또는 어떤 정기적 일정이 특히 큰 압박감을 주는가? 예컨대 주간 회의나 일주일마다 돌아오는 마감일, 연례 회의, 연말 성과 평가, 행사 전 준비 기간 등.

- 어떨 때 일이 잘 안 되는가? 잠이 부족할 때인가? 배고플 때? 커피를 마시기 전 아침? 에너지가 떨어지는 늦은 오후?

- 방아쇠가 당겨지려 할 때 어떤 신체적 현상이 나타나는가? 분노나 두려움 등 강한 감정이 폭발하려 할 때는 대개 신체적 신호가 나타난다. 심박수가 증가하거나, 속이 뒤틀리거나, 얼굴이 붉어지거나, 귀가 빨개지거나, 이를 악물거나, 주먹을 불끈 쥐거나, 관자놀이에서 맥박이 뛰는 듯한 욱신거림을 느낀다.

2단계: 편도체 제압 전술을 구사한다

자연재해가 닥칠 경우를 대비해 가족과 안전하게 대피할 계획을 세워두듯, 위와 같은 요인이 편도체를 과잉 활성화하는 순간 어떻게 행동할지 미리 생각해둬야 한다. 편도체를 제압할 일련의 전술을 알고 있으면 투쟁-도피 모드에서 빠르게 빠져나와 이성적이고 생산적인 모드로 돌아가는 데 도움이 된다.

편도체를 진정시키는, 과학적으로 검증된 방법은 다음과 같다.

- 6초 동안 머릿속으로 약간 복잡한 계산을 하면서 이성적 기능을 담당하는 뇌 영역을 적극적으로 사용한다(예컨대 100에서 7씩 빼면서 작은 숫자로 내려간다). 이렇게 하면 원시 뇌인 편도체를 잠재우고 전전두피질(판단, 논리적 사고 등 고차원적 인지 기능을 담당)을 활성화할 수 있다.

- 작업 기억working memory 과제를 수행한다. 이 역시 고차원적 사고 과정인 뇌의 집행 기능executive functioning을 활성화한다. 미국 국립보건원의 설명에 따르면 작업 기억이란 '적은 양의 정보를 즉시 접근 가능한 형태로 저장 및 처리하는 활동'이다. 작업 기억 과제의 예는 어릴 때 살던 집 주소 떠올리기, 지난번 갔던 여행의 하루 일정 생각해보기, 좋아하는 노래의 가사 떠올리기 등이다.

- 심호흡을 천천히 다섯 번 한다. 뇌 과학 연구 결과에 따

르면 우리는 생리학적 조절을 통해 금세 정신 상태를 변화시킬 수 있다. 편도체의 납치는 호흡이 빠르고 얕아지는 생리학적 반응을 촉발하지만, 우리는 그 과정을 역으로 실행해 호흡을 바꿈으로써 심리적 진정 상태를 유도할 수 있다.

- 보스턴대학교 임상심리학자 엘런 헨드릭슨Ellen Hendriksen이 개발한 '5-4-3-2-1' 기법을 활용한다. 방법은 다음과 같다. 눈에 보이는 것 다섯 가지, 귀에 들리는 것 네 가지, 손으로 만질 수 있는 것 세 가지, 냄새 두 가지, 맛볼 수 있는 것 한 가지를 찾아본다. 신체 감각을 이용해 현재에 집중하면 마음을 진정시키는 데 도움이 된다.
- 현재 느끼는 감정을 어떤 해석이나 판단 없이 (머릿속으로 또는 글로) 표현해본다. 예를 들어 '엘런의 말을 들으니 물건을 확 집어 던지고 싶다'라고 적는다. 인지 행동 치료에서는 이렇게 감정을 기술한 뒤 그 감정을 초래한 생각이 맞는지 스스로 질문을 던지는 것을 '생각에 의문 품기'라고 부른다. 이를 통해 '진실(이 경우 당신의 생각, 즉 당신이 믿는 '진실'은 '엘런이 멍청한 말을 했다'다)'에 대한 내부자 관점에서 벗어나 보다 객관적인 관점으로 옮겨 간다.

그 밖에 당신에게 효과가 있는 나름의 방법을 써도 좋다. 내 고객 중 어떤 이들은 마음을 가라앉히려고 물을 마시거나, 사무실 주변을 한 바퀴 돌면서 열을 식힌다. 또 어떤 이들은 다음에 소개할 비올라처럼 편도체 제압 전술을 떠올리게 하는 연상법(당신이 취할 행동을 나타내는 글자로 시작되는 단어로 이루어진 문장)을 사용한다. 어떤 방법이든 괜찮지만, 중요한 것은 방아쇠가 당겨지려 할 때 곧장 사용할 수 있어야 한다는 점이다.

감정의 신호를 포착하라:
비올라의 사례

비올라는 자신에게 엄격한 스타일이었고 부하 직원에게는 훨씬 엄격했다. 그녀에 대한 360도 평가에 나타난 직원들의 가장 큰 불만은 직원에게 의견을 제안받거나 질문을 받았을 때 '쓸모없다'고 느끼면 가혹할 만큼 심하게 면박을 준다는 사실이었다. 그러다 보니 직원들은 업무 의욕이 떨어지는 것은 물론이거니와 그녀를 믿고 의견을 내기 힘들었다.

비올라는 평소 느끼는 어마어마한 압박감이 그런 식으로 자신을 폭발시킨다는 사실을 깨닫고(원래 혈압이 높은데 그럴 때면 혈압도 치솟았다) 그런 순간에 즉시 가동할 해결책을 구상했다. 먼저 자신이 어떤 상황에서 짜증이 폭발하는지, 그럴 때 동반되는 신체적 신호가 무엇인지 체크했다. 그녀가 어김없이 흥분하는 상황은 주로 다음 네 가지였다. 주간 직원 회의 때, 직원이 엉성하게 작성한 보고서나 서류를 들고 왔을 때, 직원이 문제점을 말하지 않고 있다가 일이 한참 진행되고 나서야 그것이 밝혀졌을 때, 직원이 잘 모르는 사항이 있을 때 정확히 파악한 후 다시 보고하겠다고 말하지 않고 즉석에서 둘러댈 때. 그녀의 방아쇠가 당겨지려 할 때 나타나는 신체적 신호는 안경을 벗고 눈을 문지르거나 입술을 꽉 다무는 것이었다(가끔 감정이 폭발하는 것을 참느라 입술 안쪽 살을 너무 세게 깨물어 피가 나기도 했다).

이후 그녀는 흥분한 편도체를 가라앉히고 자신이 취할 행동을 알려주는 연상법을 활용했다. 즉 위험한 순간이 오면 'Lazy Creeks Run Past Dazzling WaterFalls(느긋한 시냇물이 눈부신 폭포를 지나 흐른다)'라는 문장을 떠올린 뒤 LCRPDWF 중에서 해당 상황에 가장 적절한 방법을 택해 실천했다. LCRPDWF는 아래와 같다.

- **경청하기** Listen: 상대방의 말이 끝날 때까지 끼어들지 않고 경청한다.
- **확인하기** Confirm: 상대방이 한 말을 다른 표현으로 바꿔 확인한다.
- **맡기기** Refer: 어떤 의견이나 질문이 나왔을 때 곧장 반응하는 대신 그것의 처리를 다른 사람에게 맡긴다. 적임자인 다른 사람에게 해결할 기회를 준다.
- **준비하기** Prepare: 충분히 생각한 뒤 반응하고 곧장 반사적으로 답변하지 않는다.

- **짧게 반응하기**^{Don't respond in depth}: 그저 이렇게 말한다. "흥미로운 의견/질문이군요."
- **보류하기**^{Waffle}: "이 문제는 시간을 두고 더 생각해봐야겠어요. 괜찮은 방향인 것 같지만, 내 생각이 바뀔지도 모르겠어요."
- **피하기**^{Flee}: 실수하기 전에 피한다(나는 고객들에게 이렇게 조언한다. 야간 항공편으로 출장에서 돌아온 지 1시간 만에 끔찍한 컨디션으로 회의를 하느니 차라리 취소하는 편이 더 낫다고 말이다).

비올라는 이와 같은 전술을 몇 달간 실천한 뒤 직원 앞에서 폭발하는 일이 크게 줄었다. 그뿐 아니라 그들과의 관계가 훨씬 개선되었고 혈압도 좋아졌다.

> **Coach's Note**
> **일상에서 방아쇠 찾기 훈련법**
>
> 일과가 끝난 후 30초만 투자해 하루를 되돌아보며 감정이 과열된 순간을 기록해보라. 어떤 일 때문에 화가 치밀었는가? 그때 어떤 생각이 들었는가? 당신은 어떤 말이나 행동을 했으며 이후 어떤 일이 일어났는가? 이렇게 몇 주간 체크해보면 틀림없이 반복되는 패턴을 발견할 것이다.

10장

충족되지 못한
심리적 욕구가 나쁜 상사를 만든다

누군가가 당신을 실망시키면 그 실망감을 겉으로 표현하는가? 속마음은 거절하고 싶어도 그러지 못하고 "좋아요"라고 말하는가? 도로에서 다른 차가 진로를 방해하면 때로 성질이 폭발하는가? 동료가 당신 의견을 비판하면 마음에 상처를 입는가? 부하 직원의 성과가 기대에 못 미치면 심하게 짜증이 나거나 그 직원을 상대하기조차 싫은가?

우리는 인간이다. 그렇기에 채워지지 않은 욕구가 우리를 움직인다. 내가 말하는 것은 신체적 욕구가 아니라 강한 정서적, 심리적 욕구다. 이 내면 욕구는 우리에게 미묘하게 또는 강력하게 영향을 미치고 무의식적으로 행동을 좌우한다. 사랑받거나, 소속감을 느끼거나, 존재를 인정받거나, 칭송받고 싶은 욕구는 내면 깊이 자리하며 종종 어린 시절부터 형성된다. 상담 치료 전문가 비에나 패러온 Vienna Pharaon이 『나는 아직도 가족에게 휘둘린다』에서 자세히 파헤쳤듯, 저마다 종류와 정도는 다를지라도 누구나 성장 과정에서 가족에게 상처를 받는다. 그런 상처는 보상 심리를 작동시키고, 우리는 어릴 때 채우지 못한 욕구를 채우기 위해 특정한 방식으로 행동한다. 예컨대 남들보다 높은 성과를 내는 데 집착하거나, 사람들을 기쁘게 하려 애쓰거나, 원래 자기 모습을 숨기거나, 뭔가를 독차지하려 하거나, 특정한 상황을 피한다. 그런 상처는 남을 기쁘게 하거나, 중요한 사람이 되거나, 인정받거나, 소속되거나, 옳은 사람이 되거나, 가장 똑똑하거나 재미있는 사람이 되고 싶은 욕구를 불러일으킨다. 성장기 중 어느 시점에 누군가가 우리에게 특정한 방식으로 행동한 결과, 우리는 그런 기준에 부합해야 사랑받을 수 있다고 믿게 되며, 이는 우리의 인생관에 영향을 미친다. 결국 우리는 평생 그 욕구를 채우려 애쓴다.

어릴 때는 그런 욕구의 충족이 정서적 생존과 직결된다. 즉 양육자나 주변 어른에게 받아들여지거나, 인정받거나, 사랑받아야 정서적 안전감을 느낄 수 있다. 어른이 되면 우리는 심리적으로 더 성숙해지고 어릴 때보다 행동을 더 잘 조절할 줄 알게 되지만, 충족되지 않은 내면의 욕구가 여전히 무시할 수 없는 힘을 발휘하곤 한다. 아무리 성숙한 어른이 되어도, 심리 상담을 받거나 감성 지능에 대한 책을 열심히 읽어도, 또는 영적 수련회에 참석해도, 무언가가 우리를 안전지대 바깥으로 밀어내면 그 내면 욕구가 우리를 장악해 내면의 굶주린 작은 동물을 끌어낼 수 있다. 압박감이 우리를 덮치면 그 욕구가 고개를 들고 특정한 행동 반응을 촉발한다. **압박감이 불러오는 첫 번째 함정은 충족되지 않은 내면 욕구에 끌려다니는 것이다.**

미나의 사례를 보자. 미나는 최고 경영진 자리에 오르자마자 문제를 겪었다. 그녀는 새로운 프로젝트를 맡을 때마다 자잘한 세부 사항을 점검하는 데 지나치게 많은 시간을 쏟았다. 이는 연 매출 1억 달러 규모 기업의 CTO^Chief Technology Officer(최고 기술 관리자—옮긴이)로서 바람직한 접근법이 아니었다. 그녀는 더 신속하게 전략적으로 움직여야 한다는 피드백을 받았다. 그녀는 나와 함께 잠시 후 소개할 '욕구 진단기'를 활용해 자신의 발목을 붙잡고 있는 내면 욕구를 발견했다.

미나는 중국인 이민자 가정의 딸이었는데 부모님이 자녀들에게 늘 완벽을 요구했고, 그 때문에 그녀에게는 어떤 일이든 완벽하게 해내서 능력을 입증하려는 욕구가 있었다. 한발 물러나서 직원이 세부 사항을 점검하도록 믿고 맡기는 것은 그녀의 엄격한 기준이 허용하지 않았을 뿐 아니라, 그녀의 정체성을 위협하는 일처럼 느껴졌다. 업계에서 내로라하는 실력을 갖춘 엔지니어로 이뤄진 팀을 거느리고 있음에도, 그녀는 흠이 전혀 없는 완벽한 프로그램이라는 확신이 들 때까지 밤새도록 코드를 한 줄 한 줄 점검했다.

이런 완벽주의는 또 다른 욕구와 합쳐져 문제를 더 악화시켰다(여러 욕구가 동시에 작동하는 경우가 많다). 바로 사랑받고 싶은 욕구였다. 세부 사항 처리를 부하에게 맡기지 않는 또 다른 이유는 그들이 일을 제대로 하지 못하거나 실수하면 어쩌나 하는 생각 때문이었다. 그러면 듣기 싫은 쓴소리를 하는 '미운 상사'가 되어야 할 테고, 그런 상황을 상상만 해도 속이 뒤틀렸다. 미나는 그런 내면의 욕구를 채우기 위해 자신이 일을 다 떠맡았다.

한편 또 다른 고객 조나스는 다른 종류의 욕구에 지배당했다. 세계적으로 이름이 알려진 경제학자인 조나스는 각국 리더가 참석하는 회의에 정기적으로 초청받고 의회 청문회에도 종종 나가 증언한다. 많은 이들이 조나스가 거만하게 잘난 척한다고 말하는데, 내가 보기에 그런 모습 뒤에는 모종의 충족되지 못한 욕구가 존재한다. 그의 인생관 형성에 영향을 미친 성장기에 대한 이야기를 들어보니, 그의 행동은 가급적 모든 일에 참여하고 주목받을 기회를 절대 놓치지 않으려는 욕구에서 나온 것이었다. 주변에서는 온갖 일에 관여하는 그를 보며 잘난 척하면서 자기 홍보에 열을 올리는 사람이라고 느낀다.

조나스는 누군가의 초청을 웬만하면 거절하지 않고 자신이 맡은 역할이나 책무를 잘 내려놓지 못한다. 각국 리더에게 조언해주는 학자임에도 그런 권위나 높은 전문성에 어울리지 않는 사소한 일을 계속한다. 예를 들어 그는 현재 훌륭하게 가동되고 있는 한 운영 위원회가 과거에 처음 출범할 때 주도적 역할을 했다. 2년 전에 나는 그에게 이렇게 물었다. "당신이 계속 그 위원회에 있을 필요가 있나요? 당신 없이도 잘 돌아가지 않을까요?"

"예, 그렇겠지요." 그가 대답했다.

"꼭 완전히 손을 떼라는 뜻은 아니에요. 하지만 당신이 매번 회의를 소집하고 온갖 문제를 해결할 필요는 없지 않을까요?"

"맞습니다. 하지만…."

조나스는 지금도 그 운영 위원회를 관리하고 있다.

조나스는 전직 마이크로소프트 매니저 브래드 에이브럼스 Brad Abrams가 '땅콩버터 바르기'라고 부른 함정에 빠져 있다. 땅콩버터 바르기란 자원을 소수의 핵심 프로젝트에 집중적으로 사용하지 않고 마치 땅콩버터를 넓게 펴 바르듯 수많은 프로젝트에 조금씩 사용하는 것을 뜻한다. 조나스의 경우, 자기 자신을 온갖 활동에 넓게 펴 바르고 있다. 그러니 자연히 가장 큰 영향력을 발휘할 한 가지 핵심 활동 또는 소수의 프로젝트에 에너지를 집중하기가 어렵다.

현재의 삶을 올바른 방향으로 이끌고 가기 위해서는 당신을 움직이는 욕구를 자각해야 한다. 때로 그 욕구를 파헤쳐 자세히 들여다보는 일은 불편할 수 있다. 조나스의 경우 주목받으려는 욕구가 생긴 것은 어린 시절 경험 때문이었다. 그는 어릴 때 '이상한' 아이로 불리며 따돌림당하면서 투명 인간이 된 것 같은 기분을 느꼈다. 지금은 국제 정책에 조언을 제공하는 저명한 학자임에도 과거 소외당했던 여덟 살짜리가 여전히 그의 자아에 영향을 미치고 있는 것이다. 그에게는 모든 장난감을 갖고 싶은 강렬한 욕구가, 다시 말해 주목받거나 중요한 사람이 되거나 인정받을 기회를 놓치지 않으려는 욕구가 있다. 조나스에게도 강조했지만, 우리는 스스로 내면을 들여다보고 자신을 움직이는 욕구를 깨달아야 한다. 그 욕구의 원인이 된 상처를 인정하고 보듬은 뒤 그것과 이별해야 한다. 그러지 않으면 좋은 의도를 지니고서도 계속 실패하는 반복적인 사이클에 갇힐 수밖에 없다. 충족되지 못한 욕구를 마음속에서 뽑아내라. 그래야 그것이 행동을 지배하는 일을 막을 수 있다. **당신의 욕구를 정확히 이해하면 방아쇠가 당겨져 나쁜 상사의 행동에 빠지는 순간을 알아챌 수 있다.** 즉 압박감이 클 때 반사적인 감정 반응에서 빠져나와 이성적 태도로 상황을 바라볼 수 있다.

당신이 내면 욕구에 끌려가고 있음을 어떻게 알 수 있을까? 만일 상황에 비해 과도하게 반응한다면 그것은 마음속 숨은 욕구가 작동한다는 신호다.

준의 사례를 보자. 그녀는 눈에 띄게 불안한 모습으로 코칭 면담에 나타났다. 짧은 검정 머리카락 속으로 손을 넣고 계속 뒤로 넘기면서 말했다. "사비나, 상황이 좋지 않아요. 큰일이에요."

"무슨 일인데요?" 나는 걱정스럽게 물었다. 준은 자신의 분야에서 크게 존경받는 전문가였고, 때로는 약간 쌀쌀맞게 보일 만큼 늘 침착한 성격이었다.

"회사에서 저를 승진시키려고 해요."

"아… 네. 그런데 뭐가 문제죠?"

"불안해 죽겠어요. 나이 든 백인 남자들이 나를 그냥 승진시킬 리 없어요. 무슨 꿍꿍이가 있을 거예요. 내가 높은 자리에 올라갔다가 실패해서 망하는 꼴을 지켜보려는 거예요."

준은 과거에 회사에서 인종차별이나 성차별을 겪은 적이 없었고, 현재 다니고 있는 회사에서도 그런 차별을 목격한 일이 없었다. 물론 문화적 편견은 어느 정도 있지만, 이러한 추측은 순전히 그녀의 상상에 불과했다. 이야기를 나눠보니 그녀 마음속에는 앞서 소개한 조나스와 반대되는 두려움이 있었다. 준은 남들에게 주목받는 것을 극도로 싫어했다. 미국 중서부에서 성장기를 보낸 그녀는 반에서 유일한 일본계 학생이었다. 친구들은 그녀를 심하게 괴롭혔다. 침을 뱉고 그녀를 할퀴었으며 인종차별적 별명으로 불렀다. 그래서 그녀는 자신을 보호하기 위해 가급적 눈에 띄지 않게 지내는 법을 터득했다. 나는 지금이라도 그런 내면 욕구를 깨달아서 다행이라고 말해주었다. 그러지 못했다면 압박감이 최고치로 치솟는 순간 자동적으로 문제적 행동에 빠졌을 것이다. 나이 든 백인 남자들이 아니라 그녀 스스로 불안감과 자기 보호 기제 탓에 경력을 망치는 행동을 했을 것이다.

어떤 내면 욕구가 당신을 움직이는지 깨달을 필요성이 아직도 와닿지 않는가? 그렇다면 이 점을 생각해보라. 장담하건대, 당신의 부하 직원들은 이미 그 욕구를 알아채고 그것을 자신에게 유리하게 이용하고 있을 확률이 높다. 내 동료 앨리슨이 오래전에 함께 일한 상사의 이야기를 들려주었다. 그 상사는 잘난 척하기 좋아하는 거만한 성격에다 귀에 거슬릴 만큼 목소리가 컸다. 사무실을 돌아다니며 새로 산 고급 이탈리아제 가죽신을 자랑하는가 하면 카리브해의 섬에 짓고 있다는 화려한 별장 사진을 직원들에게 보여주곤 했다. 앨리슨은 남들에게 칭송과 존경을 받는 것에 유달리 집착하는 그의 욕구가 내면의 깊은 불안감에서 기인한다는 것을 알아챘다.

앨리슨은 이렇게 말했다. "인정하긴 좀 그렇지만, 사실 나를 포함한 직원 모두가 그 점을 어느 정도 이용했어요. 우리는 그에게서 뭔가 얻고 싶으면 우선 칭찬부터 했어요. 한마디로 '기름칠'을 하는 거죠. 그러고 나면 우리가 하는 말에 귀를 잘 기울였거든요. 슬픈 일이긴 했어요. 그 사람이 딱하다는 생각도 들고요. 하지만 모든 직원을 괴롭히는 끔찍한 상사였기 때문에 그렇게 큰 죄책감이 들지 않았어요."

지금쯤 당신은 이렇게 생각할지 모른다. '아니야, 나는 달라. 나는 그렇게 큰 맹점이라면 당연히 알아챌 거야.' 과연 그럴까? 맹점이라는 단어의 뜻을 잘 생각해보길 바란다.

하버드대학교 심리학자 로버트 케건과 리사 라스코 라헤이는 '변화에 대한 면역성'이라는 개념을 제시하면서, 사람들이 변화하는 것을 막는 강력한 숨은 힘(즉 욕구)에 대해 설명했다. 나는 이들의 연구 결과를 통해 숨은 욕구가 변화를 강하게 방해한다는 것을 알게 되었다. 이런저런 압박이 가중되면 내면 욕구가 튀어나와 우리를 지배하기 십상이다. 아무리 좋은 의도를 지녔더라도 숨은 욕구를 깨닫고 극복하기 전까지는 변화하기 어렵다. 충족되지 않은 내면 욕구를 발견하는 것이 변화로 가는 가장 첫 단계다.

나는 고객들이 자신을 움직이는 욕구를 찾아내도록 돕고자 다음과 같은 '욕구 진단기'를 만들었다. 이를 활용하면 당신의 행동을 관찰해 그것을 유도하는 내면 욕구를 진단할 수 있다. 특정한 욕구가 작동하는 것을 깨달으면 보다 건강한 방식으로 그 욕구를 채울 방법을 모색하고 변화에 대한 저항을 극복하는 데 도움이 된다.

욕구 진단기:
당신을 움직이는 숨은 욕구를 찾아라

행동	내면의 목소리	욕구
• 회의 때 남들보다 더 자주, 더 길게 말한다. • 상대방 말을 끊고 끼어든다. • 누군가 새로운 아이디어를 설명하는 것을 들을 때 발언하고 싶어서 마음이 급해지거나 그의 말을 중단시키고 말한다.	• 내가 답을 알아. • 다른 사람들은 제대로 몰라. • 곧장 본론으로 들어가야 회의를 더 빨리 진행할 수 있어. 그동안 많이 겪어봐서 내가 누구보다 잘 알아.	가장 똑똑한/통찰력 있는/노련한 사람처럼 보이고 싶은 욕구

• 내 영웅담을 들려준다(팀을 곤경에서 구해낸 일, 고객과 계약을 성사시킨 일, 문제를 해결한 경험 등). • 유명한 사람의 이름을 들먹인다. • 내가 잘한 일을 과대포장해 설명한다. • 남들보다 더 흥미로운 이야기를 꺼내 모두의 관심이 다시 내게 쏠리게 한다.	• 나는 주목받을 자격이 있어. • 유명한 사람이 나를 칭찬했으니까 나는 중요한 사람이야. • 주목받으려면 항상 눈에 띄어야 해.	자격이 충분한 사람이 되려는 욕구
• 부하에게 권한을 위임하지 않는다. • 항상 연락받을 수 있는 상태를 유지한다. • 도움이 필요하냐고 묻지 않고 일단 개입해서 도와준다. • 나와 가족을 희생해서라도 사람들을 도와준다. • 가족과 있을 때도 끊임없이 전자 기기를 확인한다.	• 이 일을 제대로 해낼 사람은 나뿐이야. • 내가 직접 해야 시간이 절약돼. • 다들 바쁜데 부담을 주고 싶지 않아. • 사람들이 나를 필요로 하면 나는 없어서는 안 될 존재가 될 거야. • 없어서는 안 될 존재가 돼야 안정적으로 회사를 다닐 수 있어.	필요한 존재가 되고 싶은 욕구
• 회의 때 가장 먼저 발언하고, 이메일 스레드에 가장 먼저 답장하며, 온라인 포스트에 가장 먼저 댓글을 단다. • 팀원에게 괜찮은지 확인하지 않고 일방적으로 일정을 통보한다. • 다른 사람들의 의견을 묻지 않는다. • 뭔가 문제가 있는 것 같아도 일이 잘돼간다고 말한다. • 권한을 위임한 뒤 잘하는지 수시로 체크하거나 직원이 완성해 가져온 일을 다시 한다.	• 내가 곧바로 나서지 않으면 사람들이 형편없는 방법을 사용할 거야. • 내기 주도권을 잡지 않으면 주변으로 밀려날 거야. • 사람들의 기분/생각을 물어보면 온갖 이야기가 나와 쓸데없이 상황이 복잡해지고 일에 방해만 돼. • 내가 제일 잘 알아.	통제권을 쥐고 싶은 욕구

• 쉽게 기분이 상한다. • 상대방의 행동을 나를 향한 개인적 공격으로 받아들인다. • 툭하면 내가 아닌 다른 사람에게 책임을 돌린다. • 행사가 끝난 뒤 공간을 정리하거나, 기록을 하거나, 회의 일정을 잡는 일을 절대 하지 않는다. • 동료가 뛰어난 성과를 인정받으면 속으로 부아가 난다. 좀처럼 축하의 말을 건네지 않고, 동료가 어떻게 그 일을 해냈는지 궁금하지도 않다. • 박사 학위가 있다는 사실을 사람들에게 반드시 알린다. • 회의에 매번 늦게 들어간다.	• 어떻게 감히 나한테 의문을 제기하지? • 사람들은 내가 얼마나 많이 아는지(또는 얼마나 큰 성과를 쌓았는지) 몰라. • 만일 내가 자질구레한 일을 직접 하면 직원들이 나를 리더로 존경하지 않을 거야. 다른 자질구레한 일도 해달라고 요청할 테고, 내 일과가 하찮은 일로 가득 찰 거야. • 나는 동료들보다 더 인정받을 자격이 있어. • 내 시간이 그들의 시간보다 더 중요해.	중요한 사람이 되고 싶은 욕구
• 이메일과 문자 메시지에 총알같이 답한다. • 내게 별로 중요하지 않은 일이라도 무조건 응한다. • 모든 위원회에 자처해서 참여한다. • 가족과 보내는 시간이나 개인적 삶을 포기하고서라도 퇴근 후 행사에 요청받으면 무조건 간다. • 휴가 기간에도 일한다.	• 내가 회의에 빠지면 사람들이 날 안 좋게 생각하거나 비난할지 몰라. • 작은 일을 거절하면, 사람들이 내가 너무 바쁘다고 생각해서 더 중요한 프로젝트 참여도 제안하지 않을 거야. • 힘들어도 일단 하자. 이 시기만 지나면 다음 분기에는 상황이 나아질 거야.	모든 것을 놓치지 않으려는 욕구

• 반대 의사를 밝히지 않는다. • 속으로는 거절하고 싶어도 찬성한다. • 이메일에 지나치게 정중한 표현이나 듣기 좋은 칭찬, 이모티콘을 많이 쓴다. • 결정권이 내게 있는데도 자꾸 다른 사람의 의견을 묻는다. • 누군가가 내 의견에 반대하면, 관련 정보나 근거를 제시하는 대신 "다시 알아볼게요"라고 말한다. • 불편한 이슈를 다루는 것을 피하려고 미뤄놓은 대화가 쌓여 있다.	• 사람들이 내게 불만을 느끼면 회의에 부르지 않거나 내게 중요한 프로젝트를 맡기지 않을 거야. • 찬성하지 않으면 무례하거나 고마워할 줄 모르는 사람으로 보일 거야. • 내 의견을 계속 고수하면 다들 내가 강압적이라고 생각할 거야. • 사람들에게 미움받으면 있으나마나 한 존재가 될 거야.	늘 모두에게 사랑받고 싶은 욕구
• 회의에서 목소리를 잘 내지 않는다. • 주로 드러나지 않게 조용히 일을 처리하지만 다른 사람의 공은 매우 후하게 인정한다. • 점심 주문하기, 기록하기, 자잘한 심부름 등 팀의 사소한 일을 필요 이상으로 많이 한다. • 보이지 않는 곳에서 일하고, 경영진 앞이나 팀 회의에서 발표하는 것은 동료에게 맡긴다.	• 튀지 않으면 비난받을 일도 없어. • 의견을 발표하면 내 부족한 부분이 들통날 거야. • 내가 공을 인정받으면 나중에 문제가 생겼을 때 책임도 내게 돌아올 거야. • 누군가가 내가 한 일에서 흠을 들춰내는 것이 정말 싫어.	눈에 띄지 않아서 안전해지고 싶은 욕구
• 완벽하게 해낼 자신이 없으면 아예 일을 맡지 않는다. • 계속 다시 작업하고, 확인하고, 완성도를 높이느라 일을 완료하는 데 약속한 것보다 더 오래 걸린다. • 비판을 받으면 입을 닫아버린다.	• 완벽하게 해야 책망을 듣지 않을 거야. • 실수하면 쓸모없는 사람으로 여겨져서 밀려날 거야. • 누군가가 내가 한 일에서 잘못을 찾아내면 나를 무능하다고 여길 거야.	완벽해지려는 욕구

• 문제가 생기면 다른 사람 탓으로 돌린다. • 사과하지 않는다. • "다른 부서의 멍청이들"에 대해 강하게 불평한다. • 뭔가를 먼저 시작하지 않고 다른 사람이 먼저 하길 기다린다("A에게 완성한 자료를 넘겨받아야 나도 내 부분을 진행할 수가 있어요"). • 휴식과 충전에 충분한 시간을 쓰지 않으면서 과로/피곤함/번아웃을 불평한다.	• 내가 책임을 지면 문제를 해결해야 할 테고 그 중압감을 못 이겨낼 거야. • 내가 잘못한 사람이 되면 아무도 나를 좋아하지 않을 거야(또는 팀원으로 반기지 않을 거야). • 내가 잘못한 사람이 되면 멍청하고 무능해 보일 거야. • 나 자신을 위해 시간을 쓰면 이기적이고 희생할 줄 모르는 사람으로 여겨질 거야.	피해자를 자처해 자신을 방어하려는 욕구

실행 방법

앞서 소개한 미나는 압박감이 큰 상황이 되면 완벽해지려는 욕구(그리고 모두에게 인정받으려는 욕구)가 자신을 지배한다는 것을 깨닫고 다음 세 단계 행동을 취했다.

1. 관찰하기

미나는 자신의 내면 욕구가 행동에 어떤 영향을 미치는지 2주 동안 관찰했다. 무의식적 행동 반응을 의식적 행동으로 바꾸기 위해서였다. 그녀는 자신이 말할 때 상대방이 미소를 지으며 고개를 끄덕이지 않으면 자신의 의견이 마음에 들지 않는다는 뜻이라고 속단한다는 것을 깨달았다. 그럴 때면 이내 입장을 바꿔서 자기 생각에 대한 확신이 부족한 사람이라는 인상을 주었다. 또 그녀는 대화 상대의 직급이 높을수록 자신의 생각이 옳다고 확신해도 반대 의견을 잘 말하지 못한다는 것을 깨달았다.

2. 점검하기

미나는 그럴 때 내면에서 들려오는 목소리를 점검하면서, 그 목소리가 사실인지, 아니면 스스로 만들어낸 상상인지 생각해봤다. 예를 들어 '실수하면 쓸모없는 사람으로 여겨져서 밀려날 거야'라는 목소리를 발견했다. 그런 생각 때문에 완벽한 결과물을 내느라 많은 시간을 투자했고, 결과물이 기대에 못 미칠까 봐 불안해했다. 그녀는 내면 목소리를 점검하고 있던 주에, 상관에게 그녀의 프레젠테이션 자료에 개선할 부분이 있다는 피드백을 받았다. 하지만 상관은 그녀를 질책하거나 해고하기는커녕 분석 능력이 뛰어나다고 칭찬했다. 미나는 '성공 아니면 실패'라는 자신의 이분법적 관점이 잘못됐음을 느꼈다. 그런 관점 탓에 쓸데없이 불안감에 시달리고 완벽해질 때까지 수도 없이 확인하느라 귀중한 시간을 허비했다는 사실을 깨달았다.

3. 실험하기

마지막으로 미나는 반사적으로 튀어나오는 행동을 제어하면 어떤 일이 일어나는지 알아보기 위해 작은 실험을 했다. 그녀는 중요도가 낮은 프로젝트를 진행할 때 일을 완료할 날짜를 스스로 정해두었다. 그렇게 하니 별로 중요하지 않은 일의 완성도를 높이느라 시간을 과도하게 낭비하지 않을 수 있었다. 그리고 예전처럼 수없이 확인하지 않아도 결과물의 질이 괜찮다는 사실을 깨달았다. 이따금 작은 실수를 할 때도 있었지만, 완벽에 조금 못 미친다고 해서 하늘이 무너지지는 않았다. 앞에서 아주 작은 습관 만들기를 설명할 때도 말했지만, 실패를 겪고 극복하면서 회복 탄력성을 기를 수 있다. 그런 과정을 통해 압박감에 현명하게 대응하는 능력도 생긴다. 미나는 이와 같은 방법을 통해 압박감이 밀려올 때 최악의 시나리오를 상상하며 패닉에 빠지는 경향을 줄이고, 내면 욕구가 만들어내는 불안감도 크게 줄일 수 있었다.

11장

유일한 해결사라는 함정에서 벗어나라

"당신은 마이크로소프트 전체에서 최고의 테스트 매니저 2명 중 하나예요."

내가 상관에게 이 말을 듣고 기분이 좋아서 춤이라도 췄을 것 같은가? 아니다. 내 경력 발전을 방해하는 최대의 실수를 저질렀다는 생각이 들었다.

때는 1997년, 나는 윈도우나 인터넷 익스플로러 같은 핵심 제품을 테스트하는 대규모 팀을 이끄는 매니저였다. 테스트 팀을 이끈 지 몇 년이 되었을 때라 새로운 일을 맡고 싶은 마음이 컸다. 숨은 버그를 찾아 해결해 제품을 개선하는 일도 물론 보람이 있었지만, 프로그램 매니저가 되어 제품을 처음부터 개발해보고 싶었다. 나는 상관 톰을 찾아가 프로그램 개발 팀으로 갈 수 있을지 상의했다. 내가 사내 최고의 테스트 매니저 2명 중 하나라는 톰의 말은 칭찬인 동시에('와!') 내가 그 자리에 남아야 할 이유이기도 했다('어, 이런…'). 그동안 너무 열심히 일해 조직에 없어서는 안 될 존재가 되는 바람에 내 경력 발전이 가로막힌 셈이었다. 이후 나는 지금의 내 고객들이 흔하게 빠지는 '유일한 해결사' 함정에 빠졌다.

압박감이 초래하는 두 번째 함정은 '내가 다 해야 한다'고 생각하는 것이다. 이런 생각은 자신도 모르는 새에 서서히 우리를 지배한다. 처음에는 물론 상식적이고 훌륭한 직업 정신에서 출발한다. 우리는 모든 문제를 척척 해결하고 자신의 분야에 대해 남들보다 더 높은 이해도를 갖춘 사람이 되겠다는 목표를 설정한다. 모든 세부 사항을 속속들이 파악하기 위해 대단히 주의 깊게 살핀다. 능력을 최대한 발휘해 오류 없는 결과물을 신속하게 내놓으려 노력한다. 스스로 동기를 부여하는 태도와 자기 신뢰가 성공에 꼭 필요한 자질임에는 의심의 여지가 없다. 우리는 권한이 큰 위치에 올라간 뒤에도 계속 그렇게 일한다. 하지만 앞에서도 살펴봤듯 과거에 우리의 성공을 도운 장점이 높은 자리에 올라가서도 꼭 장점이 되는 것은 아니다. 권력 간극 탓에 인지하지 못하는 맹점이 생기고 제대로 관리하지 못한 압박감이 우리를 흔들어, 확고한 자기 신뢰가 어느새 자기도취나 과도한 경쟁 심리, 또는 나만 옳다는 생각으로 변질되기 쉽다.

유일한 해결사 유형의 상사는 리더다운 에너지가 넘친다. 그들은 자신이 모든 답을 안다고 생각한다. 최대한 효율적으로 진행해 높은 성과를 내는 법을 확실히 안다고 믿는다. 조직에 대한 깊은 지식과 날카로운 분석 능력, 디테일에 대한 주의력, 일의 마지막 단계까지 집중하는 능력을 갖춘 그들은 혁신부터 실행에 이르기까지 모든 일의 선두에 선다. '나는 할 수 있어'라는 마인드가 그들이 지닌 직업윤리의 초석이다.

하지만 이 마법사의 커튼 뒤 가마솥에서는 불만과 분노, 스트레스가 들끓고 있을 때가 많다. 유일한 해결사 유형의 상사가 생각하는 '나는 할 수 있어'는 사실 '이걸 할 수 있는 사람은 나뿐이야. 그러니 내가 해야 돼'라는 뜻이다. 그들은 '내가 리더니까 나에게 책임이 있어', '이걸 성공시킬 방법을 아는 사람은 나밖에 없어', '팀원을 돌보는 게 내 일이야. 그러니 그들에게 과도한 부담이 가지 않도록 내가 해야지'라고 생각한다. 권한이나 책임을 위임하는 것은 어떻게 생각할까? 그들도 그것이 좋은 방식이라는 것은 안다. 하지만 좀처럼 위임하지 않거나, 위임하더라도 부하의 성과가 그들의 기대에 못 미쳐 결국 스트레스만 받는다. 모든 걸 직접 하려는 태도는 유일한 해결사의 주요 특징이다. 그러니 당연히 중압감과 과로에 시달리고 '나쁜 상사'의 행동으로 빠질 위험에 늘 노출돼 있다.

로널드 하이페츠와 마티 린스키가 말했듯 사람들은 상사에게 보호, 질서, 방향 제시를 기대한다. 다시 말해 비즈니스 세계에서 수시로 변하는 어젠다와 예측 불허 일정으로부터 상사가 자신들을 보호해주길 바라고, 역할과 우선순위, 책무, 자원 활용 방식에 질서를 잡아주길 바라며, 성과 기대치와 성공의 판단 기준을 알 수 있도록 상사가 분명하게 방향을 제시해주길 바란다. 어떤 조직에서든 당신의 권한이 커지고 높은 자리에 오를수록 그 세 가지를 바라는 직원들의 마음도 커진다. 하지만 유일한 해결사는 적절한 선을 넘는다. 즉 보호가 숨 막히는 관리로, 질서가 통제로 변하며, 방향을 제시하는 데서 그치지 않고 항공관제사와 조종사, 엔진 정비공을 모두 합친 역할을 한다. 그들은 부하를 과로에서 구해주려고 미완성된 일을 도맡아 처리하고, 팀원을 조직의 폭풍우에서 지켜주려고 다른 부서 또는 고위 경영진의 혹독한 비판이나 불합리한 요구를 받아들인다. 그러면서 '이건 마땅히 내가 할 일이야', '내가 부하들을 위한 방패막이가 돼야 해', '이 일을 제대로/빠르게/훌륭하게 해낼 사람은 나뿐이니 내가 해야 돼'라는 이유를 댄다. 하지만 수면 아래에서는 훨씬 더 강한 다른 심리가 작동한다.

    모든 것을 직접 하려는 태도에는 생존 본능이 깔려 있다. 조직에 불필요하거나 중요하지 않은 존재가 될까 봐 두려워서 자신의 '유통기한'을 늘리려 애쓰는 것이다. 의식적으로든 무의식적으로든 우리는 조직에 꼭 필요한 영웅이 되고 싶어 한다. 그리고 그 욕구를 실현하는 한 방법은 남들로 하여금 우리에게 의존하게 하는 것이다.

    그런 의존성을 어떻게 만들까? **유일한 해결사는 직원이 실력을 키우도록 이끌고 조언하는 대신(즉 '영양제'를 주는 대신) 즉효가 있는 응급조치법과 해결책을 진통제처럼 나눠준다. 그들이 스스로**

시도하고 실패를 통해 배우면서 자신만의 근육을 기르도록 놔두지 않는다. 아직 역량이 부족한 그들은 손쉬운 해결책을 경험한 뒤 계속 우리를 찾아오고, 그럴수록 우리는 꼭 필요한 사람이 된다. 유일한 해결사는 에너지가 거의 고갈된 채 하루를 끝내곤 하지만, 조직에 없어서는 안 될 존재가 되었다는 확신과 뿌듯함으로 가득하다. 생존 본능은 그들의 내면 깊은 곳에서 작동한다.

조직 시스템이 자신이 모든 걸 해야 한다고 믿는 리더에 의지하면 리더의 그런 행동은 더욱더 조직 문화의 당연한 일부가 된다. 내 고객의 부하 직원은 이렇게 말했다. "솔직히 팀장님이 나서서 전부 해결해주면 우리는 좋아요. 그만큼 일도 줄어들고, 잘못했다고 질책을 들을 가능성도 적어지니까요." 당신이 자꾸만 어려운 일을 대신하면 부하들은 거기에 의존하게 되기 마련이다. 그러고 나서 대체 왜 아무도 당신의 기대에 부응하는 성과를 못 내는지 답답해하지 마라.

모든 걸 하려 드는 태도는 부하의 성장을 가로막고 권력 간극을 더 크게 벌린다. 무엇보다도 유일한 해결사가 되려는 성향은 당신의 일과표를 점점 잠식하고 발전할 기회를 놓치게 한다. 그 성향에 끌려다니면 당신의 시간과 인내심과 에너지가 바닥나고, 지금껏 당신의 성공에 동력이 된 목적의식과 일에서 느끼는 즐거움도 잃어버릴 수 있다. 누구에게나 압박감을 어느 정도 견딜 수 있는 내적 역량이 있다. 그렇지 않다면 마감일에 한 번만 쫓겨도, 또는 비판적 피드백을 한 번만 들어도 무너질 것이다. 하지만 높은 위치에 올라 압박감이 커지면 그 역량도 더 강해져야 한다.

유일한 해결사가 필요 이상으로 많은 책임을 떠맡는 행동 방식은 여러 양상으로 나타난다. 그중 가장 흔한 유형 네 가지를 소개한다. 보살핌 제공자, 두더지 잡기 챔피언, 플래시, 최우등생이다. 내 고객들처럼 당신도 하나 이상의 유형에 해당한다고 느낄지 모른다. 이들 유형은 상호 배타적이 아니기 때문이다.

보살핌 제공자:
당신은 '엄마'가 아니다

보험회사의 홍보 책임자 아리아나는 부하나 동료의 내적 역량을 이끌어내는 데 많은 에너지를 쏟는다. 360도 평가를 해보니 그녀는 혁신적 사고를 효과적으로 자극하는 질문을 던지는 능력이 뛰어난 것으로 드러났다. 예를 들어 "만일 아무런 장애물이 없다면 당신은 지금 이 문제를 어떤 식으로 처리할 건가요?" 같은 질문이었다. 또 그녀는 목표를 주거나 자신의 기대치를 설명할 때 분명하게 방향을 제시했으며, 그런 지시를 담은 이메일 끝에 '좀 더 정확한 설명을 듣고 싶으면 언제든 제게 직접 연락하세요'라고 덧붙이곤 했다. 그런 뒤에는 한 발짝 물러서서 팀원들이 알아서 진행하도록 믿고 맡겼으며, 자신은 필요한 경우에만 나서서 조언했다. 아리아나는 360도 평가 결과에 등장하는 최고의 장점 중 다수를 갖추고 있었다. 즉 총명하고, 소통 능력이 뛰어나고, 결과물을 내는 실행력이 뛰어나고, 전략적 시각이 탁월하고, 사람들을 관리하는 능력이 남달랐다.

아리아나는 건강한 보살핌을 실천하는 상사의 대표적인 사례다. 혁신적 사고를 촉진하고 팀원의 정신적 건강을 지원하는 등 건강한 보살핌 능력은 훌륭한 리더십에 반드시 필요하다. 그러나 인간의 행동 방식이 으레 그렇듯 다른 이들을 보살피려는 욕구 역시 긍정적으로 발현될 수도, 부정적으로 발현될 수도 있다. 보살핌 스펙트럼에서 건강한 쪽에 있는 상사는 부하를 위한 좋은 안내자 겸 코치가 된다. 반면 건강하지 않은 상사는 부하는 물론이고 자기 자신의 발전도 저해한다.

대니얼이 딱 그런 경우다. 7남매 중 맏이인 대니얼은 남을 보살피는 태도가 자연스럽게 몸에 배어 있었다. 직원들은 툭하면 그를 찾아가 조언을 구했고, 문제가 생겨 힘들 때면 그에게 감정을 쏟아내며 위로를 받았다. 언젠가 그는 누군가가 자신을 '사무실의 테디베어'라고 불렀다는 얘기를 들려주며 다정한 미소를 지었다. 2미터 가까운 키와 113킬로그램의 체구에 다정한 갈색 눈동자를 지닌 그에게 퍽 어울리는 별명이었다.

문제는 대니얼이 포근함만 안겨주면 되는 인형이 아니라 제조 회사의 회계 부장이라는 점이었다. 그의 부서에서는 자료의 소수점 하나까지 정확해야 했고, 매주 CFO에게 보고서를 올리는 업무도 중요했다. 따라서 다른 부서에서 오류 없이 정확하게 작성한 청구서를 제때 회계 부서로 제출해야 했고, 회계 부서 직원들 역시 업무 자료를 정확히 처리해야 했다. 하지만 좀처럼 그러지 못했다. 걸핏하면 대니얼의 부하 넷 중 한 명은 개인적으로 급한 일이 생겨 보고 자료를 마감 시간까지 끝내지 못하겠다고 알려왔다. 대니얼이 당연히 이해해줄 것이라 믿으면서 말이다.

또 어떤 날은 부하 직원이 대니얼 방을 찾아와 자신이 진행하는 프로젝트가 잘 풀리지 않는다면서 1시간 넘게 하소연을 토해냈다. 그럴 때면 대니얼은 공감하고 고개를 끄덕이며 들어주었지만, 사실 따뜻한 미소와 위로의 말을 건네면서도 마음속은 심란했다. 자신이 나서서 대신 해결해야 한다는 생각 때문이었다. 그리고 대니얼은 매주 다른 부서 담당자들에게 경비 지출 내역서를 제출해달라고 '부드럽게 상기시키는' 이메일을 발송했지만, 대개는 내역서가 늦게 도착하거나 내용이 엉성하기 짝이 없었다. 결국 대니얼이 직접 꼼꼼히 다시 검토해 수정해야 했다.

왜 타 부서 담당자에게 그런 문제를 지적하거나 부하 직원에게 보고서 오류 수정 작업을 맡기지 않느냐고 묻자 그는 이렇게 대답했다. "그들이 얼마나 바쁜데요. 그들에게 스트레스를 주고 싶지 않아요."

대니얼은 좋은 사람일까? 맞다. 하지만 팀의 생산성에 기여하는 상사일까? 전혀 아니다.

대니얼 같은 상사는 자신의 귀중한 시간과 에너지를 낭비할 뿐만 아니라 함께 일하는 이들이 책임감과 주인의식을 발휘하지 못하게 한다. 보호가 과도한 개입으로 변하면, 보살핌 제공자는 심리학자 스티븐 카프먼Stephen Karpman이 제시한 역할 패턴 모델인 드라마 삼각형drama triangle의 '구조자'가 된다. 이 모델은 갈등 관계에서 사람들이 흔히 보이는 건강하지 않은 세 가지 행동 방식을 피해자(조직 생활의 경우 스트레스에 시달리는 직원), 가해자(고객, 상관, 외부 사건 등의 압박 요인), 구조자(보살핌 제공자)로 설명한다. 이때 구조자는 피해자의 고통을 줄여주려 한다. 겉으로 볼 때 구조자는 공감 능력이 뛰어난 것 같지만, 사실 이들은 '너는 불쌍해'라는 태도를 취함으로써 피해자를 '나는 불쌍해'라는 사고 사이클에 가둔다. **보살핌 제공자는 부하 직원을 구조가 필요한 사람처럼 대한다. 아이러니하게도 보살핌 제공자가 나서서 직원을 자주 구해줄수록 그들 자신이 피해자이고 이용당하고 있다는 기분을 느끼기 쉽다.**

내 고객 줄리아는 첫 코칭 면담에서 땅이 꺼질 듯 한숨을 쉬며 말했다. "제 방에 회전문이라도 달아야 할까 봐요. 뭔가를 해결해달라며 직원들이 계속 들락날락하거든요." 이야기를 나눠보니 줄리아도 대니얼처럼 정이 많고 부하를 보살피려는 욕구가 강했다. 게다가 그녀 방에 달린 보이지 않는 회전문에 기름을 치고 있는 것은 그녀 자신이었다. 직원이 끊임없이 찾아오는 이유는 그녀가 영양제가 아닌 진통제를 나눠주기 때문이었다. 그녀는 문제가 생기면 즉시 해결해주곤 했다. 그녀는 자전거 타는 법을 몰라서 넘어진 아이의 까진 무릎에 붕대를 감아준 뒤 다시 자전거를 타라고 내보내는 부모와 비슷했다. 그러면 아이는 또다시 울면서 돌아온다. 다친 무릎만 대충 치료했을 뿐 스스로 자전거 페달을 밟고 균형 잡는 법을 배우지 못했기 때문이다.

보살핌 제공자는 나름의 변명으로 자신의 행동을 정당화한다. 그들은 스스로에게 이렇게 말하며 기꺼이 희생을 자처한다. '부하/고객/회사를 위해 이 일을 내가 해야 해', '직원들을 기쁘게 해주는 게 내 임무야', '그들은 지금도 일이 넘쳐. 그들에게 더 부담을 줘선 안 돼. 그러니 운동을/아이의 축구 경기 관람을/휴가를 희생하고 내가 처리해야지.'

물론 진심으로 그렇게 생각할 수도 있다. 하지만 많은 경우 그런 고귀한 이유 뒤에는 조직에 꼭 필요한 존재가 되고 싶은 본능적인 자기 보호 욕구, 또는 다른 충족되지 못한 내면 욕구가 숨어 있다. 또 많은 경우 우리는 상대방을 위해 뭔가를 해주기로 결정하고 거기에 선하거나 이타적인 이유가 있다고 믿지만, 사실은 관계가 불편해지는 것을 피하려고 그렇게 행동한다. "당신은 많이 바쁘니까 내가 그 일을 대신 해준 거예요"라는 말의 속뜻은 사실 "당신이 일을 못한다고 솔직하게 말하느니 차라리 내가 직접 하겠어"인 것이다. 우리는 그렇게 다른 사람과 마찰이나 갈등이 생기는 것을 피한다. 하지만 그 때문에 치러야 할 대가가 과연 없을까?

부하를 구해주려 뛰어드는 상사는 모두가 자기를 좋아해주길 바라는 욕구를 지니고 있을 때가 많다. 우리는 직원이 행복해지기를, 그리고 집에 돌아가 우리를 최고의 상사라고 칭찬하기를 바란다. 우리는 보호와 질서, 방향 제시를 원하는 그들의 기대를 채워주고 싶은 열망이 강한 나머지 필요 이상의 역할을 떠안고, 그러다가 종종 우리와 그들 모두에게 해로운 영향을 미친다.

보살핌 제공자의 의도가 선하다는 사실에는 의심의 여지가 없다. 그러나 비효율적 리더십으로 기울거나 우리 자신의 정신 건강을 해치지 않으면서 그들을 보살피는 훌륭한 상사가 되는 일은 얼마든지 가능하다.

Coach's Note
당신은 보살핌 제공자인가?

문제가 생길 때 곧장 개입하는 이유에 대해 스스로에게 물어보자. 당신의 역할을 정당화하거나('이건 당연히 윗사람인 내가 할 일이야'), 부하를 구해주려 하거나('그들을 실수하게 놔둬선 안 돼/그들에게 부담을 주고 싶지 않아'), 효율성을 지나치게 강조한다면('빨리 끝내려면 내가 해야 돼') 보살핌 제공자일 가능성이 높다. 당신의 이유가 이타적일수록 경계하라.

두더지 잡기 챔피언:
위기 해결에도 중독된다

세자르는 압박이 큰 상황에서도 침착함을 유지하고 골치 아픈 문제를 해결하는 능력이 뛰어났다. 서비스 회사의 팀장으로 갓 승진한 그는 하루가 멀다 하고 생기는 문제에 열정적으로 뛰어들어 해결했다. 종이와 펜을 쓰는 회사의 구식 기록 시스템 탓에 오류가 잦았고, 전날 발견하지 못한 문제가 날마다 튀어나왔다. 그럴 때마다 세자르는 망토를 휘날리는 슈퍼히어로처럼 나타나, 상황의 큰 그림이나 방향은 설명하지 않은 채 직원들을 불러 모아 지시를 내렸고("너무 복잡해서 일일이 설명하기 힘들어. 일단 시작해!"), 결국 가까스로 위기를 넘겼다. 문제를 해결했다는 안도감으로 하루를 마무리했지만 다음 날이 되면 또 똑같은 사이클이 반복되었다.

세자르는 두더지 잡기 게임을 하는 플레이어와 비슷하다. 높은 에너지와 빛의 속도 같은 반사 신경이 필요한 게임 말이다. 이 게임에서는 시작 벨이 울림과 동시에 작은 플라스틱 두더지가 여러 개의 구멍에서 무작위로 계속 튀어나오면 플레이어가 고무망치로 미친 듯이 두더지를 때려잡는다. 60초 안에 가장 많은 두더지를 잡은 플레이어가 우승한다.

세자르는 도파민에 중독되어 있었다. 서둘러 달려가 불을 끄고 위기를 넘길 때마다 뇌에서 도파민이 분비되어 짜릿한 쾌감을 안겨줬다. 그는 차분하게 물러나 문제의 근본 원인을 분석하기보다 늘 문제와 싸워 이기는 게임에 몰두했다. 그것이 도파민을 얻고 칭찬도 받는 길이었다. 어쨌든 사람들은 화재를 예방한 사람이 아니라 불을 끈 사람을 칭찬하니까 말이다.

보살핌 제공자처럼 두더지 잡기 챔피언 성향 역시 긍정적으로 발현될 수도, 부정적으로 발현될 수도 있다. 긍정적 측면에서 보면 이들은 뛰어난 문제 해결사다. 주머니에 있는 클립과 껌만으로 기지를 발휘해 해결책을 고안해내는 맥가이버와 비슷하다. 민첩하고 순발력이 뛰어난 이들은 위급 상황에서 빛을 발한다. 두더지 잡기 챔피언은 늘 움직이고 창의적 아이디어가 넘친다. 마라톤을 끝내자마자 다음 마라톤 일정을 물으며, 파티가 끝난 후에도 뒤풀이 파티를 연다. 이들에게 지루한 순간이란 존재하지 않는다.

그런 들뜬 에너지는 두더지 잡기 챔피언을 움직이는 여러 욕구를 충족시킨다. 그들은 끊임없이 바쁜 것을 자신의 존재 이유로 삼는다. 바쁨은 곧 가치와 직결된다. 가장 바쁜 사람이 성공한다. 정신없이 바쁘다는 것은 곧 중요한 사람이라는 의미이기 때문이다. 그들은 기회를 놓치고 싶지 않은 마음에 모든 프로젝트에 참여하겠다고 나선다. 두더지 잡기 챔피언의 지위를 과시하고 칭송받으려는 강한 욕구 탓에 그들은 프로젝트가 말도 못하게 복잡했다고, 문제를 해결하는 데 수십 가지 단계가 필요했고 나흘이나 밤을 새워야 했다고, 자신이 가까스로 팀을 위기에서 구했다고 늘어놓으면서 자신도 모르게 사람들을 숨 막히게 한다.

당신이 두더지 잡기 챔피언과 비슷하다고 느낀다면, 쉴 틈 없이 이 문제에서 저 문제로 뛰어다니면서 어떤 내면 욕구를 채우려 하는지 생각해봐야 한다. 보살핌 제공자처럼 대개 두더지 잡기 챔피언에게도 꼭 필요한 존재가 되려는 욕구가 있다. 그 근본적인(그리고 정상적인) 욕구를 채우기 위해, 어떻게든 문제를 해결하고 유일한 답 제공자가 되어 남들이 자신에게 의지하게 만든다. 그들은 게임 실력은 나무랄 데 없지만, 영웅이 된 쾌감은 다음 두더지가 고개를 내밀기 전까지만 지속될 뿐이다.

권력 간극의 관점에서 보면, 두더지 잡기 챔피언은 두더지를 때려잡는 데 너무 몰두한 나머지 자신이 팀에 미치는 부정적 영향을 인지하지 못한다. 예를 들어 세자르는 문제를 망치로 때려잡는 데 집중하는 동안 부하 직원들이 보이지 않는 피해를 입는다는 사실을 몰랐다. 그는 명확한 목표와 비전을 제시하는 리더십을 발휘하지 못했다. 날마다 정신없이 직원들을 이 일에서 저 일로 끌고 다닐 뿐이었다. 직원들은 전략적 사고 능력도 목적의식을 심어주는 능력도 부족한 리더 밑에서 일하면서 당연히 업무 의욕이 떨어졌다. 일에 대한 주인의식 또는 함께 일한다는 동지의식도 없이 상사의 명령만 따랐기 때문이다. 게다가 권력 간극이 만들어내는 거리 탓에 아무도 번아웃을 겪는다는 고충을 세자르에게 말하지 못했다. 세자르는 팀장이 되고 9개월이 흐른 뒤 새로운 종류의 위기를 마주했다. 휴가를 신청하거나 회사를 그만두고 경쟁사로 옮기는 팀원이 늘어난 것이다.

두더지는 끊임없이 나타나기 마련이다. 중요한 것은 얼마나 많은 두더지를 때려잡고 나서야 게임에서는 이기고 있지만 소중한 자원과 팀원을 잃고 있다는 사실을 깨닫느냐 하는 점이다.

> **Coach's Note**
> **당신이 두더지 잡기 챔피언이라는 네 가지 신호**
>
> 1. 위기관리 능력을 최대 장점으로 여긴다.
> 2. 어떤 기회든 놓치기 싫어한다.
> 3. 쉽게 따분함을 느낀다.
> 4. 이미 끝낸 일인데도 할 일 목록에 추가한 뒤 그 항목을 지우면서 만족감을 느낀다.

플래시:
빨리 가려다 신뢰를 잃는다

마리엘은 DC 코믹스의 캐릭터인 플래시Flash의 직장 상사 버전이라 할 수 있다. 빛의 속도로 이동해 온갖 문제를 해결하는 슈퍼히어로로 말이다. 플래시 유형의 상사는 효율성의 영웅이 되려는 욕구를 불태운다. 두더지 잡기 챔피언과 비슷한 면이 있지만, 두더지 잡기 챔피언이 '양'을 중요시한다면 플래시는 '속도'를 중요시한다. 두더지 잡기 챔피언은 더 강한 성취감을 계속 갈망하면서 구조자가 됐다는 짜릿한 쾌감을 원하지만, 플래시는 결승선에 가장 먼저 도착하는 것에 골몰한다.

12남매 중 맏이인 마리엘은 부모님이 종일 밖에서 일하는 동안 동생들을 거의 키우다시피 했다. 8학년 때 선생님은 그녀의 남다른 총명함을 알아채고 꼭 대학에 진학해 전문직 종사자가 되라고 조언했다. 마리엘은 그 목표에 기꺼이 도전했다. 새벽 3시에 일어나 식구들을 깨우지 않으려고 조명을 어둑하게 해놓고 공부했다. 그녀는 그야말로 피나게 노력했다. 집안일을 돕고 나면 남는 시간이 거의 없기 때문에 새벽에 일어나 동이 틀 때까지 엄청난 집중력을 발휘해 초고속으로 책을 읽어 내려갔다. 그러면서 선생님을 깜짝 놀라게 할 최고 성적을 받겠다고 다짐했다. 그렇게 노력한 결과 고등학교에서 전교 1등을 차지했으며, 전액 장학금을 받고 일류 대학에 진학했다.

시간이 흘러 기업의 인수 합병M&A 전담 임원이 된 뒤에도 빠른 속도로 남들을 앞서나가려는 심리는 여전했다. 사실 누구보다 단기간에 임원 자리까지 오른 것도 그런 마인드 덕분이었다. 하지만 그 위치에 오르자 압박감 탓에 고도의 효율성을 추구하는 것이 중요한 프로젝트나 역할을 독차지하는 태도로 변질되어 나타났다.

마리엘은 새 프로젝트를 시작하기 전에 직원들과 아이디어

회의를 열었다. 그녀는 대단히 상세하고 완성도가 높아서 직원들이 문제점이나 결점을 찾기 힘든 프로젝트 계획안을 준비해왔고, 그런 방식이 효율적이라고 믿었다. 그러면 한 번의 회의만으로 프로젝트를 더 신속하게 실행에 옮길 수 있었다. 여럿이 아이디어를 내고 계속 수정 및 개선하는 과정을 거치는 것보다 그 편이 훨씬 효율적이었다. 그리고 마리엘은 30분으로 예정된 회의를 정확히 29분 만에 끝내면서 직원이 피드백도 없고 질문도 하지 않는다고 못마땅해했으며, 이를 결국 아이디어를 낼 사람은 자신뿐이라는 의미로 해석했다. 직원들은 비판적 사고 능력이 부족한 듯 보였다.

하지만 비판적 사고 능력이 문제가 아니었다. 그들은 '마리엘이 늘 누구보다 먼저 나서서 하잖아. 그녀는 우리가 의견을 내는 걸 원치 않아'라고 생각하는 데 익숙해져 있었다. 그녀는 다른 사람 때문에 자신이 원하는 만큼 속도가 나지 않는 것을 참지 못하는 탓에 모든 일에 직접 나섰고, 그러니 자연히 부하들은 스스로 생각하는 법을 익히지 못했다. 그 결과 마리엘에게는 불필요한 업무가(그리고 압박감도) 늘어났다. 따라서 자신의 업무 역량을 발전시킬 여유도 전혀 없었다.

나는 속도에 집착하는 마리엘의 이런 습관이 남의 일 같지 않다. 더 빨리하려다가 오히려 일이 늘어나는 아이러니한 상황을 익히 겪어봤다. 지금도 때때로 번개 같은 속도로 처리하는 '동시에' 정확성과 질도 높이려고 욕심을 부리곤 한다.

얼마 전 워드 프로그램으로 강연 원고를 작업할 때였다. 곳곳에 메모를 삽입해야 했는데, 1시간 동안 적어도 열다섯 번은 화면에 메모 상자가 뜨기도 전에 타이핑을 시작해버렸다. 그러면 메모할 내용의 첫 서너 글자가 본문에 입력됐고, 그 부분에 철자 오류를 나타내는 구불구불한 빨간 밑줄이 여지없이 그어졌다. 두세 번 그런 일을 겪고 나서 같은 실수를 더는 하지 않았을 것 같은가? 아니다! 나는 또다시 몇 번이고 본문에 잘못 입력한 글자를 일일이 지우고 나서 메모 상자의 첫 부분에 빠진 글자를 입력해야 했다. 타이핑을 시작하기 전에 잠깐만 멈추면 될 일인데, 그러지 않은 탓에 에너지가 3배나 더 들어갔고 귀중한 시간도 낭비했다. 나는 충분히 피할 수 있는 실수를 스스로 초래해 스트레스를 추가한 셈이다.

물론 효율성은 리더가 추구해야 할 중요한 덕목이지만, 효율성을 '지나치게' 추구하면 직원들의 지지와 동의를 잃고 그들의 업무 의욕이 저하되는 대가를 치러야 한다. 플래시 유형의 상사가 빠른 해결을 위해 질주하면서 일으키는 흙먼지는 더 빠를지도 모를 다른 길을, 직원들의 시야를 가릴 수 있다. 플래시는 결승선을 향해 달려 나갈 때 처음에 떠올린 해답에만 매달리는 경우가 많다. '나만 옳다'는 생각이 강한 이들은 좀처럼 멈춰서 '지금 이 상황에서 우리가 택할 다른 방법은 뭐가 있을까?'라고 생각해보지 않는다. 대신 앞만 보고 달리면서 다른 목소리는 무시한다.

도미닉의 예를 보자. 360도 평가 결과 그는 전형적인 플래시였다. 한 부하 직원은 이렇게 말했다. "그는 직원들이 모인 회의에서 늘 이래요. 자기 생각을 말한 뒤 마치 우리 의견을 듣고 싶은 것처럼 행동하죠. '다른 의견 있나요?'라고 묻고는 바로 '없어요? 좋아요, 그럼 내가 말한 대로 합시다!'라고 해요."

이런 상사를 보면 사냥개가 떠오른다. 사실은 종이봉투를 쫓아가고 있다는 사실을 모른 채 눈에 띈 첫 번째 다람쥐를 쫓아가 덮치는 사냥개 말이다. 개는 잠시 멈춰서 이렇게 생각할 지적 능력이 없다. '잠깐, 더 좋은 다람쥐가 나타날지도 모르잖아? 성급하게 쫓아가기 전에 좀 더 지켜보면서 다른 대안을 고려해볼까?' 하지만 우리에게는 그런 지적 능력이 있다. 어떤 상황에서든 처음에 떠오른 해결책은 가장 현명한 방법이 아닐 수도 있다. 하지만 가장 먼저 생각난 아이디어만 정신없이 좇는다면 다른 누군가에게 좋은 아이디어가 있는지 알아채기 어렵다.

사람들에게 의견이 있는지 묻고 2초 뒤에 대화를 끝내버리는 도미닉은 사실상 그들의 의견을 듣고 싶지 않다고 말한 것과 같다. 의견조차 내지 못하는 직원은 주도적인 책임감을 느낄 수 없고, 자연히 도미닉의 아이디어를 실행하는 데 열의가 생길 리도 없다. 변화 관리 전문가 대릴 R. 코너$^{Daryl\ R.\ Connor}$가 말했듯 변화를 받아들이는 이들과 거부하는 이들의 가장 큰 차이점은 전자의 경우 상황에 대한 통제감이나 발언권이 있다는 점이다.

속도를 향한 욕구에 지배당하면 자신도 모르는 새에 타인의 감정과 정서적 욕구에 둔감한 상사가 된다. 속도에 집착하는 상사는 부하 직원과 눈도 맞추지 않고 쌩하고 지나가면서 "얘기 좀 합시다"라고 짧게 내뱉으면 직원이 순간 '혹시 내가 뭘 잘못했나?' 또는 '해고 통보를 하려는 건가?'라는 불안감에 휩싸일 수 있다는 사실을 모른다. 명심하라. 일터도 감정을 느끼는 사람이 일하는 공간이다. 또 그런 상사는 자신이 수시로 방향을 바꾸고 속도를 올리는 탓에 부하에게 과도한 피로감을 안겨줄 수 있다는 사실도 모른다.

이들은 왜 그토록 속도에 집착할까? 그래서 얻는 것이 무엇일까? 아마도 이들은 최고의 효율성을 위해서라고 말할 테지만, 그것은 표면적 이유에 불과하다. 이들의 내면에서는 모종의 강한 욕구가 작동한다. 때로는 기회를 놓치는 것에 대한 두려움이('이걸 빨리 끝내야 뒤에 올 중요한 기회를 차지할 수 있어!'), 또는 누구보다 먼저 일을 성공시켰다는 인정을 받고 싶은 욕구가 작동한다('내가 이겼어!'). 하지만 대개 이들의 마음속에는 통제 욕구가 있다('번개같이 움직여 일을 진행해야 사람들이 문제를 제기하거나 내 계획에 제동을 걸 틈이 없을 거야'). 어떻게든 상황을 확실히 장악하고 자신의 비전을(그럼으로써 자신의 존재 가치를) 보호하려는 것이다. '이건 내 프로젝트야/내가 한 분석이야/나만의 독창적인 비전이야', '내 속도대로 가야 해'라고 생각한다. 속도가 느려지면 다른 이들의 아이디어와 의견이 끼어들 테고, 그러면 자신의 아이디어가 유일한 최고 의견이 될 수 없고, 마음대로 일을 진행할 수도 없다. 만일 당신이 팀원들과 여러 아이디어를 토론하고 거듭 개선해나가는 과정을 참지 못한다면 당신 안에 상황을 통제하려는 욕구가 꿈틀댄다는 신호다.

> **Coach's Note**
> **당신이 플래시라는 여섯 가지 신호**
>
> 1. 걸음걸이와 말이 빠르고 행동이 부산스럽다(또는 나처럼 오디오 북을 1.5배속으로 듣는다).
> 2. 이메일과 문자메시지에 몇 분 안에 답장한다(하지만 질문을 받았을 때는 길게 대답하지 않는 편이다).
> 3. 멀티태스킹을 잘하는 것을 자랑스러워한다.
> 4. 뭔가 생각나면 곧장 상대방 말을 끊고 끼어들 때가 많다.
> 5. 시간 낭비는 나의 능력을 약화하는 치명적인 적이라고 생각한다.
> 6. 인내심이 별로 없다.

최우등생:
완벽주의가 리더십을 무너뜨린다

선생님의 질문에 항상 제일 먼저 손을 드는 랜스는 완벽한 최우등생이었다. 진취적 성격에 높은 지능을 갖춘 그는 아이비리그 대학에 들어가 졸업하기 전에 일류 직장에 취직하겠다는 목표를 세웠고, 당연히 그 목표를 달성했다. 현재는 컨설팅 회사의 임원이며, 고객이 아무리 어려운 질문을 해도 척척 답하는 그의 능력에 동료들도 엄지손가락을 치켜세운다.

최우등생이 으레 그렇듯 랜스는 높은 기준을 추구하는 완벽주의자다. 그렇다 보니 모든 직원에게 어떤 일이 됐든 진행하기 전에 자신의 승인을 받으라고 한다. 분기 보고서의 글자 크기부터 대규모 프로젝트의 예산에 이르기까지 모든 일에 대해 반드시 랜스에게 검사받아야 한다. 그러나 랜스 같은 최우등생 유형의 상사가 지닌 완벽함에 대한 고집스러운 욕구는 엄청난 압박감을 만들어낸다.

모든 질문이 랜스에게 향하고 그가 주도권을 단단히 쥐고 있는 탓에 직원들은 일을 진행하기 전에 그의 답변만 기다린다. 랜스의 메일함에는 직원이 구체적인 사항을 결정하기 위해 프로젝트의 전체적인 방향을 묻는 이메일이 쌓이고, 그들이 의문점이 해소되길 기다리다가 프로젝트가 지연되기 일쑤다.

또 랜스는 "당신이 이 프로젝트에 더 훌륭하게 기여하기 위해 우리 함께 좀 더 상세하고 심층적으로 논의해봅시다"라고 입버릇처럼 말하지만 실제로 그렇게 하는 경우는 별로 없다. 마치 개에게 비스킷을 던져주듯 그는 직원들의 문의에 늘 "좋은 질문이에요"라는 칭찬을 던져준다. 그러니 직원은 자꾸 질문하고, 랜스만이 알려줄 수 있는 답을 하염없이 기다리다가 답답함과 무력함을 느낀다. 랜스는 자신만 해답을 쥐고 직원에게 정확한 설명을 해주지 않는다. **그렇게 지식과 정보의 유일한**

제공자가 되어 자신의 높은 위치를 지킨다. 하지만 그는 그런 행동 탓에 최고 인재들이 자신의 역량을 마음껏 펼칠 수 있는 다른 회사로 옮겨 간다는 사실을 모르고 있다. 요컨대 랜스는 개인적으로는 성공한 스타플레이어일지 몰라도 상사로서는 형편없다.

랜스 같은 최우등생 유형의 상사는 실제로 누구보다 똑똑한 두뇌의 소유자다. 그들은 운이 좋아서 높은 위치에 오른 것이 아니다. 그들의 두뇌야말로 성공의 핵심 도구다. 하지만 그들의 완벽주의 성향은 때로 조직에 독이 될 수 있다.

최우등생 유형의 상사는 완벽함을 향한 피나는 노력을 중요시한다. 물론 그 덕분에 탁월한 성과를 낸다. 그러나 그런 강박적 노력이 자신의 삶에도, 팀의 장기적 성공에도 해로운 영향을 미칠 수 있다. 이들은 아침에 가장 먼저 출근하고 저녁에 가장 늦게 퇴근한다. 재충전을 위한 시간도 거의 보내지 않는다. 이들은 뒤에서 소개할, 인간이 지닌 능력의 한계치를 무시하는 '슈퍼히어로 증후군'에 빠질 가능성이 높다.

조직의 사다리를 올라가려 애쓰는 말단 직원이나 회사를 막 창업한 사람이라면 쉬지 않고 미친 듯이 일하는 것이 마땅할지도 모른다. 하지만 권한이 높은 자리에 있는 리더인 당신이 그렇게 일하면 부하들에게 압박감이 가중된다. 그들은 당신을 위해 자신의 삶을 희생해야 할 것 같은 기분을 느낀다. 당신이 일하는 속도, 당신이 조성하는 업무 분위기, 당신의 기대치는 부하에게 고스란히 영향을 미친다. 하지만 요즘은 건강을 해쳐가면서 또는 가족과 보내는 시간이나 일과 삶의 균형을 포기한 채 미친 듯이 일만 하는 문화가 점차 사라지고 있다. 코로나19 팬데믹 이후 여러 비즈니스 매체에도 보도되었듯 온몸을 바쳐 일하는 '허슬 컬처hustle culture'는 이제 과거의 유물이 되었다. 높은 기준의 직업윤리를 제시하고 장려하는 것과 직원들이 자신을 번아웃으로 몰아가는 것은 완전히 다르다.

최우등생의 머릿속을 지배하는 완벽주의는 그를 함정에 빠뜨린다. 계속해서 탁월한 성과를 내야 한다는 중압감이 냉철함과 평정심, 명석한 사고력을 잃지 않게 막아주는 심리적 방호벽을 무너뜨리기 때문이다. 완벽주의는 다양한 행동 방식으로 표출된다. 예컨대 어떤 사람은 부하가 제출한 보고서에서 별로 중요하지도 않은 세세한 부분을 수정하느라 업무 시간의 25퍼센트를 쓰고, 어떤 사람은 실수를 하나라도 할까 봐 극도로 불안해한다. 그런 불안감은 늘 어떤 식으로든 겉으로 드러난다.

출중한 능력으로 성공을 이룬 버네사가 얼마 전 긴급 상담을 요청하며 연락을 해왔다. 그날 아침에는 공황 발작까지 일어났다고 했다.

내가 말했다. "아, 저런. 편하게 말해보세요. 무슨 일이 있었나요?"

"엄밀히 말하면 아무 일도 없었어요. 내일 팟캐스트 방송에 출연해야 하는데, 이런 일은 난생처음이거든요. 분명히 실수할 거예요. 그냥 취소할까요?"

버네사는 최근 업계에서 손꼽히는 혁신적인 헬스 케어 회사 창립에 중요한 역할을 했을 만큼 능력 있는 여성이다. 하지만 완벽주의 성향이 너무 강해서 작은 실수만 해도 모든 것을 완전히 망칠 거라고 믿는다. 상사의 이런 가혹한 기준은 부하 직원의 정신 건강에 엄청난 악영향을 미치며, 당연히 이는 팀의 성과 저하로 이어진다. 그리고 완벽함을 추구하다가 좌절하는 사이클이 반복되면서 모두가 헤어 나오기 힘들어진다.

최우등생 유형은 모든 답을 알지 몰라도 때로는 아이러니하게도 그 총명함 탓에 단순한 진실, 즉 완벽하지 않은 것이 정상이라는 진실을 보지 못한다.

Coach's Note

당신이 최우등생이라는 네 가지 신호

1. 이 자가 점검 테스트에서 만점을 받으려면 뭐가 필요할지 생각하고 있다.
2. 높은 점수와 칭찬을 받는 것이 뜨거운 여름날 아이스크림을 먹는 것보다 더 행복하다.
3. 실수와 실패는 절대 용납할 수 없다.
4. 이 테스트는 만점이라 확신하면서 뒤에 나오는 모든 테스트도 만점을 받겠다고 생각한다.

권한 위임 다이얼:
맡긴 뒤에도 조율하라

그렇다면 보살핌 제공자와 두더지 잡기 챔피언, 플래시, 최우등생은 어떻게 해야 할까? 나는 단순히 '권한을 위임하라'라는 한 문장만 던져주고 이번 장을 끝내진 않을 것이다. 당신도 이 조언을 익히 들어봤을 테고, 아마 실천도 해봤지만 신통한 효과를 못 봤을 것이다.

그 까닭은 뛰어난 관리자와 경험 많은 임원조차도 다음과 같은 중요한 점을 간과하기 때문이다. 권한 위임은 그저 한 번의 행위로 끝나는 단순한 프로세스가 아니다. 당신이 그저 부하에게 일을 맡기고 그 순간부터 더는 신경 쓰지 않아도 된다면, 그래서 당신의 과중한 업무가 줄고 지적 에너지도 절약할 수 있다면 더없이 좋을 것이다. 하지만 알다시피 그렇게 되는 경우는 좀처럼 없다.

당신의 부하는 독심술사가 아니다. 당신이 원하는 결과물에 대해 포괄적이고 모호하게 언급하며 일을 맡긴 뒤 마감일 직전까지 내버려두면 부하 직원이 완성해놓은 결과물에는 십중팔구 실수나 잘못된 부분이 섞여 있기 마련이다. 그때쯤에는 그가 피드백을 받아 작업을 다시 해서 결과물을 보완할 시간적 여유가 없다. 그러니 당신이 일을 가져가 주말까지 반납해가며 전체적으로 다시 뜯어고친다. 우리는 부하 직원에게 일을 던져

주고 손을 딱 뗀 뒤, 피곤하게 간섭하는 상사가 아니라 믿고 맡김으로써 마음껏 역량을 발휘할 자유를 주는 상사가 되었다고 믿는다. 하지만 사실은 좋은 리더로서의 마땅한 책무를 저버리는 것이며, 동시에 부하에게 심리적 혼란을 야기하는 것이다. 상사의 말과 행동이 모순되므로(부하를 믿고 일을 맡겨놓고선 나중에 결과물을 자신이 다시 작업한다) 부하는 혼란스러워지고 자신의 능력을 의심하게 된다.

그러면 부하 직원의 자신감은 바닥으로 떨어진다. 자신의 능력을 신뢰하지 못하는 상사가 자신이 해놓은 결과물을 다시 뜯어고치는 것을 목격하기 때문이다. 부하는 쓸모없는 존재가 된 기분을 느끼고 지나치게 간섭당하는 느낌을 받는다. 당신이 툭하면 개입해 문제를 해결하면 부하는 다음번에 더 잘할 수 있는 근육을 키우지 못한다. 이런 패턴은 당신에게 불필요한 스트레스를 만들어내고 부하 직원의 업무 의욕을 떨어뜨린다. 어떤 결과물을 내놓아도 상사의 성에 차지 않는다는 것을 알게 되기 때문이다.

기업의 CFO인 바버라의 경우를 보자. 바버라는 주주들에게 회사 수익을 보고하고 사업 진행 현황을 업데이트하는 분기별 회의를 진행하는데, 회의 자료 준비를 투자자 관리 책임자인 오언에게 맡겼다. 회의가 열리기 2주 전에 오언이 바버라에게 검토를 받기 위해 자료를 보내면, 바버라는 곳곳을 수정해 빨간 줄로 표시한 뒤 오언에게 돌려보냈다. 바버라는 오언이 수정본을 보고 문제가 무엇인지 깨달아 이번에는 제대로 완성하리라 기대했다. 하지만 다시 돌아온 자료에도 또 비슷한 양의 빨간 줄이 그어졌다. 결국 바버라는 오언이 답답해 죽겠다고 열을 내면서 자료 거의 대부분을 다시 만들었다. 그러느라 귀중한 시간을 다 잡아먹으니 짜증이 날 수밖에 없고, 지식의 저주 탓에 '돌 가져오기'가 시작되면서 오언은 오언대로 힘이 쭉쭉 빠졌다.

내가 바버라에게도 충고했듯 그보다 나은 방법이 있다. 바로 권한 위임을 할 때 스위치가 아니라 다이얼 방식을 택하는 것이다. 바버라는 매번 아무 말 없이 오언에게 자료를 돌려주면서 그가 독심술을 발휘해 그녀가 원하는 것을 기적처럼 간파하리라 기대하지만, 이는 결국 둘 모두에게 실망스러운 결과만 낳을 뿐이다. 그보다는 **업무를 위임할 때 직원의 능력과 경험치에 맞춰 다이얼을 돌리는 방식으로 접근해야 한다.**

'권한 위임 다이얼' 도구를 소개하겠다. 당신이 다음의 항목에 해당한다면 이 도구를 활용해야 한다.

- 다른 사람이 할 수 있거나 해야 하는 일이 당신에게 지나치게 몰려 있다.
- 업무를 위임해봤지만 별로 효과가 없었다.
- 부하들이 더 많은 책임을 맡도록 이끄는 좋은 멘토가 되고 싶다.

- 꼭 필요한 존재가 되고, 자격을 인정받고, 통제권을 쥐고 싶은 욕구 때문에 권한을 위임하기가 망설여진다.

실행 방법

권한 위임에는 개인별로 맞춤화된 접근법이 필요하다. 그래야 생산성이 높아지고 상사와 부하 모두의 만족도도 높아진다. 이 도구를 활용할 때 반드시 이 점을 기억하라. '효과적인 권한 위임에는 반드시 코칭이 동반된다.'

1단계: 능력 수준을 파악한다

바버라는 권한 위임에 실패하는 많은 리더와 비슷한 실수를 했다. 즉 '지식의 저주'에 빠진 채 부하와 소통한다는 사실을 깨닫지 못했다. 상당한 전문 지식과 기술을 갖춘 우리는 그다지 깊이 생각하지 않고도 일을 수행할 수 있다. 그러면서 상대방도 당연히 알 것이라 가정하고 우리 머릿속 지식을 이해하기 쉽게 변환해 전달하는 과정을 생략한다.

경영자 트레이너 마틴 M. 브로드웰Martin M. Broadwell이 제시한 학습의 4단계를 살펴보자.

무의식적 무능함

새로운 것을 처음 배울 때는 자신이 뭘 모르고 뭐가 부족한 지조차 모른다. 자동차 운전을 예로 든다면, 운전대를 한 번도 잡아본 적이 없고 운전하려면 뭘 할 줄 알아야 하는지도 모르는 상태가 이 단계에 해당한다.

의식적 무능함

조금 배우고 나면 자신이 뭘 모르는지 알게 된다. 무엇이 부족하고 뭐가 문제인지 알지만 어떻게 해결해야 할지 아직 잘 모른다. 자동차 주행 연습을 해보면 전에는 몰랐지만 운전에 온갖 복잡한 지식과 행위가 필요하다는 사실을 깨닫는다.

의식적 능숙함

여러 단계를 거치며 점차 방법을 습득한다. 이제는 차선을 변경하기 전에 능숙하게 깜빡이를 켜고 거울을 확인한다.

무의식적 능숙함

기술을 통달한 상태라 일의 세부 단계를 생각할 필요조차 없이 자동으로 수행한다. 운전 경력이 수십 년 쌓이면 자신도 모르는 새에 자연스럽게 깜빡이를 켠다. 무의식적으로 일을 척척 해내는 상태다.

권한이나 업무를 효과적으로 위임하려면, 우리는 위에서 4단계에 있지만 부하 직원은 1단계나 2단계에 해당될 수 있다는 사실을 기억해야 한다. 앞서 언급한 오언의 경우 두 번째인 '의식적 무능함'의 단계였다. 자신이 부족하다는 사실은 알지만 능숙함의 단계로 나아가기 위해 어떻게 해야 할지 잘 모르는 것이다. 운전을 배울 때는 운전 교육 학원에 등록하면 되지만, 오언은 어디에서 도움을 구해야 할지 막막했고, 마치 도로교통법을 열심히 공부하는 초보 운전자처럼 그저 바버라가 수정한 자료를 보면서 답을 찾으려 혼자 끙끙댔다. 부하에게 일을 맡기기 '전에' 그가 4단계 중 어디에 해당하는지 파악하면 어떤 어려움을 겪을지 예상하고 성공을 도울 수 있다.

부하 직원이 4단계 중 어디에 속하는지 알려면 어떻게 해야 할까? 질문을 던져라. 이전에 내놓은 결과물을 토대로 역량 수준을 평가하라. 피드백을 주고 그들이 그 피드백을 토대로 얼마만큼 나아지는지 지켜보라. 그런 뒤 다음 2단계로 넘어간다.

2단계: 다이얼을 돌려 적절한 등급을 결정한다

부하의 상태를 파악했다면 권한 위임 프로세스의 다이얼을 돌려 적절한 등급을 결정하라. 이 등급은 보여주기, 설명하기, 가르치기, 질문하기, 안전망 역할 하기로 나뉜다.

보여주기

부하가 완전히 초보자라면 그에게 맡기지 말고(특히 단독으로 맡기는 것은 금물이다) 당신이 하라. 그리고 당신이 일하는 것을 관찰하거나 옆에서 돕게 한다. 바버라와 오언의 경우, 만일 오언이 초보자라면 바버라가 자료를 직접 작성한 뒤 오언에게 완성된 결과물을 보여준다. 오언은 그것을 다음번 자료 작성 때 본보기로 삼을 수 있다.

설명하기

부하에게 일을 주고 해야 할 일을 설명한다. 예컨대 큰 그림을 보는 상사인 바버라가 원하는 결과물의 수준과 꼭 지켜야 할 기준을 설명한다. 또 자료에 넣어야 할 분석 데이터의 종류, 문서의 길이와 문체 등 구체적 사항도 알려준다.

가르치기

일을 맡긴 뒤에는 구체적 부분을 가르쳐준다. 바버라는 빨간 줄을 그은 수정본을 넘겨준 뒤 오언이 알아서 이해하리라 생각하지 말고, 자신이 수정한 부분에 주석을 달아 이유를 알려준다. 예컨대 왜 이 내용을 제일 상단에 넣어야 하는지, 이 부분에서는 왜 이런 표현이 더 적절한지, 왜 여기서는 이런 문체가 효과적인지 등이다. 오언이 결과물을 보완해 다시 제출하면 이번에는 본문에 수정 사항을 표시하는 대신 여백에 이런 식으로 메모한다. '비위를 맞추려 지나치게 애쓰는 듯한 인상을 주므로 이 문장의 형용사 수를 줄일 것.'

질문하기

세 단계를 거친 후에는 '질문'을 던진다. 즉 가르치거나 지시하지 않고 코칭한다. 부하에게 무엇이 필요한지, 장애물은 없었는지, 새로운 통찰력을 얻었는지, 일하는 과정에서 무엇을 배웠는지 물어본다. 오언의 문서 작성 실력이 향상되면 바버라는 다음과 같은 질문을 던져 그를 코칭할 수 있다. "이 보고서에서 당신이 주주들에게 전달하고 싶은 가장 중요한 메시지는 무엇인가요?", "다른 어떤 아이디어를 떠올렸나요? 어떤 이유로 이 아이디어를 택했나요?", "가장 최근 회의에서 주주들이 보인 반응을 보며 무엇을 깨달았나요?"

안전망 역할 하기

대부분의 관리자가 다이얼의 마지막 단계인 여기서 권한 위임 프로세스를 시작한다(그리고 실패한다). 이 마지막 단계는 능숙하고 경험 많은 직원에게만 해당한다. 이 단계에서 당신은 부하가 필요로 할 경우에만 도움을 제공한다. 오언이 능숙해지고 나면 바버라는 완성본이 다 되면 제출하라고 말하면서 도중에 궁금한 것은 언제든 질문하라고 덧붙인다.

권한 위임 다이얼의 어떤 등급이든 상관없이, 중요도가 높은 업무인 경우에는 당신이 중간중간 확인하는 것이 좋다. 그래야 필요한 경우 미리 조금씩 수정해서 마감일을 코앞에 두고 갑자기 유턴해야 하는 상황을 막을 수 있다.

바버라는 넉 달 동안 권한 위임 다이얼을 활용한 뒤 오언이 제출한 최종본을 훑어보기만 하면 되었다. 오언은 혼자서도 충분히 제 몫을 해냈다. '나는 이런 프로세스를 넉 달씩이나 할 만큼 한가하지 않아'라는 생각이 드는가? 그렇다면 바버라가 1년 동안 오언이 가져온 자료에 빨간 줄을 그어 돌려보내도 전혀 개선되지 않았다는 사실을 생각해보라. 권한 위임 다이얼은 '천천히 가는 게 결국 더 빨리 가는 길이다'라는 격언이 옳음을 보여준다.

권한 위임 다이얼은 천천히 돌려야 한다. 내 고객 팀의 아내는 고관절 수술을 받은 후 석 달 동안 고관절에 압박이 가해지는 동작을 할 수 없었다. 팀에게 그녀의 동작과 걸음이 어느 정도 편해졌다는 이야기를 들은 뒤 요즘은 어떻게 지내느냐고 묻자, 팀은 그녀가 아직 완벽하게 회복되지 않았는데도 너무 많이 움직여서 불안하다고 했다. 권한 위임 다이얼도 마찬가지다. 우리는 부하에게 일을 위임해야겠다고 마음먹으면, 팀의 아내가 성급하게 헬스장에 다시 나가고 싶어 한 것처럼 부하에게 한시라도 빨리 일을 맡기고 싶어 안달한다. 하지만 앞의 다섯 단계를 반드시 기억하라. 너무 서두르다가는 당신도 결과에 낙담하고 부하도 자신감과 의욕이 추락한다.

권한 위임이 어려운 이유

'하지만…'으로 시작되는 핑계와 함께 마음속에 저항이 일어나는가? 권한 위임 다이얼은 다른 어떤 도구보다 많은 저항을 야기한다. 다음은 권한 위임을 주저하는 이들이 대는 가장 흔한 핑계 다섯 가지와 그 저항을 물리치는 법이다.

핑계 1: 시간이 너무 오래 걸린다

현재 당신이 직원에게 맡긴 일을 번번이 다시 하는 데 쏟는 시간을 따져보라. 물론 당장은 권한 위임 프로세스에 시간이 좀 걸릴지 모른다. 하지만 재작업을 할 필요가 없어지므로 결국 그만큼 시간을 투자할 가치가 충분하다.

핑계 2: 중요한 프로젝트를 망칠지 모른다

조금씩 시작하면서 다이얼을 천천히 돌려라. 처음부터 직원에게 이사회에서 진행할 프레젠테이션을 덜컥 맡기지 마라. 아이들에게 고속도로에서 자전거를 가르치는 부모는 없다. 자전거에 보조 바퀴를 달고 막다른 골목에서 가르친다.

핑계 3: 부하가 세세한 부분을 챙길 줄 모른다

당신이 곧장 개입해 바로잡지 말고 권한 위임 다이얼의 '설명하기'와 '가르치기'를 통해 부하가 중요한 디테일을 관리하는 능력을 키우게 도와라. 또 특정 업무에서 흔히 발생하는 실수가 무엇인지 알려줘라.

핑계 4: 부하의 일 처리 속도가 너무 느리다

'상사의 관점'으로만 바라보지 않도록 주의하라. 권력 간극 탓에 당신은 해당 업무와 너무 멀리 떨어져 있거나 그 일에 대해 너무 잘 알아서(지식의 저주) 일의 속도에 대해 비현실적인 기대치를 갖게 된다. 부하에게 그 자신이 합리적이라고 느끼는 일정을 물어보라.

핑계 5: 부하의 비판적 사고 능력이 떨어진다

이는 얼마든지 가르칠 수 있는 부분이다. 예컨대 다음과 같은 효과적인 코칭 질문을 던져 그들의 비판적 사고 능력을 길러줘라. "우리 제품 출시일에 만일 어떤 문제가 발견될 경우 경쟁사가 좋아할까요?", "최근 제기된 고객 불만 사항 일곱 건의 공통점이 무엇인가요?"

Coach's Note
일상에서 권한 위임 다이얼 실천하기

- 하루에 한 번 부하에게 코칭 질문을 던져라.
- 일을 하기 전에 잠시 멈춰 이 질문을 생각해보라. 나 대신 이 일을 할 수 있는(또는 나보다 더 적절한) 다른 누군가가 있지 않을까?

통제 욕구를 내려놓는 법: 카이의 사례

다음은 권한 위임 다이얼을 통해 강력한 통제 욕구를 다스린 카이의 이야기를 직접 들어보자.

예전에 내가 일하는 방식은 둘 중 하나였다. 내가 직접 하거나, 부하에게 맡기고 최고의 결과물을 기다리는 것이다. 주로 전자를 선호했는데, 회의에서 어떤 목적을 달성해야 하는지 누구보다 명확히 알았고, 일의 관련 맥락을 충분히 파악했으며, 다른 누구보다 내가 가장 신속하게 처리할 수 있었기 때문이다. 부하에게 맡기는 방식은 도박처럼 불안하고 마음이 편하지 않았다. 내가 완벽하게 할 수 있는 일을 굳이 다른 사람에게 맡겨야 하나 싶었고, 한편으로는 부하에게 부담을 준다는 생각에 마음이 불편했으며, 내가 기대한 결과물이 나올지도 미심쩍었다.

가급적이면 직접 하려다 보니 할 일이 엄청나게 늘어났다. 경력 개발에 투자할 시간과 에너지가 부족했을뿐더러 번아웃이 찾아왔다. 부하에게 맡기는 두 번째 방식을 택하면 결과물의 질이 들쭉날쭉했다. 어떨 때는 아주 훌륭한 결과물이 나오고 부하에 대한 신뢰가 높아졌지만, 어떨 때는 기대에 턱없이 못 미쳐 그들에 대한 신뢰가 뚝 떨어졌다. 그러니 점점 더 업무 위임을 주저하게 되었다.

한번은 프레젠테이션 주제에 대해 나보다 더 잘 안다고 판단되는 부하에게 자료 준비를 맡겼다. 나는 굳이 붙들고 앉아서 일일이 알려주지 않아도 그가 프레젠테이션과 관련한 상황과 맥락을 충분히 알리라 생각했다. 하지만 그가 만들어온 자료를 검토해보니, 내가 맥락과 방향을 충분히 설명하지 않은 것이 문제였음을 깨달았다. 결국 내가 자료를 뜯어고치느라 야근을 했고 직원은 자신감에 큰 타격을 입었다.

나는 한 가지 접근법을 모든 직원에게 적용하는 방식을 바꿀 필요가 있었다. 이후 권한 위임 다이얼을 활용하면서 직원 수준에 맞춰 상황 및 배경을 설명하고 방향을 잡아주는 방법을 익혔다. 경력이 많은 직원에게 일을 맡길 때는 세세한 설명과 명령이 아니라 조언과 코칭을 하는 접근법이 필요했다.

예를 들어 나는 부하 직원이 중요한 내부 파트너가 참석하는 회의를 준비하는 과정을 도와줄 때, 그에게 파트너가 우려하는 점이 무엇일지, 성공적인 결과가 무엇일지 생각해보라고 했다. 예전 같았으면 내가 주요 안건 목록을 뽑고 회의도 직접 주도했을 것이다. 하지만 이번에는 부하가 내 질문을 토대로 안건을 정하고 회의도 진행해 훌륭한 결과를 냈다. 현재 이 직원은 조직에 효과적으로 기여하고 문제를 감당할 수 있다는 충분한 자신감을 갖고 일하고 있다.

12장

당신을 옭아매는
디테일에서 빠져나와라

이번 장 제목을 보고 나를 향해 "당신이 뭘 안다고!"라고 말하고 싶은가? 그렇다면 당신에겐 이번 장의 내용이 꼭 필요하다. 나는 이 세 가지를 장담할 수 있다.

1. 나도 안다.
2. 당신만 그런 것이 아니다.
3. 거기서 빠져나올 방법이 분명히 있다.

매일 당신을 괴롭히는 사소한 업무와 디테일에서 놓여나려면 먼저 시간을 거슬러 애초에 그런 상태에 맞닥뜨린 원인을 생각해봐야 한다. 당신은 어쩌다가 수많은 자잘한 일과 디테일에 파묻히게 되었는가? 세세한 부분까지 챙기느라 숨 돌릴 틈조차 없이 일하고 있지는 않은가?

에즈라는 작은 디테일에서 헤어 나오지 못하는 심리를 잘 보여주는 예다. 그는 글로벌 의료 용품 제조 기업의 CPO^{Chief} People Officer(최고 인사 책임자—옮긴이)다. 인사 관리 부서를 거쳐 현재의 임원직에 오른 그는 이 기업의 여러 인사 부서를 총관리한다. 많은 기업의 인사 담당 임원과 마찬가지로 에즈라에게도 팬데믹 기간에 코로나19 검사와 관련된 제반 사항과 직원들의 재택근무를 관리하는 일이 결코 쉽지 않았다. 당시 나는 CPO 고객들을 2주에 한 번씩 만났다. 전례 없는 팬데믹 국면에서 그들이 스스로를 '최고 코로나 책임자'라고 부를 만큼 역할과 책무에 많은 변화가 찾아왔기에, 그런 그들을 돕기 위해서였다. 아무도 겪어보지 않은 새로운 위기였고, 그들은 급변하는 상황에 맞춰 전에 없던 속도로 신속하게 관리 능력을 향상시켜야 했다. 특히 에즈라는 병원에 필요한 용품을 공급하는 최전선에 있는 기업의 임원이었으므로 더욱 그랬다. 그래서 나는 그가 날마다 밀어닥치는 도전에 제대로 대응하도록 돕기 위해 면담 횟수를 2주에 한 번에서 1주에 한 번으로 늘렸다.

어느 날 에즈라가 직장 내 코로나19 검사 공간에 설치하는 가림막의 높이를 아직 결정하지 못했다고 지나가듯이 말했다. 평소 에즈라의 스타일을 잘 아는 터라, 나는 그가 가림막 이야기를 슬쩍 한 뒤 재빨리 화제를 바꾸려는 것을 보고 내가 그 문제에 주목해줬으면 하는 마음과 그냥 지나쳤으면 하는 마음이 반반이라는 것을 알아챘다. 물론 나는 그냥 넘어가지 않았다.

"잠깐만요, 아까 그거 말이에요. 뭘 결정하지 못했다고요?"

"아, 코로나19 검사 구역에 세우는 의료용 가림막의 높이를 얼마로 하면 좋을지 정해야 하거든요. 사람들이 아침에 일터로 들어가기 전에 신속 항원 검사를 받는 공간이에요. 만일 177센티미터 높이로 제작하면 개인 보호가 제대로 되지 않는다고 불안해할 것 같아요. 하지만 223센티미터짜리 제품은 제작에 2주가 더 소요되고 창문을 완전히 가려버린다는 단점이 있어요. 사람들이 밀실 공포증을 느끼지 않을까 싶어요."

인사 관리자로서 할 법한 걱정이긴 하다. 하지만 팬데믹 시기의 CPO가 가림막 높이를 센티미터 단위까지 신경 쓰며 걱정하는 것은 쓰나미를 피해 도망치는 와중에 신발에 들어간 자갈을 빼려 애쓰는 것과 비슷하다.

에즈라처럼 우리는 큰 목표를 이루는 데 별로 중요하지 않은 지엽적인 일의 중요성을 부풀려 생각할 때가 많다. 당신이 얼마나 바쁜지 나도 잘 안다. 오늘도 회의 일정이 연이어 잡혀 있을 것이다. 날마다 수많은 질문과 요구, 문제, 요청이 밀려든다. 할 일 목록에 있는 모든 일을 끝내기에는 시간도 에너지도 부족하다. 적은 자원으로 많은 것을 해결해야 하는 압박에 늘 시달린다. 그런 어려움을 나도 잘 안다. 하지만 정작 중요하면서도 어려운 일은 할 일 목록을 해치울 방법을 찾는 것이 아니라 그 일들이 목록에 포함된 까닭을 점검하는 것이다.

당신은 밀려오는 쓰나미에 집중해야 하는데 신발 속 자갈을 빼내고 있지는 않은가?

세부적인 업무에 파묻혀 있으면 힘들고 피곤하지만 이는 안전지대에 계속 머무는 길이기도 하다. 작은 일에 집착하는 것은 큰 압박감에 대한 '자동' 반응의 일종이다. 여기에는 익숙한 것으로 돌아가려는 심리가 깔려 있다. 안전지대 밖으로 나가는 일에는 언제나 리스크가 따른다. 압박감이 커지면 뇌는 우리를 위험에서 안전하게 지키려고 안간힘을 쓴다는 사실을 기억하라. 그리고 대개 그 '안전함'을 확보하는 방법은 예전의 직급에서 하던 익숙한 일을 고수하는 것이다.

에즈라가 얼마든지 부하에게 맡길 수 있는 결정 사항에 집착한 것처럼 말이다. 과거에 에즈라는 늘 2인자였다. 그의 선임이었던 이전 CPO는 항상 에즈라의 의견을 존중했지만 에즈라가 최종 결정권자는 아니었다. 그런데 이제 에즈라 자신이 중압감이 큰 CPO라는 직위에 올랐고, 그가 실수를 하면 팀이나 회사 전체가 곤혹스러운 상황에 처할 수도 있었다. 또 그가 내린 결정이 사람들을 분노하게 할 수도 있었다. 토니 블레어Tony Blair 전 영국 총리는 "모든 결정은 모종의 분열을 야기한다"라고 말했다. 모두가 자신을 좋아해주기를 바라는 욕구가 강한 에즈라는 자신이 어떤 결정을 내리든 언제나 불만을 느끼는 사람이 있을 거라는 생각에 스트레스를 받았다.

예전처럼 상관 뒤에 숨을 수도 없고 혼자 리더 역할을 감당해야 한다는 압박감 속에서 에즈라는 리더로 성장하는 대신 자신이 과거에 하던 일로 도망쳤다. 중압감에서 도피하기 위해 리더로서 큰 그림을 보며 전략을 세우는 일에 집중하지 않고 익숙한 업무에 계속 집착했다. 많은 리더가 이처럼 외부 위협을 피하는 원시 뇌에 자신도 모르게 지배당해 안전지대로 되돌아가는 선택을 한다. 그리고 그들은 자신이 그런 선택을 했다는 사실과 왜 그렇게 행동하는지, 그리고 그것이 리더에게 필요한 것과 정반대 행동이라는 사실을 깨닫지 못한다.

우리는 익숙한 일에서 빠져나와 어려운 전략적 도전 과제를 마주하지 않는 자신의 행동을 온갖 변명으로 쉽게 정당화한다. 이때 우리의 원시 뇌가 위험을 감지하는 것은 맹수 때문이 아니라 실패나 불편한 진실을 마주할 가능성에 대한 두려움 때문이다. 세상에서 인정받는 혁신적인 리더조차 홀로 있는 고요한 밤이면 이런 두려움에 시달린다. '내가 전략적으로 사고하는 뛰어난 리더십이 부족하면 어쩌지?', '제시한 계획을 실행하다가 불편한 진실이 드러나 원치 않는 큰 변화를 단행해야 하면 어떡하지?', '내 생각이 틀려서 실패하면 어떡하지?'

사실 충분한 시간과 에너지만 확보한다면 누구나 전략적 사고 능력을 발휘할 수 있다. 문제는 안전지대에서 기꺼이 걸어 나갈 의지가 있는가 하는 점이다. 당신은 당장 눈앞의 세세한 업무에 몰두하는 태도를 뛰어넘어 장기적이고 전략적인 질문을 던질 준비가 되어 있는가? 당신의 전략적 기량을 끝까지 밀어붙일 의향이 있는가? 또 그런 과정에서 구상한 계획을 행동으로 옮길 준비가 되어 있는가?

자잘한 일에 파묻히면 유일한 해결사의 행동 습관이 더욱 두드러지게 나타난다. "내가 할 테니 걱정 마"라는 보살핌 제공자의 본능이 깨어나, 자신의 일에 더해 남의 일까지 도맡아 처리한다. 완벽함을 위해 세세한 부분까지 관리하는 것은 최우등생이 무엇보다 좋아하는 방식이다. 플래시는 온갖 일을 누구보다 먼저 신속하게 해치우면서 만족감을 느낄 수 있다. 그리고 두더지 잡기 챔피언은 그들이 갈망하는 끝없는 바쁨에 뛰어들 수 있다.

바쁘다는 말은 모종의 책임이나 불편한 진실, 또는 압박감을 피하기 위한 편리한 구실이다. 내가 한 비영리단체의 이사회에 있을 때 단체의 IT 시스템을 업그레이드해야 했는데, 다른 이사가 자신의 인맥과 영향력을 이용해 거기에 필요한 기부금을 끌어오겠다고 나섰다. 그녀는 에너지가 넘치는 마당발이었기에 괜찮은 아이디어 같았다. 하지만 그런 유형이 으레 그렇듯, 그녀는 너무 바빠서 그것을 실천에 옮기지 못했다. 나는 이사회 회의 때마다 마음의 준비를 하고 들어갔다. 그녀 입에서 "어머나, 제가 너무 바빴어요. 요즘 다들 저처럼 바쁘시죠? 저는 정신이 하나도 없어요!"라는 변명이 쏟아질 게 뻔했기 때문이다.

이 여성은 바쁘다는 사실이 우리를 책임에서 해방시키는 편리한 변명이 될 수 있음을 보여준다. 그리고 우리는 정신없이 바쁜 것이 스스로 한 선택이라는 사실을 인정하기 쉽지 않다. 그 사실을 인정하기 싫어하는 것은 반드시 필요한 존재로 비치고 싶은 내면의 욕구를 마주해야 하기 때문이다. 내 고객 로즈 마리는 남편과 자녀 넷이 있고 교수라는 멋진 직업에 종사한다. 그녀는 일할 때 적용하는 엄격한 기준을 집에도 적용한다. 얼마 전에는 일이 너무 많다고 내게 하소연하며 이렇게 말했다. "많아도 너무 많아요. 종일 학교에서 일하고 집에 돌아오면 저녁 식사 준비하고 청소하고 나서 남은 학교 일을 한다니까요."

내가 물었다. "세상에. 식구들은 뭐 해요? 적어도 청소는 도와줄 수 있지 않나요?"

"어휴, 말도 마세요. 식기세척기에 그릇을 제대로 넣을 줄도 몰라요. 그러니 제가 할 수밖에요. 저는 잠자리에 들기 전에 주방이 얼룩 한 점 없이 완벽히 깨끗해야만 해요. 그래서 꼭 직접 관리하죠."

문제는 할 일이 많은 것이 아니라 그녀의 통제 욕구였다. 잠자리에 들기 전에 주방이 100퍼센트 깨끗하지 않으면 하늘이라도 무너질까? 만일 그녀가 적절히 일을 분담한다면 어떻게 될까? 식기세척기 사용에 서툴다는 이유로 가족에게 아예 맡길 생각조차 하지 않고 자신이 직접 다 하는 방식을 버린 뒤 그들에게 진통제가 아니라 영양제를 나눠준다면? 자신이 드라마 삼각형의 구조자라는 사실을 깨닫는다면 어떤 변화가 찾아올까? 기억하라. 언제나 당신은 현재 겪고 있는 상황을 초래한 공범이다. 중요한 것은 자잘한 업무에서 놓여나지 못하는 상황을 지속시키는 것이 다름 아닌 당신 자신이라는 사실을 기꺼이 인정하고 망설임 없이 행동을 바꾸는 것이다.

상사인 당신은 파트별 요리사가 아니라 총괄 셰프가 되어야 한다. **당신이 할 일은 모든 채소를 잘게 다지는 것이 아니라 새로운 레시피를 개발하는 것이다.** 당신은 조리에 필요한 모든 식재료와 도구를 정하고 준비시킨 뒤, 실제로 음식 만드는 일은 다른 사람들에게 맡겨야 한다. 그리고 당신의 에너지는 새로운 레시피를 개발하고 거시적 전략을 수립하는 데 써야 한다.

하지만 조리 공간을 떠나지 못하는 리더가 너무 많다. 자신이 유일한 해결사라고 생각하기 때문이다. 자신만큼 잘하는 사람, 자신만큼 빨리하는 사람, 자신만큼 완벽하게 할 사람이 없다고 믿는 것이다. 그런 생각의 바탕에는 현재의 자리에서 밀려나면 어쩌나 하는 두려움이 깔려 있다. 그들의 머릿속에는 이런 물음표가 찍힌다. '이 일에서 손을 떼도 내가 여전히 중요한 사람일까?', '이 조직에서 나는 얼마나 가치 있는 사람일까? 내가 이걸 하지 않으면 어떻게 될까?', '나는 더 높은 직급으로 올라갈 만한 리더일까? 그게 내가 정말로 원하는 일일까?' 그들은 남에게 일을 위임하지 않는 것을 수많은 변명으로 정당화한다. 내가 코칭을 받으러 찾아온 고객에게 반드시 묻는 다섯 가지 질문 중 하나는 "부하에게 업무나 권한을 얼마나 위임합니까?"다. 그러면 대개 '믿을 만한 부하에게 자주 위임한다'는 식으로만 대답한다. 그들은 부하에게 현재 진행 중인 책무를 뛰어넘는 일을 맡길 수 있을 만큼 부하에 대한 신뢰를 쌓았는지, 그 과정에서 자신이 어떤 역할을 했는지 깊이 생각해본 적이 없다.

당신은 지식과 정보가 있고 경쟁사에 대해서도 잘 알며 조직의 내부 상황에도 훤하다. 그러니 높은 직급으로 올라갈수록 디테일에 몰두할 가능성이 높아진다. 더는 그러지 않아도 되는데 말이다(코로나19 검사 공간의 가림막 높이에 집착한 에즈라를 떠올려 보라). 세부적인 문제가 중요하지 않다는 말이 아니다. 그것이 당신이 다른 곳에 써야 할 시간과 에너지를 잡아먹는다는 의미다. 당신은 프로젝트의 세세한 디테일까지 챙겨야 직성이 풀리는가? 만일 그렇다면 이는 두 가지를 의미한다.

첫째, 당신은 과거의 역할에서 벗어나 새로운 역할로 들어가기를 피하는 것이며 둘째, 부하들이 세세한 문제를 잘 처리하리라 믿지 못하는 것이다. 물론 때로는 그들의 실수를 탓하는 당신의 지적이 옳을지도 모른다. 그러나 상사인 당신에게도 항상 일정 부분 책임이 있다는 사실을 기억하라. 원래 우리 자신이 쓰는 스토리에서는 악당이 되는 것보다 피해자나 구조자가 되는 것이 더 편리한 법이다. 진정한 상사란 책임질 줄 아는 상사다. 그리고 그 책임이란 모든 일을 직접 하는 것이 아니라 부하를 제대로 가르치며 당장 눈앞의 상황을 해결할 진통제 대신 그들을 성장시킬 영양제를 제공하는 것을 의미한다.

세세한 디테일의 늪에서 빠져나올 방법은 있다. 다음에 소개하는 '공백 만들기' 도구가 그 늪에서 당신을 끌어올려줄 것이다. 이 도구를 활용해 전략적 사고 능력과 명료한 판단력, 창의성을 되찾길 바란다.

> **Coach's Note**
> **중간 점검 하기**
>
> 당신의 일과에서 자잘한 업무가 사라진다면 대신 다른 어떤 곳에 그 시간과 에너지를 쏟을 수 있을까?

공백 만들기: 비워야 집중할 수 있다

다음과 같은 신호가 나타날 때 이 도구를 사용하라.

- 늘 시간이 부족하거나 중압감에 시달린다.
- 일상의 자잘한 업무를 내려놓고 큰 그림을 보는 것이 잘 안 된다.
- 명료한 사고력을 발휘하기가 힘들다.
- 다음과 같은 번아웃 증상이 있다: 불면증, (신체적, 정신적, 또는 정서적인) 극심한 피로감, 일할 의욕이 나지 않거나 일이 즐겁지 않음, 무능하거나 쓸모없는 존재라고 느낌,

툭하면 불안해짐, 집중력 저하, 위안을 얻으려고 술이나 음식에 의존함.

세세한 디테일에 몰두하면 별로 중요하지 않거나 다른 사람이 충분히 처리할 수 있는 일에 자꾸 관여하는 것은 물론이고 나무 대신 숲을 보는 관점도 잃기 십상이다. 우리 안에는 훌륭한 아이디어도 많고 숨겨진 잠재력도 많다. 다만 스스로 깨닫지 못할 뿐이다. 그 아이디어와 잠재력이 밖으로 나올 수 있는 공간을 만들어줘야 한다.

많은 연구 결과에 따르면 우리 뇌는 쉬는 시간이 주어져야 최고의 능력을 발휘한다. 창의성은 집행 기능(의사 결정, 분석, 계획 등)을 담당하는 뇌 영역이 일을 멈출 때 뿜어져 나온다. 학습과 기억을 관장하는 뇌 영역은 쉬고 있을 때 새로운 신경세포를 만들어낸다. 뇌를 내면에 집중하는 모드로 만들면 아이디어와 통찰력이 자연스럽게 흘러나온다. 그렇기 때문에 아무 생각 없이 천천히 운전할 때나 샤워할 때, 조깅할 때, 또는 반려견을 데리고 산책할 때 갑자기 기발한 아이디어나 문제의 해결책이 떠오르곤 하는 것이다.

오래전 마이크로소프트에서 일할 당시 내가 갑작스러운 깨달음을 얻은 것은 정신없는 질주를 멈추고 긴 휴가를 보낼 때였다. 그때 나는 고위 임원으로 승진할 날을 코앞에 두고 있었지만 그것이 내가 원하는 방향이 아님을 깨달았다. 만일 그때 진정으로 원하는 일이 무엇인지 깨달을 시간적, 심리적 여백을 스스로에게 허락하지 않았다면 인생이 어떻게 달라졌을지 가끔 생각해본다. 아마도 어느 날 문득 깨어나 '대기업 임원이라는 화려한 직책에 있는데 왜 행복하지 않지?'라는 회의감에 휩싸였을 것이다.

많은 관리자가 분주함을 제거한 시간적 여백의 중요성을 모른다. 우리는 권한이 큰 자리에 오르면 메트로놈 같은 존재가 되고, 부하들은 우리의 속도와 리듬, 업무 방식에 맞춰 따라온다. 우리의 메트로놈을 적정 속도로 리셋하고 도전 과제에 맞서는 능력을 키우기 위해서는 소음을 제거하고 생각할 시간적 여백을 만들어야 한다. 나는 이것을 '공백 만들기'라고 부른다. 우리가 책을 읽을 때 각각의 단어를 구별해 인식하고 단어와 문장, 단락을 이해할 수 있는 것은 단어 사이에, 문장 사이와 단락 사이에 공백이 있기 때문이다. 그 공백이 없다면 종이에 쓰인 글자들은 불가해하고 무의미한 잉크 덩어리에 불과할 것이다. 우리의 시간도 마찬가지다. 시간의 공백은 우리 마음속에 쓰인 글을 정확히 읽게 해준다. 엄청나게 많은 공백을 만들 필요는 없다. 자신이 어떻게 행동하고 있는지, 올바른 것에 집중하고 있는지 깨달을 수 있을 정도면 된다.

이 책에 소개하는 다른 어떤 도구보다 공백 만들기와 관련해서는 비용 편익 분석이 중요하다. 내가 늘 눈코 뜰 새 없이 바쁜 고객들에게 잠깐이라도 그런 분주함을 내려놓아야 한다고 말하면 즉시 '하지만'으로 시작되는 온갖 반론이 쏟아진다. "그런 소리 마세요. 저를 위한 시간은 고사하고 우리 애들 얼굴 볼 시간도 내기가 힘들어요", "잠깐 쉴 수 있는 호사를 누린다면 얼마나 좋겠어요. 하지만 제가 쉬면 모든 게 엉망이 될 거예요", "할 일이 너무 많아서 도저히 시간을 뺄 수가 없어요" 등등. 우리 내면의 이런저런 욕구가 경고 사이렌을 울린다. 그 욕구를 채우기 위해 우리가 만든 습관이 위태로워진다. 시간을 낭비할까 봐, 또는 일에 대한 통제권을 잃어버릴까 봐 불안해한다.

하지만 당신이 이 책을 읽는 것은 지금보다 나아지고 싶어서다. 지금까지 해오던 대로 계속하면 지금까지와 똑같은 결과만 얻을 것이다. 중요한 질문은 이것이다. 당신을 현재보다 훨씬 나아지게 만들어줄 무언가를 놓치고 있지는 않은가?

물론 공백을 만들려면 일하는 시간 중 일부를 포기해야 한다. 그러나 곧 알게 되겠지만 그 대가로 결국 큰 보상을 얻을 수 있다.

실행 방법

고객들은 나의 조언에 따라 공백 만들기를 시도했으며, 그것을 꾸준히 실천해 삶의 변화를 이뤄낼 방법을 찾아냈다. 다음에 소개하는 그들의 경험담을 통해 당신도 유용한 팁을 얻을 수 있을 것이다.

1. 다른 중요한 일정을 잡을 때와 똑같이 미리 계획해 일과표에 넣는다

삶의 소음을 완전히 제거한 시간을 확보하는 것이 첫 단계다. 매주 공백을 위한 2시간을 따로 빼놓아라. 2시간은 해야 할 일과 일상의 잡념을 접어두고 보다 큰 비전을 구상하기에 적절한 시간이다. 다음은 요식업 프랜차이즈 기업의 마케팅 책임자인 고객 피터의 경험담이다.

- 내게 가장 중요한 것은 비서와 함께 다가오는 2주 동안의 일과표를 검토해 공백 시간을 정하는 일이다. 보통은 수요일이나 목요일 중 2시간을 택한다. 특별한 이유가 있어서는 아니고 그때가 가장 편하기 때문이다. 매주 꼬박꼬박 공백 시간을 따로 빼지 못해도 스트레스는 받지 않으려 노력한다. 적어도 2주에 한 번은 시간을 확보할 수 있고, 심하게 바쁘지 않은 시기에는 몇 주 연속으로 공백 시간을 만들기도 한다. 비서가 일정 관리 능력이 뛰어나서 큰 도움이 된다. 게다가 그녀는 내 공백 시간을 존중해주기 때문에, 누군가의 '긴급한' 업무상 요청이 있다며 내 공백 시간을 취소하라고 강하게 요구하지 않는다.

2. 아무것도(또는 거의 아무것도) 하지 않는다

그렇다면 공백 시간에 무엇을 해야 할까? 아무것도 하지 않는다. 그냥 앉아 있거나 산책을 한다. 예를 들면 피터는 다음과 같이 한다.

- 이 시간 동안은 나를 방해하는 요소가 아무것도 없어야 한다. 그래서 모든 전자 기기에서 손을 떼고 대개는 사무실 밖으로 나간다. 처음에는 휴대전화 정도는 괜찮을 거라 생각했다. 창의력을 자극하고 사고를 확장해주는 유용한 콘텐츠가 인터넷에 많기 때문이다. 하지만 오히려 방해가 되었다. 일과 관련된 알림 메시지가 너무 많이 떠서 열어보고 싶은 유혹을 떨쳐내기가 쉽지 않다. 개인적인 일 혹은 업무와 관련된 이메일, 사내 소식, 주식 시장 정보, 일반 뉴스 등등이다. 어떤 사람은 공백 시간에 이런 정보가 별로 방해가 안 될지 모르지만, 내 경우에는 그렇지 않다.

  나는 공백 시간을 실내가 아닌 바깥에서 보내면서 머릿속이 완전히 자유로운 상태가 되도록 놔둔다. 특히 숲이나 호숫가, 강변 같은 자연을 선호한다. 차를 몰고 나무가 많은 한적한 길을 달리는 것도 좋지만 이왕이면 걷는 것이 훨씬 좋다. 나와 관련이 별로 없거나 정서적 익숙함이 없는 곳이라면 자연이 아닌 인공적인 공간도 괜찮다. 예를 들면 시애틀에서 내가 한 번도 걸어본 적이 없는 낯선 동네 같은 곳 말이다(열 번 중 아홉 번은 사무실에서 나와 차에 오를 때 딱히 목적지를 정해두지 않는다). 공백 시간에는 특정한 문제를 생각하지 않으려 노력하고 그냥 멍하니 있는다. 풍경을 눈에 담고, 느끼고, 숨 쉰다. 이렇게 하면 심신을 씻어내는 기분이 든다. 뇌가 깨끗해지는 느낌이 든다. 마치 누군가가 내 뇌에 들러붙어 있는 모든 찌꺼기를 부드럽게 닦아주는 것만 같다.

만일 아무것도 하지 않는 것이 너무 힘들다면 아무 생각 없이 할 수 있는 활동을 찾아보라. 예를 들어 스케치북에 색연필로 뭔가를 끼적거리거나, 장난감 집짓기 블록을 만지작거리거나, 그 밖에 손으로 하는 쉽고 단순한 활동을 한다. 설거지 같은 단순노동을 강력 추천한다. 브랜던 샌더슨Brandon Sanderson은 소설 『에메랄드빛 바다의 트레스Tress of the Emerald Sea』에서 이렇게 썼다. "흔히 하는 큰 착각이 하나 있다. 단순노동을 하는 사람은 생각하길 싫어한다고 여기는 것이다. 육체노동은 정신에 큰 도움이 된다. 세상에 대해 생각할 시간을 주기 때문이다. 다른 종류의 노동, 예컨대 회계나 기록 같은 일을 할 때는 몸을 거의 쓰지 않지만 대신 정신적 에너지가 고갈된다. 스토리텔러가 되고 싶은 사람은 정신노동이 아니라 육체노동을 팔아야 한다. 만일 하루에 10시간씩 배의 갑판을 닦는다면 나는 수많은 스토리를 상상할 수 있다. 하루에 10시간 동안 숫자 계산을 해야 한다면 그 일을 끝낸 후 따뜻한 침대에 들어가 아무 생각 없이 눕고 싶은 마음뿐일 것이다."

종이접기를 하든 창문을 닦든 산책을 하든 상관없다. 당신에게 맞는 방식을 찾으면 된다. 피터는 혼자만의 시간을 자연 속에서 보내는 것을 좋아하지만, 가끔은 다음처럼 다른 방법도 쓴다.

때로는 내게 새로운 시각을 줄 만한 책을 읽는다. 공원이나 호숫가의 조용한 곳에 자리를 잡고 앉아 2시간쯤 읽는다. 그냥 아무것도 하지 않을 때만큼 머리가 깨끗해지는 느낌이 들지는 않는다. 내용이 굉장히 재미있더라도 어쨌든 새로운 정보를 흡수하는 활동이라 어느 정도 정신적 노동이 필요하기 때문에, 체계가 없는 자유로운 생각으로 머릿속이 청소되는 듯한 기분과는 다르다. 그래도 책 내용이 훌륭하다면 분명히 긍정적 효과는 크다. 머릿속을 완전히 자유로운 상태로 놔둘 때와 비교하면 독서할 때는 직관적 통찰의 순간이 더 적게 찾아오지만, 책을 읽을 때도 이따금 찾아오며 그것은 나 자신보다 다른 누군가의 목소리를 통해 찾아온다.

3. 인내심을 갖고 '원숭이 마음'을 참아낸다

많은 이들이 공백 시간 초반에 마음속이 시끄럽고 불안함을 느낀다. 명상을 해본 사람이라면 아무것도 하지 않고 앉아 있는 첫 몇 분이 가장 힘들다는 사실을 잘 알 것이다. 갖가지 생각이 머릿속을 헤집고 다니기 때문이다. '참, ㅇㅇㅇ을 하는 걸 깜빡했네', '그 일을 처리하라고 부하에게 말해야 하는데', '커피포트 전원을 켜놓고 나왔나?' 이런 정신 상태를 흔히 '원숭이 마음monkey mind'이라고 부른다. 생각이 원숭이처럼 이쪽 나뭇가지에서 저쪽 나뭇가지로 옮겨 다니면서 자신을 봐달라고 깩깩 소리를 치는 것이다. 처음 몇 분, 또는 완전히 초심자라면 처음 1시간을 보내는 데는 인내심이 필요하다. 하지만 마음껏 돌아다니게 잠시만 놔두면 원숭이는 곧 잠잠해진다.

4. 주제를 선택한다

경우에 따라서는 공백 시간을 위한 큰 주제를 정하는 것도 좋다. 예를 들어 바쁜 일과 도중에 해결하기 힘들어서 미루고 있는 어려운 문제, 또는 더 포괄적으로 '우리 팀'을 주제로 정하는 것이다. 그것을 골똘히 생각하라는 이야기가 아니다. 그 주제가 천천히 머릿속을 돌아다니게 놔두고 그와 관련해 무엇이든 생각나는 것을 적어본다. 운이 좋으면 머릿속에 반짝 불이 켜지면서 통찰력이 찾아올지도 모른다. 그렇지 않다 해도 최소한 뇌가 충분히 쉬어 충전된 상태로 업무에 복귀할 수 있다. 또 공백 시간에 떠오르는 생각을 목록으로 정리하는 것도 괜찮다. 시간이 흘러 그렇게 적어둔 것들이 의미 있게 연결되면서 모종의 패턴이 나올지도 모른다. 광고 세일즈 책임자 러

티샤는 바로 그런 경험을 했다. 어느 날 그녀는 공백 시간에 적어놓은 목록을 훑어보다가 회사의 아시아 시장 공략 계획에서 빈틈을 찾아냈다. 그녀는 곧장 상부에 이 사실을 보고했고, 이후 두 단계 위의 직급으로 승진했으며, 회사의 아시아 전략을 책임지고 이끌게 되었다.

한편 피터는 내게 다음과 같은 경험을 들려주었다.

- 처음 공백 시간을 만들었을 때 지금 하는 일과 관련한 번뜩이는 아이디어가 찾아오리라 기대했다. 그런 일은 일어나지 않았다. 하지만 대신 내면 목소리에 귀를 기울이면서 서서히 나 자신에 대해, 그리고 일터와 사회에 기여할 수 있는 것에 대해 더 깊이 이해하는 경험을 했다. 그 목소리는 늘 내 안에 있었지만 다른 온갖 내부 소음 탓에 듣지 못했다. 끝없는 회의 일정과 밀려드는 이메일, 골치 아픈 사내 정치, 이런저런 걱정과 불안이 소음의 원인이었다. 외부 자극에 방해받지 않는 텅 빈 시간을 마련해두고 스스로를 돌아보는 것이 얼마나 중요한지 깨달았다.

> **Coach's Note**
>
> **일상에서 공백 시간 실천하기**
>
> 하루에 한 번 30초 동안 모든 전자 기기와 활자에서 눈을 떼고 대화도 중단하라. 창밖을 보면서 그냥 멍을 때리거나, 계단을 오르락내리락하거나, 눈을 감고 가만히 있어보라.

5. 심리적 저항감을 받아들이고 인정한다

　바쁘게 지내는 습관에서 빠져나오기 힘들 수 있다. 일을 손에서 내려놓는 것에 대한 심리적 저항감을 무시하려 애쓰는 것은 부질없다. 죄책감은 강력한 감정이기 때문이다. 중요한 것은 '바쁨 = 중요한 사람'이라고 생각하고 싶은 유혹을 인정하되 그럼에도 '무조건' 공백 시간을 실천하는 것이다. 피터의 경험담을 소개하겠다.

- 공백 시간을 실천하려 하면 왠지 죄책감이 든다. 그 시간이 다가오고 곧 사무실을 나가야 한다고 생각하면 죄책감이 강하게 밀려온다. 컴퓨터를 끄고 엘리베이터로 향하는 동안에는 죄책감이 점점 고조된다. 12층부터 주차장까지 가는 동안 동료라도 마주치면 특히 더 그렇다. 일과 관련된 아무것도 손에 들지 않고 사무실을 나가는 나를 보면 농땡이 치러 간다고 생각할 것 같다. 사실 그렇긴 하다.(하하) 부하 직원이 자기는 열심히 일하고 있

는데 회사 밖으로 나가버리는 상사를 보면 어떨까? 나를 상사로서 존경하지 않거나 나태하다고 생각할까 봐 걱정도 된다. 그래도 그 모든 감정을 인정한 채 나만의 공백 시간을 꼭 실천한다.

공백 시간이 끝나고 사무실에 돌아오면 죄책감을 느낀 것이 바보 같다는 사실을 깨닫는다. 나를 되돌아보고 더 나은 사람이 되어야겠다는 다짐과 함께 업무에 복귀하므로 일의 질도 높아지기 때문이다.

공백 시간을 지키기 위한 여섯 가지 방법

방해 요인 1: 중요한 회의가 많아 공백 시간을 만들기 어렵다

하루 중 이르거나 늦은 시간 또는 금요일 오후처럼 상대적으로 회의가 잘 열리지 않는 시간대를 찾는다.

방해 요인 2: 당신이 공백 시간으로 정해둔 시간대에 사람들이 회의 등 다른 일정을 잡는다

당신의 일정표를 본 사람들이 그 시간을 빼앗을 수 없도록 '공백 시간' 대신 '전략 기획'처럼 중요한 일처럼 보이는 이름을 붙인다.

방해 요인 3: 해야 할 일을 마음속에서 떨쳐내기 어렵다

공백 시간을 갖기 전에 '일 해치우기' 시간을 먼저 마련한다. 예를 들어 공백 시간을 금요일 오전 10시에서 정오까지로 정했다면, 목요일 오후 3시에서 5시까지 집중적으로 이메일 처리와 여러 업무를 해치운다.

방해 요인 4: 각종 알림 메시지가 끊임없이 들어온다

철저히 '오프라인'이 돼라. 전자 기기에서 손을 떼고 누군가와 대화도 하지 마라. "그냥 자료 검색만 조금 해야지"라고 시작해도 십중팔구 어느새 유튜브 동영상에 정신없이 빠져들 것이다.

방해 요인 5: 사람들이 자꾸 방해한다

그래서 장소가 중요하다. 업무 공간을 벗어나거나 집에 있으면 방해받을 가능성이 줄어든다. 참고로 내 고객들은 다른 건물에 있는 회의실을 빌리거나, 공원을 산책하거나, 뒤뜰의 해먹에 누워 있거나, 커피숍에 간다. 어떤 사람은 자기가 사는 도시에 있는 모든 파이 가게를 방문하는 것을 목표로 잡고, 매주 새로운 가게에 가서 파이 2개를 주문한 뒤 2시간을 보낸다.

공백 시간이 지켜주는 것:
사테즈의 사례

다음은 공백 시간을 제대로 실천한 뒤 일과 삶에서 큰 변화를 이룬 사테즈의 이야기를 직접 들어보자.

2년 전에 나는 항상 빈틈없는 스케줄을 소화하며 불을 끄러 다니는 소방관처럼 살았다. 당장 눈앞에 발생한 문제를 해결하느라 정신이 없었기에 장기적인 목표와 계획을 세울 수 없었다. 이렇게 일하는 스타일은 개인적 삶에도 부정적 영향을 미쳤다. 나는 보통 일찍 출근해 오후 6시까지 일하고 귀가해 아내, 아이들과 두어 시간을 함께 보냈다. 그리고 그들이 잠자리에 들면 다시 컴퓨터 앞에 앉아 자정이나 새벽까지 일했다. 다음 날 아침에 일어나면 똑같은 사이클이 반복되었다. 가족도 힘들어했고 바쁘게 일하는 데 비해 일의 성과도 별로 크게 오르지 않았다.

그 무렵 사비나에게 코칭을 받기 시작했다. 그녀는 공백 시간을 만들어 실천하라고 조언했다. 처음에는 별로 내키지 않았다. 휴대전화도 노트북도 없이 서너 시간 동안 가만히 앉아 있는 것은 상상조차 할 수 없었다. 그런다고 나오지 않던 아이디어나 창의력이 나올 것 같지도 않았다. 한마디로 '못하겠다'는 생각밖에 안 들었다. 사비나의 조언대로 시도는 했지만 처음엔 잘 안 됐다. 노트북에서 손을 뗀 시간이 '낭비'되고 있다는 생각에 사로잡혀 전자 기기를 완벽히 멀리하기가 힘들었다.

하지만 제대로 해보기로 다시 결심했다. 시간이 흐르니 꽤 오랫동안 전자 기기를 보지 않는 일이 더 쉬워졌다. 그 효과는 금세 나타났고, 이는 계속 실천할 수 있는 동력이 되었다. 공백 시간을 제대로 보내자 여러 아이디어가 샘솟고 일의 질도 향상되었다. 또 다른 긍정적 효과는 개인적 삶도 나아졌다는 것이다. 집에 있는 동안에는 노트북을 거의 열지 않으니 가족과 대화 나누는 시간이 훨씬 많아졌다.

사람마다 다르겠지만 내 경우에는 공백 시간을 두 가지 방식으로 실천하고 나만의 기본 규칙도 있다. 나는 공백 시간을 일주일에 한 번 정해둔다. 부하 직원들도 이 시간을 알고 있으며 2년째 존중해주고 있다. 가족과 관련된 중요한 일이나 업무상 다른 긴급한 상황이 발생하지 않는 한, 공백 시간은 반드시 지켜야 하는 것으로 정해두었다. 그런 예외적 상황은 1년에 두세 번쯤 발생하는 것 같다. 이처럼 확실한 규칙은 공백 시간 실천으로 효과를 보기 위해 매우 중요하다.

내가 사용하는 두 가지 방식은 평소의 업무 공간이 아닌 다른 건물의 회의실에 들어가거나 회사 밖으로 나가는 것이다. 후자의 경우 자전거를 두세 시간쯤 탄다. 자전거를 타면서 생각하면 창의적이고 유용한 아이디어가 쉽게 떠오른다. 자전거를 탈 때는 음악도 듣지 않는다. 오로지 나와 자전거, 내 생각만 존재한다. 내게는 이 방법이 매우 효과적이다. 또 그렇게 두세 시간 자전거를 타고 돌아온 뒤에는 집중력도 높아진 것 같고 심리적으로 여유 있어 보인다고, 그리고 예전 같으면 놓쳤을지 모를 섬세한 부분을 더 잘 알아챈다고 직원들도 말한다. 큰 그림을 보며 전략적으로 사고하는 능력 또한 향상되었다. 요즘 공백 시간을 실천하지 않는 다른 동료들을 보면 여기저기 난 불을 끄러 정신없이 뛰어다니며 잠재된 리더십을 발휘하지 못하던 2년 전의 나 자신을 보는 것 같다.

13장

슈퍼히어로 증후군이 멘탈을 위협한다

자신이 유일한 해결사라고 믿는 사람은 말한다. "전부 내가 해야 돼."

슈퍼히어로는 지기 싫어서 이렇게 말한다. "나는 '진짜로' 다 할 수 있어."

슈퍼히어로는 절대 실수하지 않는다. 하루에 4시간만 자고 카페인과 에너지 바를 섭취하면서 견딜 수 있다. 독감에 걸려도 재택근무를 하며 화상회의에 참석한다. 말로든 행동으로든 친구와 가족에게 '일이 먼저'라는 사실을 알린다. 휴가를 떠날 때도(휴가를 가거나 한다면 말이다) 노트북을 들고 가며, 세상 모든 사람에게 이메일을 보내 휴가 중에도 언제든지 연락 가능하다는 사실을 알린다. 우리는 이런 유형을 너무나 잘 안다. 어쩌면 당신도 이 유형일지 모른다.

슈퍼히어로 유형이 빠지기 쉬운 함정을 알아보자. 당신이 전부 다 해낼 수 있을까? 어쩌면 그럴지도 모른다. 그것이 리더인 당신에게 바람직한 행동일까? 그 답은 이미 당신도 알 것이다.

슈퍼히어로 증후군을 겪는 사람은 압박감이 클 때 자신을 폭발시켜 나쁜 상사로 만드는 방아쇠가 무엇인지 알면서도 무시하는 경우가 많다. 앞에서 소개한 베니타를 기억하는가? 부하들은 그녀를 더는 못 참겠다며 파업하겠다고 으름장을 놓았다. 베니타는 자신의 행동이 그들에게 미치는 '영향'은 깨닫지 못했지만 자신의 성향과 습관은 잘 알았다. 그녀는 수요일이 특히 스트레스가 심한 날임을 알고 있었다. 업계 잡지에 일주일에 한 번씩 기고하는 칼럼의 마감일이었기 때문이다. 그럼에도 그것이 '사소한' 일이라면서 수요일에 중요한 미팅 일정을 잡았고, 거의 매번 회의를 망쳤다. 그녀는 나와 함께 마주 앉아 360도 평가에서 나온 많은 부정적 피드백과 관련된 사건이 수요일에 일어났다는 사실을 확인하고 나서야 그 상관관계를 깨달았다.

내가 하고 싶은 말은 이것이다. 당신이 슈퍼히어로처럼 모든 걸 완벽하게 해낼 수 있다고 생각할지 모르지만, 그렇지 않다. 번아웃과 에너지 소모로 신경이 날카로워진 심리 상태는 당신 내면에만 머물지 않고 어떤 식으로든 외부로 흘러나오기 마련이다. 내 말을 믿기 힘들다면 배우자나 연인, 자녀, 친한 친구 등 당신과 가장 가까운 사람들에게 물어보라. 당신이 그런 심리 상태일 때 어떻게 변하는지 솔직하게 말해줄 것이다. 관리하지 못한 압박감은 신경을 잔뜩 곤두서게 만들고, 그러면 현재 처한 상황이 더 나쁘고 통제하기 힘들게 느껴진다. 헐크가 변신하듯 당신의 장점이던 능력도 끔찍한 단점으로 변한다.

내 고객 마야는 에너자이저 건전지 광고에 나오는 지칠 줄 모르는 토끼 같아서, 보통 사람들이 하루에 하는 것보다 더 많은 일을 오전 7시도 되기 전에 해치운다. 하지만 잠이 심하게 부족한 날이면 그런 에너지가 이상하게 변형되어 일을 서두르다 실수를 저지르고 직원과 소통하는 능력도 형편없어진다. 그녀에 대한 360도 평가에서는 이런 의견이 나왔다. "마야는 피곤하고 스트레스를 받으면 직원에게 퉁명스럽게 쏘아붙이고 말을 걸기도 힘들다. 사람들의 말을 자르거나 짜증 난다는 표정으로 남의 의견을 무시한다. 그런 날은 직원들이 가급적 그녀를 마주치지 않으려고 슬슬 피한다." 나는 마야에게 심신이 지친 상태에서는 아무것도 제대로 할 수 없다고, 일을 더 많이 하겠다고 잠을 포기하는 습관을 버리면 생산성이 훨씬 높아진다고 누누이 말해준다.

리더 위치에 있는 사람에게 자기 돌봄은 일 외에 따로 시간을 내서 해야 하는 뭔가가 아니다. 자신을 돌보는 것 자체가 일의 '일부'다. 나아가 그것을 당신이 해야 할 일의 최우선 순위로 삼아야 한다. 정신적, 신체적, 정서적 건강은 팀을 성공으로 이끄는 리더십의 필수 연료다. 당신 내면의 기계가 순조롭게 돌아가야 최고의 효율성을 낼 수 있다. 그 기계가 고장 나거나 연료가 거의 떨어져 가까스로 작동한다면 당신의 창의성도, 일에서 느끼는 만족도, 업무 성과도 저하될 수밖에 없다. 게다가 당신뿐 아니라 당신에게 의지하는 부하들도 같은 결과를 맞게 된다.

상사로 살아가는 것은 어려운 일이다. 대다수 평범한 사람은 성공과 발전을 만끽하는 것은 고사하고 그 자리를 지키며 견뎌내기조차 쉽지 않다. 내게 코칭을 받는 거의 모든 관리자는 성공하고 싶다면 반드시 자기 돌봄에 적지 않은 시간과 에너지를 쏟아야 한다는 사실을 깨닫는다. 자기 돌봄과 성공의 밀접한 관계는 연구를 통해서도 분명히 밝혀졌다. 수행 심리학자 짐 로어Jim Loehr와 컨설팅 회사 CEO 토니 슈워츠Tony Schwartz는 기업 경영자에게 운동선수가 사용하는 방법을 활용할 것을 제안한 글에서 '기업의 운동선수corporate athlete'라는 표현을 쓴다. 이들은 최고 기량을 발휘해 우수한 성과를 내지 못하는 것이 스트레스 때문이 아니라 휴식과 재충전이 부족하기 때문이라고 말한다. 운동선수들은 몸과 마음의 훈련에 많은 시간을 쏟고 실제 경기에 출전하는 시간은 극히 일부인 반면, 경영자들은 대체로 몸과 마음의 훈련에는 거의 시간을 쓰지 않으면서 하루에 12시간 이상씩 일하도록 요구받는다.

요컨대 일하는 것 못지않게 심신의 회복에도 시간을 할당해야 한다. 그래야 더 뛰어난 기량과 정확한 판단력으로 이끄는 리더가 될 수 있다. 물론 당신이 바쁘다는 것은 나도 잘 안다. 일터에서는 당신의 시간과 집중력을 요구하는 일이 끊임없이 발생한다. 그렇기에 더욱 이 질문을 던져야 한다. 자기 돌봄을 포기하지 않으면서 일도 제대로 해내려면 어떻게 해야 할까? 매시간 또는 하루하루 자신이 하는 선택을 의식하고 그 선택이 옳은지 평가해야 한다.

우리는 자기 자신을 돌보는 일은 뒤로 제쳐두고 늘 일이 먼저라고 말한다. 때로는 바쁜 것이 무슨 특권인 양 행동한다. 그러다 더는 버티기 힘든 한계에 부딪히고, 그제야 가장 기본적인 자기 돌봄에 신경 쓰기 시작한다. "일이 중요해. 그러니 어쩔 수 없어"라고 말하다가 과민성대장증후군 혹은 고혈압에 시달리거나 부부 생활이 망가지거나 자녀와의 관계에 금이 간 고객을 수없이 봐왔다.

나 역시 과거에 그런 사람이었다. 앞에서도 말했듯 슈퍼히어로 증후군을 겪을 가능성이 가장 큰 사람은 최우등생 유형이다. 나는 최우등생 유형이었다. 무리 중에 가장 똑똑한 사람이 되고, 절대 실수하지 않고, 완벽하게 해내서 인정받고, 최고가 되고 싶은 욕구가 나를 지배했다. 그런 욕구의 씨앗이 싹튼 것은 두 살 때였다. 부모님이 나를 데리고 동물원에 놀러 갔을 때, 나랑 동갑인 사촌은 '엄마'나 '풍선' 같은 단어만 겨우 말하는데 내가 모든 동물의 이름을 맞히자 엄청나게 기특해하셨다. 부모님은 만나는 사람마다 그 사실을 자랑했고, 내 마음속에는 우월감이 심어졌다. 자라면서 그 우월감은 절대 실패하지 않으리라는 확고한 믿음으로 변했다. 나는 역경에 흔들리지 않고 아무리 힘든 상황에서도 무너지지 않는 사람이었다. 무슨 일이 있어도 시험에서 높은 점수를 받겠다고 결심하고 정전 때 초를 켜고 공부하다가 뭔가 타는 매캐한 냄새를 맡고는 그것이 내 머리칼 타는 냄새임을 알아채고 화들짝 놀란 적도 있다. 사회생활을 시작하면서부터는 하루에 16시간씩 일하며 정신없이 달렸다. 아버지가 돌아가셨다는 소식을 들었을 때는 내 사무실에서 엉엉 우는 시간을 딱 15분만 허락한 뒤, 장례식을 치르기 위해 인도행 비행기를 타기 전까지 최대한 평소와 다름없이 일에 집중했다.

부서 책임자가 된 이후에는 늘 위기 대응 모드로 일했다. 내게 날아오는 온갖 질문과 문제를 처리하기 위해 이쪽저쪽으로 분주히 뛰어다니는 외야수 같았다. 당연히 그렇게 일해야 한다고 믿었다. 그러던 어느 날 내 신경계가 반란을 일으켜 지독한 현기증이 찾아왔고, 나는 삶의 속도를 현저히 줄여야 했다. 한편으론 온갖 불안감이 밀려왔다. 일을 줄이면 결국 실패의 길로 향하는 것 아닐까? 남들이 나를 인정해주지 않고 무시하면 어떡하지? 하지만 슈퍼히어로가 "어쩔 수 없어"라고 말하듯 나 역시 정말 어쩔 수 없었다. 내 심신의 건강을 돌보는 것을 제1순위로 놓을 수밖에 없었다는 얘기다. 슈퍼히어로 망토를 벗고 완벽주의가 불러온 일중독을 치료해야 할 때였다.

먼저 나는 무엇이 일과표를 차지하고 있는지, 내가 무엇에 '예스'라고 말하고 있는지 점검했다. 예를 들어 내 일과표에는 다양한 고객의 스케줄에 맞춰 일주일 내내 미팅 일정이 잡혀 있었기 때문에 쉬는 날이 하루도 없었다. 나는 매주 화요일을 '미팅 없는 날'로 정했다. 화요일에는 절대 미팅을 잡지 않았을 뿐만 아니라 그날만 빼고 주중의 다른 날에는 언제든 만날 수 있다는 사실을 고객들의 비서에게 알렸다. 경계선을 분명히 정해놓으니 코칭 요청이 들어올 때 서로 일정을 조율하는 과정도 더 단순해졌다. 결과는? 화요일에 시간이 안 된다고 해서 나를 떠난 고객은 아무도 없었다. 그것 때문에 불편을 느끼는 사람은 아무도 없었다.

그다음 도전 과제는 고객에게 신속하게 반응한다는 기준(내가 자랑스럽게 여기는 업무 철칙이다)을 유지하는 동시에 내 휴식 시간도 보호하는 것이었다. 나는 고객 요청이 생기면 무조건 응하기보다 잠깐 멈춰서 즉각 대응이 꼭 필요한 급한 일인지 아닌지 판단했다. 예를 들어 고객이 "사비나, 며칠 전에 CNN과 인터뷰를 했어요. 다음번 인터뷰에서는 더 잘할 수 있도록 그걸 보고 피드백을 좀 주실래요?"라고 하면, 헬스장 가는 것을 미루고 곧장 그 인터뷰를 검토하는 대신 피드백이 언제까지 필요하냐고 물었다. 열 번 중에 아홉 번은 그들이 대답한 날짜가 예상보다 훨씬 더 뒤였다.

분명한 경계선을 정하면서 가장 어려웠던 부분은 뭔가를 거절하는 일이었다. 물론 나도 두바이에서 강연을 해달라거나 멕시코에 와서 회사 워크숍을 진행해달라는 요청을 수락하고 싶었다. 화려한 명성을 지닌 고객의 코칭 요청에 전부 '예스'라고 하고 싶었다. 어찌 욕심이 나지 않겠는가? 하지만 그때마다 나 자신에게 물었다. '만일 이 일을 수락한다면 무엇을 포기해야 하지? 그 대신 무엇을 희생해야 할까?' 시간과 정신적 에너지는 한정된 자원이므로 '언제나' 트레이드오프trade-off(하나의 이점을 얻기 위해 다른 이점이나 가치를 포기해야 하는 상황—옮긴이)가 발생할 수밖에 없다. 제아무리 완벽한 슈퍼히어로를 자처하는 사람이라도 마찬가지다.

나는 그럴 때 일을 무조건 수락하는 대신 경계선을 설정하고, 상대방이 원하는 일정을 확인하고, 일의 긴급도를 판단하려 노력했다. 그 결과 더 충분한 수면을 취하고 운동을 더 많이 하며 현기증의 습격을 피할 수 있었다. 그뿐만 아니라 충분한 휴식으로 재충전한 덕분에 일하는 동안 효율성이 높아져 더 많은 일을 해냈다. 지금도 이런 식으로 일하기 때문에 더 적은 시간을 들여 질 높은 업무 성과를 달성한다. 나는 심신의 건강을 돌보는 것이 일의 집중력을 유지하는 토대임을 확실히 깨달았다.

2부에서도 말했지만, 훌륭한 상사가 되고 싶다면 무엇보다도 먼저 당신 자신의 훌륭한 상사가 되어야 한다. 스스로 자신을 관리할 줄 알아야 한다는 얘기다. 당신의 시간과 건강을 적극적으로 관리해야 한다. '언젠가' 또는 '시간이 나면'이 아니라 지금 당장 말이다.

자신을 돌보는 일에 필요한 행동은 누구나 아는 상식적이고 기본적인 것들이다. 충분한 수면을 취하고, 운동을 하고, 좋은 영양을 섭취하고, 교감신경을 안정시키기 위해 휴식을 취하고, 감사하는 태도를 기르고, 사랑하는 이들과 시간을 보내는 것 등이다. 명상 앱을 사용하든, 하루에 몇 킬로미터씩 달리기를 하든, 자연에서 시간을 보내든, 독서를 하든, 반려견과 소파에 느긋하게 누워 있든 상관없다. 당신에게 어떤 방법이 가장 잘 맞는지는 당신 자신이 잘 알 것이다. 중요한 것은 그것을 '실천'하는 것이다. 다음에 소개하는 '시간 포트폴리오' 도구는 '언젠가는 자기 돌봄을 실천할 거야'라는 막연한 다짐에 머무는 것이 아니라 그것을 지금 당장 실천하고 오랫동안 유지할 수 있도록 도와줄 것이다.

우리에게 진정한 슈퍼히어로의 힘을 주는 것은 결국 자기 돌봄이다.

시간 포트폴리오:
당신의 시간을 되찾는 법

특히 다음과 같은 경우 이 도구로 한정된 시간을 배분하는 방식을 관리하라.

- 업무 일정표에 할 일이 넘쳐서 통제가 안 된다.
- 거절하고 싶은 요청을 수락하곤 한다.
- 하루가 끝날 때 미처 처리하지 못한 일이 많아 스트레스

를 받는다.
- 거시적 시각으로 전략을 구상할 시간이 없다.
- 개인적 삶의 인간관계나 건강이 나빠지고 있다.

당신은 "하루 24시간으로도 부족해"라는 말을 얼마나 자주 하는가? 내 고객들은 할 일은 산더미인데 시간이 부족하다는 말을 입에 달고 산다. 그러나 문제는 시간 부족이 아니다. 말과 행동이 일치하지 않는 것이 문제다.

나는 리더십 워크숍에서 종종 이런 질문을 던진다. "여러분 중에 혁신적 성과를 내야 할 책무를 지닌 분이 얼마나 되죠?" 그러면 거의 모든 사람이 손을 든다. 그러면 내가 다시 묻는다. "그렇다면 혁신적 성과에 집중하기 위한 시간을 업무 일정표에 따로 마련하는 분은 얼마나 되나요?" 이때 손을 드는 것은 20명이 넘는 사람 중에 고작 한두 명뿐이다.

말과 행동이 일치하지 않는 것이다. 당신은 스스로 중요하다고 말하는 가치나 목표와 실제 행동(즉 시간 배분)이 일치하는가? 그것을 중심으로 업무 일정표를 짜고 있는가?

우리는 시간과 관련해 무슨 마법이라도 일어나리라 믿는 듯 행동할 때가 많다. 다시 말해 2시간 동안 할 수 있는 일의 양을 과대평가하고, '이번에는 계획한 날짜 안에 꼭 끝낼 수 있을 거야'라고 확신하며, '어떻게든 다 할 수 있어. 마법의 요정이 도와주겠지'라고 믿는다.

당신은 어떤지 모르겠지만 나야말로 그런 착각에 쉽게 빠진다. 만일 하루 중에 30분의 여유 시간이 발견되면 그 시간에 할 수 있는 일을 스무 가지쯤 떠올린다. 실제로 그 스무 가지를 다 하려면 예상보다 시간이 5배는 더 걸릴 텐데 말이다. 배우 겸 코미디언 존 멀레이니John Mulaney는 스탠드업 코미디 영화〈베이비 제이Baby J〉에서 인터벤션intervention(가족이나 친구가 모여 중독자에게 알코올이나 약물 남용에 대해 문제를 제기하고 치료와 도움을 받도록 설득하는 모임—옮긴이)이 예정된 밤에 있었던 이야기를 들려준다. 멀레이니는 친구 집에서 열리는 인터벤션 시간이 저녁 7시였는데 같은 시각에 이발을 예약해 두 가지 모두 해낼 수 있다고 믿었던 자신의 어이없는 확신에 대해 말한다. 그는 당시 처방약을 과도하게 복용해 정신 상태와 판단력이 크게 흐려져 있었다고 인정한다. 그러나 우리는 약 때문이 아니라 마법이 일어나리라는 착각 탓에 판단력이 흐려지곤 한다.

> **Coach's Note**
> **시간 관리를 잘 못하는 사람이 흔히 하는 생각**
>
> - 지금은 특히 바쁜 시기니까 팀원들을 위해 내가 이 일을 해야 돼.
> - 내가 이 문제를 해결하는 걸 보여주면 다음번에 부하들이 비슷한 문제를 스스로 해결할 수 있겠지.
> - 이 일을 수락하지 않으면 사람들이 나를 싫어할 거야.
> - 이걸 처리하는 데 시간이 걸려봐야 얼마나 걸리겠어?

설령 우리에게 주어진 시간이 2배로 늘어나 하루가 48시간이 된다 해도 아마 대부분의 사람은 여전히 시간에 쫓기며 허덕댈 것이다. 우리는 일에 걸리는 시간에 대해, 그리고 자신이 해낼 수 있는 일의 양에 대해 스스로를 속이는 전문가다.

하루가 24시간이라는 사실과 일에 물리적인 시간이 걸린다는 사실을 바꿀 수는 없다. 그러나 우리가 가진 시간을 어떻게 쓸지는 의도적으로 선택할 수 있다는 것을 잊지 마라. 우리가 지닌 가장 소중한 자산은 돈이 아니라 시간이다. 우리는 돈을 관리하기 위해 포트폴리오를 만든다. 그렇다면 시간 관리를 위한 포트폴리오도 당연히 있어야 하지 않을까? 우리는 자신의 재무 상태가 어떤지, 리스크를 얼마만큼 감수하는 것이 적절한지 자세히 살피고 자산과 관련한 미래 목표를 세우며 지출을 어떻게 분배할지 계획한다. 하루에 24시간뿐인 한정된 자원인 시간에 대해서는 더욱 그런 관리가 필요하다. 당신은 업무 시간 중 대부분을 어떤 식으로 분배해 사용하는가? 성과 향상에(그리고 일의 만족도 향상에) 꼭 필요한 일에 얼마나 많은 시간을 보내는가? 시간 포트폴리오는 시간에 대한 환상에서 벗어나고 현실적 감각을 되찾아 원하는 목표를 달성할 수 있게 도와준다. 시간을 어떻게 사용하는지 점검하는 것은 장기적 관점에서 중요한 가치와 비전에 충실해지도록 업무 일정표를 조정하기 위한 첫걸음이다.

실행 방법

내 고객 재스민의 시간 포트폴리오를 이용해 4단계 프로세스를 설명하겠다.

1단계: 업무 범주를 정리한다

하루 중 많은 시간을 보내는 업무를 범주별로 정리한다.

2단계: 현재의 비율을 적는다

각 범주에 사용하는 시간의 비율을 적는다. 평소 업무 습관과 루틴을 토대로 대략적인 추정치를 적는다. 완벽하게 정확할 필요는 없지만 각 범주의 합은 100퍼센트여야 한다. 내 일부 고객처럼 합이 120퍼센트나 그 이상이 나와서는 안 된다. 그리고 주기적으로(연, 분기, 월) 진행하는 행사나 활동에 소비되는 시간도 고려해 포트폴리오를 작성해야 한다. 재스민이 정리한 목록은 다음과 같다.

업무 범주	현재(%)
상관이 주재하는 직원회의 및 성과 리뷰 회의	15
내 팀원들 관리하기	25
이메일 및 기타 커뮤니케이션 채널 관리	25
업계 교류 및 네트워킹	3

연례행사	2
주기적 업무 활동	20
전략 기획 및 새로운 아이디어 구상	10

3단계: 미래의 목표 비율을 적는다

각 범주와 관련해 최종적으로 도달하고 싶은 목표 비율을 적는다. 재스민의 경우 다음과 같다.

업무 범주	현재(%)	목표(%)
상관이 주재하는 직원회의 및 성과 리뷰 회의	15	15
내 팀원들 관리하기	25	20
이메일 및 기타 커뮤니케이션 채널 관리	25	15
업계 교류 및 네트워킹	3	10
연례행사	2	5
주기적 업무 활동	20	15
전략 기획 및 새로운 아이디어 구상	10	20

여기서 잠깐 멈추자. 이 지점에서 많은 이들이 실수를 저지르기 때문이다. 즉 그들은 하루아침에 왼쪽의 현재 비율이 오른쪽의 목표 비율로 바뀌기를 기대한다. 당장 목표 비율에 도달하고 싶은 마음은 충분히 이해한다. 하지만 의욕만 앞서서는 안 된다. 그렇기 때문에 4단계가 필요하다.

4단계: 중간 비율을 정한다

최종 목표가 말 그대로 최종적으로 도달하고 싶은 곳이라면, 중간 목표는 그 목적지에 도달하게 도와주는 일종의 디딤돌이다. 현재의 비율보다 조금 높이거나 낮춘 비율을 선택하라. 단, 당장 달성할 수 있는 현실적인 비율로 정해야 한다. 또 각 비율 변화를 달성하기 위해 실천할 행동도 생각해본다. 4단계까지 포함한 재스민의 시간 포트폴리오는 다음과 같다.

업무 범주	현재 (%)	중간 (%)	목표 (%)	실천할 행동
상관이 주재하는 직원회의 및 성과 리뷰 회의	15	15	15	해당 없음
내 팀원들 관리하기	25	22	20	일대일 면담을 주 1회에서 2주 1회로 줄인다.
이메일 및 기타 커뮤니케이션 채널 관리	25	22	15	모든 팝업 알림을 끄고 하루에 1시간은 이메일을 열지 않는다.
업계 교류 및 네트워킹	3	5	10	한 달에 한 번 고객과 점심 식사를 한다.
연례행사	2	5	5	온라인 콘퍼런스에 연간 1회 더 참석한다.
주기적 업무 활동	20	17	15	월별 대신 분기별 비즈니스 리뷰 회의에 참석한다(월별 회의에는 부하직원을 참석시킨다).
전략 기획 및 새로운 아이디어 구상	10	14	20	업무 일정표에서 일주일에 2시간을 전략 기획에 쓸 시간으로 미리 정해둔다.

먼저 당신의 발전을 위해 가장 중요하다고 생각하는 한두 개 범주를 골라 맨 오른쪽 칸의 행동 계획을 실천하라. 고객들이 흔히 저지르는 또 다른 실수는 모든 범주의 목표 비율을 한 번에 달성하려 하는 것이다. 매월 말에 한 달을 되돌아보며 당신의 성과를 평가하라. 막연한 추정을 토대로 평가하지 말고 매일 기록한 내용을 토대로 정직하게 점검하라. 만일 한 달 동안 목표를 완벽히 달성한 경우를 100점이라고 할 때 당신의 실제 점수가 75점이라면, 목표치를 적절한 수준으로 높이거나 낮춰서 다음 달 목표로 잡는다. 예를 들어 이메일 관리에 업무 시간의 20퍼센트를 쓰는 것이 목표였는데 실제로는 40퍼센트를 썼다면, 다음 달 목표는 20퍼센트가 아니라 일단 35퍼센트로 잡는다.

고객들이 시간 포트폴리오의 목표 비율을 실천하는 데 성공하면 흥미로운 현상이 발생한다. 늘 온갖 업무에 빠져 허우적대며 정신없이 바쁜 상태에서 벗어나면 일시적으로 불안감을 느끼는 것이다. 기억하라. 당신의 바쁨과 유일한 해결사가 되려는 행동 습관은 내면의 특정 욕구에서 기인하며, 그런 행동이 그 욕구를 채워주는 역할을 했다는 것을 말이다. 이제 던져야 할 질문은 이것이다. '그런 행동 습관을 무엇으로 대체할 것인가?'

재스민은 6개월간 시간 포트폴리오를 관리하고 실천한 뒤 내게 이런 속마음을 털어놨다.

"빡빡하던 업무 일정표에 이제 숨통이 트였어요. 그런데 불안해요. 바쁘지 않으면 뭔가 제대로 일하지 않는 것 같은 기분이거든요. 일정표에 빈 곳이 있으면 내가 불필요한 존재가 된 것 같아요. 영향력이 없는 사람이 된 것 같아요."

"잘됐네요!" 내가 말했다.

재스민은 어리둥절한 표정을 지었다.

"바로 그거예요. 그래서 시간 포트폴리오를 만든 겁니다. 당신이 부하에게 권한을 위임하고 회의와 업무를 현명하게 관리하면서 시간 포트폴리오를 변화시킨 것은 예전의 잘못된 습관에 더는 시간을 낭비하지 않기 위해서예요. 이제는 당신에게 정말로 중요한 일을 할 시간이 생긴 겁니다."

당신은 좋은 상사가 되는 법을 배우기 위해 노력을 쏟은 자신을 칭찬해줘도 된다. 당신이 발전하기 위해 의식적으로 노력했다는 것 자체가 새로운 단계의 리더십으로 도약할 충분한 역량을 갖췄다는 증거다.

> **Coach's Note**
> **일상에서 시간 포트폴리오 실천하기**
>
> 하루의 절반쯤 지났을 때 알람이 울리도록 설정하고, 알람이 울리면 당신의 시간 포트폴리오에서 가장 중요한 항목에 시간을 사용했는지 점검하라. 만일 그러지 않았다면, 그 항목에 시간을 쏟기 위해 업무 일정을 어떻게 조정할지 생각해보라.

14장

열정과 목적의식을 되찾기 위한 실용적 도구들

케냐 나이로비에서 성장기를 보낸 말리크는 어릴 때 외삼촌을 보며 꿈을 키웠다. 그에게는 매우 존경하는 외삼촌이 있었다. 외삼촌은 케냐가 1963년 영국에서 독립한 후에 크게 성공했다. 외삼촌은 회사를 만들어 대가족을 먹여 살렸고, 말리크도 열네 살 때 그 회사에 첫 일자리를 얻었다. 그전까지 말리크의 가족은 빈곤에 허덕이면서 일곱 식구가 방이 하나뿐인 좁은 집에 살았다. 이제 58세인 말리크는 성공한 사업가지만 밤마다 좁은 매트리스에서 두 형제와 뒤엉켜 누워서 지독한 굶주림에 잠조차 이룰 수 없었던 그 시절을 결코 잊은 적이 없었다.

말리크가 내게 코칭을 받기 시작한 것은 그가 창업한 기술 회사가 주식시장에 상장한 지 2년쯤 되었을 때였다. 대학 등록금은 고사하고 병원비조차 낼 수 없는 집안에서 자란 소년은 외삼촌의 뒤를 이어 훌륭한 사업가가 되었다. 그는 혁신적인 교육 소프트웨어를 개발해 큰 성공을 거뒀고, 뉴욕 근교에 있는 화려한 저택에 살았다. 은행 잔고가 여섯 자리 숫자가 됐을 때 말리크가 가장 먼저 한 일은 고향 케냐의 청소년들을 위한 멘토링 프로그램을 만든 것이었다. 코칭 초반에 우리는 그가 끝없는 미팅에서 놓여날 수 있도록 빡빡한 업무 일정표를 재조정하는 일에 집중했다. 코칭을 받기 시작한 지 8개월쯤 된 어느 날, 늘 진지하고 사려 깊은 스타일인 말리크가 유독 수심이 깊어 보였다. 내가 조심스럽게 묻자 그는 곧 속마음을 털어놓았다.

"정신없던 업무 일정표가 깨끗하게 정리됐어요. 모든 게 순조롭게 돌아가고 있습니다. 그런데 일하기가 왜 이리 싫은지 모르겠어요. 원하는 목표를 이루고 이만큼 성공했으니 저는 복 받은 사람이죠. 그런데 이런 말 하기 좀 그렇지만, 사실은 마지못해 일하고 있어요. 요즘은 일이 하나도 즐겁지가 않습니다."

말리크는 많은 이들의 스토리에 흔히 나타나는 터닝 포인트를 만난 것이었다. 그는 목적의식을 잃어버린 상태였다.

누구에게나 각자의 스토리가 있다. 그 스토리를 구성하는 기본 틀은 과거에 우리가 꾼 꿈과 현재의 위치이며, 스토리가 계속 이어지게 하는 추진력은 각자가 지닌 목적의식이다. 다시 말해 '왜 이 일을 하는가'다. 당신은 왜 열심히 달리는가? 왜 성공하고 싶은가? 경제적 안정을 위해, 가족을 보살피기 위해, 당신에 대한 사람들의 인식을 바꾸고 싶어서, 탄소 발자국을 줄이고 싶어서, 남을 돕고 싶어서, 영향력 있는 사람이 되고 싶어서, 세상을 바꾸고 싶어서 등등 그 답은 사람마다 각양각색일 것이다. 우리에게는 매일 아침 일어나 일터로 가는 이유가 필요하다. 그 목적의식은 우리의 스토리를 끌어가는 동력이다. 목적의식은 우리를 침대에서 일으켜 세상이라는 전쟁터에 뛰어들게 하고, 곤경에 부딪힌 우리를 버티게 하며, 그럼에도 앞으로 나아가도록 우리에게 힘을 준다.

목적의식 상실은 가중되는 압박감과 불가분의 관계다. 일이 주는 압박감이 커지면 방향감각과 목적의식을 잃기 쉽다. 목적의식과 의미를 잃으면 일의 즐거움도 사라지고 머릿속에 '내가 이걸 왜 하고 있지?'라는 문장이 자꾸만 떠오르고, 모든 게 더 힘들어진다. 같은 스트레스라도 훨씬 크게 다가오고, 그러면 심리적으로나 정서적으로 취약해져서 스트레스와 중압감이 당신에게 더 파괴적인 힘을 발휘한다. 예전에는 조금 어려워 보였던 일이 이제는 불가능하게 느껴진다. 약간 실망스러운 결과가 재앙처럼 느껴지고, 예전 같으면 잠깐 짜증이 나고 말았을 일에 성질이 폭발한다. 우리의 선로 이탈을 막는 가드레일이 위태롭게 흔들려 권력 간극과 압박감이 불러오는 여러 함정에 빠지기 쉬워진다.

말리크에게도 말했듯 목적의식을 잃는 것은 스토리의 끝이 될 수도 있고 새로운 스토리가 시작되는 흥미로운 반전 지점이 될 수도 있다. 다행히도 나는 후자에 해당했다.

앞에서 말한 것처럼 나는 마이크로소프트에서 어느 정도 높은 직급에 올랐을 때 8주간의 안식 휴가를 쓸 자격이 생겼고,

그 휴가를 쓰기로 결심했다. 그렇게 긴 휴식은 처음이라 불안하고 겁도 났지만, 한 번도 해보지 않은 경험이기에 해보기로 했다. 그동안 미친 듯이 일에만 빠져 지내느라 제대로 쉬어본 적이 없었다. 사실 한동안 쉬는 것이 나를 위해서 좋을 것 같았다. 아직 30대라는 젊은 나이였으므로 겉으로는 잘 드러나지 않았지만 늘 피곤했다. 심신이 얼마나 지쳐 있었는지 깨닫지 못하다가 휴가 첫날 심상치 않은 느낌을 감지했다. 그날 밖에서 볼일을 보고 운전해서 집에 돌아가던 중에 극도의 피로감이 밀려와 도로 옆 골목에 차를 세우고 잠시 눈을 붙였다. 그리고 그대로 차 안에서 45분 동안 곯아떨어졌다. 잠에서 깬 후 제일 먼저 든 생각은 '뭔가 단단히 잘못됐어'였다. 그때 시각은 오전 10시였다.

병원에 가서 이것저것 검사를 받았는데 특별한 이상이 없다는 결과가 나왔다. 적어도 신체적으로는 그랬다. 이후 며칠간 밤에 11시간 넘게 자고 낮잠까지 두세 번 잤다. 확실히 말할 수 있는데, 우울증은 아니었다. 다만 심하게 피곤했다. 그동안 몸속에서 끊임없이 아드레날린이 분비되는 생활을 해왔기에 뇌가 몸에게 이제 좀 쉬라고 명령하는 것 같았다.

그 후 몇 주 동안 뉴욕에 사는 친구를 만나러 갔고, 오랜 꿈이던 작은 극단도 설립했다. 또 시아버지의 권유에 따라 내 첫 코칭 고객인 지나에게 조언을 해주는 일도 시작했다. 그래도 간식을 먹으면서 소파에서 뒹굴 수 있는 시간이 남아돌았다.

모든 정신적 에너지를 일에 쏟아붓지 않는 공백 시간을 처음 가져봤고, 그런 고요함 속에서 분명한 깨달음이 찾아왔다. 그때까지 나는 최고 자리에 오르기 위해 정신없이 달려왔고, 그 목표를 이루는 날을 얼마 남겨두지 않은 상태였다. 세계적인 기술 대기업의 고위 임원 직함을 다는 것은 시간문제였다. 나는 성공에 이르는 공식을 알았고 무엇을 해야 하는지도 알았으며, 그 자리에 오를 수 있다는 사실도 알았다. 하지만 마음이 동하지 않았다. 도전 의식도 일지 않았다. 무엇 하러 내키지도 않는 일을 죽어라 하면서 몇 년을 보낸단 말인가?

혼란스러웠다. 누구나 부러워할 높은 자리에 오르는 것이 그동안 꿈꿔온 목표였기 때문이다. 그리고 이런 생각도 들었다. 세상에 어떤 비백인 여성이 미국 대기업의 고위직에 앉을 기회 앞에서 "전 됐어요" 하고 거절한단 말인가?

고민에 빠진 나는 친구 로라에게 전화를 걸어 "어떻게 해야 할지 모르겠어"라고 하소연했다. 스톡옵션을 현금화한 뒤 회사를 그만둘까 하는 생각도 머릿속을 스쳐 갔다. 로라는 이렇게 말했다. "넌 지나를 코칭해주는 일을 꽤 좋아하잖아. 마이크로소프트에도 그런 종류의 일을 담당하는 부서가 있을 텐데, 그 일을 해보면 어때?" 물론 우리 회사에도 인재 개발 부서가 있었다. 하지만 내가 과연 그 일을 할 수 있을까? 나는 상황을 알아보기 위해 그 부서 책임자인 바버라를 찾아갔다. 바버라는 얼마 전 내가 콘퍼런스에서 강연하는 것을 보았기 때문에 이야기를 꺼내기가 편할 것 같았다. 뜻밖에도 바버라는 이렇게 제안했다. "당장 우리 부서로 와서 일하시죠."

나는 아직 확신이 서지 않는다고 솔직하게 말했다. 몇 주 후면 스톡옵션을 행사할 수 있게 되므로 그걸 챙기고 나서 회사를 떠날까도 싶었다. 바버라는 말했다. "그럼 나중에 다시 연락 주세요. 당신이 여기서 일하고 싶다면 일단 3주 동안 채용할게요." 엔지니어 동료들과 상의를 해보니 다들 만류했다. "떠나지 마세요. 당신은 기술 분야에서 보기 드문 여성 인재예요." 하지만 내가 바버라의 부서에서 3주 동안 일해본 뒤 만일 원래 부서로 돌아오길 원하면 현재 상관이 다시 받아주겠다고 했다. 그러니 나로선 잃을 게 없었다.

당시 나는 그룹 프로그램 매니저였고 몇 년 뒤면 임원으로 승진할 가능성이 컸다(마이크로소프트에서는 비백인 여성이 그렇게 높은 자리에 오른 적이 없었다). 그럼에도 안식 휴가가 끝나고 복귀한 뒤 공식적으로 인재 개발 부서로 옮겼다. 그곳에서 나는 사내 관리자 1만 1,500명을 위한 교육 프로그램을 만들어야 했다. 구성원이 4명뿐인 작은 부서가 감당하기에는 상당히 벅찬 업무였다. 당시 관리자들에게 제공되는 교육과정은 단 4개뿐이었다. 나는 교육에 관해서는 아무것도 몰랐고 낯선 분야라 겁도 났지만 모든 에너지를 쏟아 최선을 다했다.

3주가 다 되었을 때 그만큼 시간이 지났는지도 몰랐다. 그 후로 6개월마다 바버라는 고용계약을 연장할지 물었다. 물론

물을 필요도 없는 질문이었다. 나는 넘치는 에너지와 열정을 갖고 일하는 사람으로 돌아와 있었다. 일을 하는 이유와 목적의식이 다시 분명해졌다. 날마다 새로운 뭔가를 배우는 것이 설레고 즐거웠다. 과거에는 내가 개발에 참여한 제품을 수십억 명이 쓴다고 생각하면 뿌듯했고, 사람들이 그 제품을 비행기와 카페에서 사용하는 것을 보며 기분도 좋았지만, 그들과 개인적인 교감을 나눌 수는 없었다. 하지만 사람들을 코칭하고 워크숍을 진행할 때는 그들이 바꿔야 할 행동을 깨닫고 눈빛이 반짝이는 것을 볼 수 있었다. 내가 하는 일의 영향력을 곧장 느낄 수 있었기에 일이 보람되고 의미 깊게 느껴졌다. 아침에 일어날 때면 '오늘은 또 어떤 일을 하고 누구를 만날까?' 하는 기대감에 들떴다. 자신이 하는 일을 너무 사랑해서 돈을 받지 않고도 할 수 있다고 말하는 사람들이 이해가 갔다. 나는 술도 마약도 아닌 일에 취해 행복을 느끼고 있었다.

일에서 즐거움과 목적의식을 잃었다고 해서 무조건 직장을 그만두거나 커리어를 완전히 다른 방향으로 바꿔야 하는 것은 아니다. 물론 때로는 그럴 필요가 있다. **하지만 때로는 에너지와 집중력을 재분배하는 것만으로 다시 궤도를 되찾을 수 있다.** 말리크는 자신이 혜택을 받지 못하는 소외 계층 아이들에게 교육 기회를 제공하는 일에서 무엇보다 큰 의미를 느낀다는 사실을 깨달았다. 그래서 이사회와 상의한 끝에 COO^{Chief Operating Officer}(최고 운영 책임자—옮긴이)를 영입해 회사 운영과 내부 관리를 맡기고 자신은 사업을 확장할 방법을 구상하는 데 집중했다.

목적의식과 열정을 잃어버리기는 생각보다 쉽다. 우리는 업무와 사람들의 요구에 끊임없이 시달린다. 그런 삶을 살면서 '해야 하는 일'이 아니라 '진정 원하는 일'에 대해 생각해볼 시간이 얼마나 있을까?

내가 고객들에게 권하는 '인생 그래프' 도구를 소개한다. 이 도구는 일에 대한 열정과 목적의식을 잃고 침체된 상태에서 벗어나 의욕과 성취감을 되찾도록 도와준다.

인생 그래프:
열정과 목적의식 되찾기

이 도구의 핵심 역할은 당신에게 중요한 목적의식과 의미를 찾는 것이다. 외부 목표나 할 일 목록이 아니라 그런 내적 동인을 방향의 기준으로 삼아야 삶의 즐거움과 행복이 커지고 주변 사람에게도 훨씬 큰 영향력을 미칠 수 있다. 다음과 같은 경우에 이 도구를 사용하라.

- 의욕이 떨어지거나 집중하기 힘들다.
- 일에서 예전만큼 만족감을 느끼지 못한다.
- 분명 뭔가 잘못된 것 같은데 그게 뭔지 모르겠다.
- '정말 이게 전부일까?'라는 회의감이 든다.

실행 방법

1단계: 지금까지 살아오면서 당신에게 중요했던 사건을 10~20개 뽑는다

인생의 고점과 저점이라 할 만한 순간들이다. 가장 기쁘고 행복했던 일과 가장 힘들고 괴로웠던 일을 떠올려보라.

내 고객 엘라의 인생 그래프를 예로 제시하겠다. 비즈니스 잡지의 기자인 엘라는 일하는 즐거움을 잃어버려 짜증이 늘고 번아웃 증상까지 찾아왔다. 엘라 인생의 고점과 저점은 다음과 같았다.

고점
- 고등학교 때 가장 소중한 친구들을 만났다.
- 대학교 때 처음 쓴 기사가 매체에 실렸다.
- 혼자 유럽 여행을 했다.
- 첫 직장에서 승진했다.
- 업계 네트워킹 단체를 만들었다.
- 원룸의 커피 테이블을 직접 칠해 멋지게 꾸몄다.
- 싱글맘으로서 딸과 처음 여행을 떠났다.
- 명망 높은 저널리즘 상을 받았다.
- 남편을 만났다.
- 반려견이 생겼다.

저점

- 초등학교 1학년 때 내 잘못이 아닌 일로 선생님한테 크게 혼나 억울했다.
- 적성에 안 맞는 스포츠 여름 캠프에 억지로 갔다.
- 오래 사귄 남자 친구가 바람을 피웠다.
- 사업을 시작한 직후 그 일과 관련한 부정적인 언론 보도가 나왔다.
- 골치 아픈 고객에게 의뢰받은 글쓰기 작업을 하느라 고생했다.
- 아버지가 돌아가셨다.
- 유방암 진단을 받고 수술과 힘든 치료 과정을 겪었다.

2단계: 종이 가운데에 세로로 선을 긋는다

위의 주요 사건을 시간 순서대로 선을 따라 배치한다. 고점에 해당하는 사건은 선의 오른쪽에, 저점에 해당하는 사건은 왼쪽에 적는다.

3단계: 당신의 인생 그래프에서 자주 나타나는 중요한 테마가 무엇인지 생각해본다

다음 질문을 던져보는 것이 도움이 될 것이다.

- 그 사건들에 공통적으로 나타나는 요소는 무엇인가?

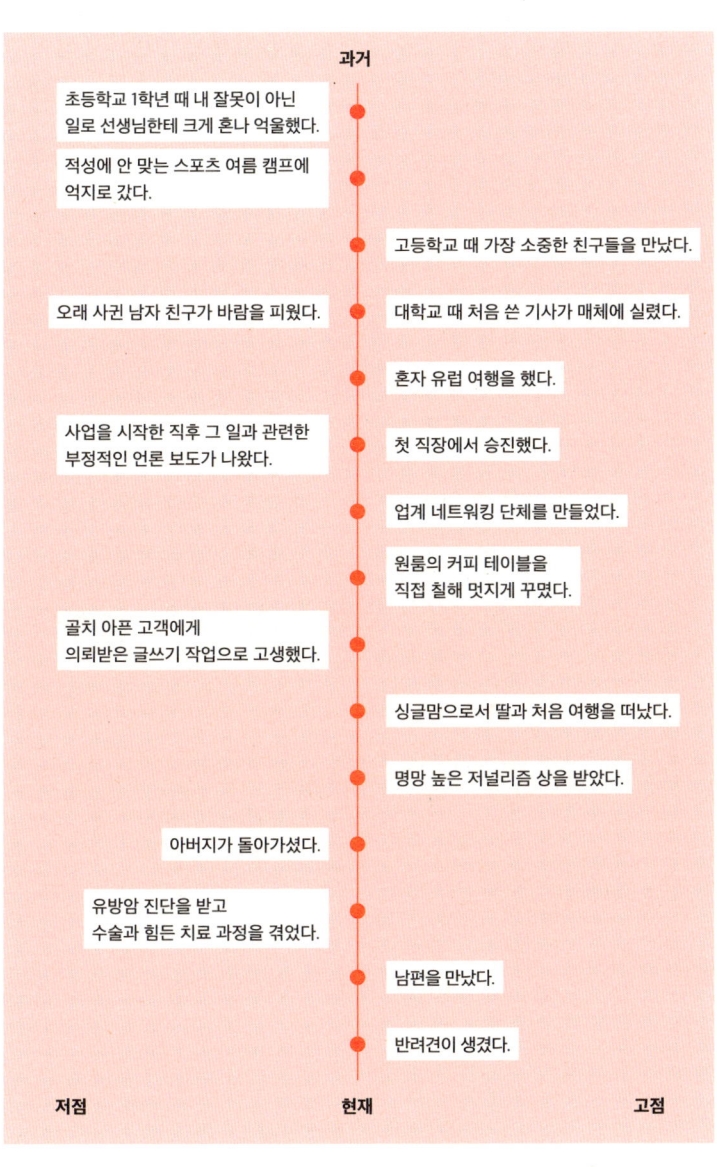

인생 그래프 예시(엘라의 사례)

- 고점에 해당하는 일들에서 전반적으로 어떤 느낌이나 감정을 경험했는가?
- 고점에 해당하는 일이 당신에게 의미 깊었던 이유는 무엇인가?
- 저점에 해당하는 일에서 전반적으로 어떤 느낌이나 감정을 경험했는가?
- 각각의 사건에서 당신에게 잊히지 않는 인상을 남긴 측면은 무엇인가?
- 고점 또는 저점의 일을 겪을 때(또는 양쪽 모두에서) 당신이 공통적으로 한(또는 하지 않은) 행동이 있다면 무엇인가?
- 그 사건을 겪을 당시 당신 곁에 누가 있었는가(또는 없었는가)?

엘라가 발견한 테마는 다음과 같다.

고점의 테마
- 행위 주체감
- 성취감
- 소속감
- 타인과 깊이 연결된 느낌
- 창의성

저점의 테마
- 수치심
- 소외감
- 무력감, 내가 통제할 수 없는 상황이나 사람, 결과에 압도되는 기분
- 내 의견을 말하는 것에 대한 두려움

물론 문제는 당신의 테마를 발견한 뒤에 무엇을 할 것인가다. 만일 원한다면 여기서 멈춰도 된다. 자신의 테마를 분명히 깨닫기만 해도, 심신의 에너지와 의욕을 고갈시키는 일을 멀리하고 만족과 성취감을 느끼는 일을 선택하는 데 도움이 된다. 무엇에서 삶의 의미를 느끼는지, 어떤 경우에 궤도에서 이탈하는지, 무엇이 필요하고 무엇이 불필요한 행동인지 알 수 있기 때문이다. 인생 그래프와 테마는 당신에게 삶의 의미와 목적의식을 일깨워줄 수 있고, 방향감각을 잃었을 때 경고신호 역할을 할 수 있다.

아니면 여기서 좀 더 나아갈 수도 있다. 이와 같은 테마를 발견함으로써 우리의 일과 삶에서 늘 행복과 성취감이 가득한 순간을 만들고 부정적인 일은 전부 피할 수만 있다면 더없이 좋을 것이다. 그러나 알다시피 인생이란 그렇지가 않다. 우리는 즐거운 일만 하며 살 수는 없고 힘들고 싫은 일을 완벽히 피할 수도 없다. 하지만 노력을 기울였을 때 최대의 효과를 낼 수

있는 부분이 어디인지는 찾아낼 수 있다. 그곳에 더 에너지를 쏟고 집중하는 것이 우리가 해야 할 일이다.

앞에서 배운 여러 도구를 실천할 때 인생 그래프의 테마를 나침반으로 삼아보라. 개인적으로나 일적으로 만족감이 커지고 긍정적 영향력을 미치는 리더가 될 수 있을 것이다. 예를 들면 다음과 같이 활용할 수 있다.

- **권한 위임 다이얼:** 이는 업무와 권한을 효과적으로 위임하기 위한 도구다. 이때 인생 그래프의 테마를 기준으로 어떤 일을 위임할지 판단할 수 있다. 업무 목록 중 어떤 일이 당신의 에너지를 샘솟게 하고 어떤 일이 의욕을 고갈시키는가? 어떤 일을 할 때 당신의 고점 테마가 나타나는가? 어떤 일을 할 때 저점 테마를 경험하는가? 후자의 경우 다른 사람에게 위임하는 것을 고려해보라.

때로는 인생 그래프의 테마를 깨닫고 뜻밖의 결과에 이르기도 한다. 내 고객 데이브는 다국적기업의 COO다. 주변에서는 다들 그에게 회사의 연말 파티를 준비하는 일을 부하에게 넘기라고 말했다. 해마다 4분기가 되면 그 일에 에너지와 시간을 상당히 빼앗겼는데, 그것은 믿을 만한 부하에게 충분히 맡겨도 되는 일이었기 때문이다. 하지만 데이브는 자신의 인생 그래프 테마를 확인한 뒤, 세계 각지에서 온 임원들이 아이디어를 나누며 교류

하는 행사를 기획하는 것이 자신에게 큰 즐거움을 준다는 사실을 깨달았다. 이 일이 자신의 고점 테마와 맞닿아 있으므로 다른 직원에게 맡기고 싶지 않았다. 연말 행사 준비를 기나긴 업무 목록의 또 다른 '책무'가 아니라 '즐거운 특권'으로 여기게 되었다. 대신 그는 인생 그래프의 고점 테마에 별로 부합하지 않는 사내 여름 야유회 준비를 부하에게 위임했다.

- **시간 포트폴리오:** 시간 포트폴리오를 만들 때 인생 그래프의 테마라는 나침반이 끌리는 방향에 따라 시간을 배분한다. 예를 들어 새로운 영역을 개척하며 느끼는 성취감이 당신의 고점 테마라면 새로운 사업 개발에 더 시간을 쏟도록 시간 포트폴리오를 조정한다.

또 인생 그래프의 테마에 부합하도록 일하는 방식을 조정하면, 일정표에서 할애 시간을 줄이기 힘들고 반드시 해야 하는 일을 더 의미 깊고 즐겁게 할 수 있다. 예컨대 엘라의 경우처럼 타인과 깊이 연결된 느낌이 당신의 고점 테마라고 하자. 당신이 업무상 날마다 일대일 면담을 여러 번 해야 한다면, 각 면담의 처음 몇 분을 직원과 유대감을 형성하고 관계를 다지는 데 사용하면 어떨까? 플래시 유형은 "하지만 아까운 시간을 낭비하게 되잖아"라고 반론을 제기하고 싶을 것이다. 하지만 장담하건대, 상대방의 자녀에 관해 묻거나, 날씨가 지독히 나빴는데 출근길이 어땠느냐고 묻거나, 아침 헤드라인 기사에 대한 의견을 묻는 데는 겨우 1~2분밖에 걸리지 않는다. 이건 결코 시간 낭비가 아니다!

- **욕구 진단기**: 이 도구는 특정 상황에서 당신의 특정한 행동을 유발하는 내적 욕구를 깨닫게 도와준다. 많은 이들이 자신의 저점 테마가 충족되지 못한 내적 욕구와 밀접히 연결되어 있음을 깨닫는다. 이로써 높은 지위가 불러오는 압박감으로 나쁜 상사의 행동 습관에 빠진 데 자신도 일조하게 된 이유를 자각할 수 있다.

엘라는 자신의 인생 그래프에서 저점의 테마로 소외감이 자주 나타나는 것을 발견했다. 그리고 요즘 짜증이 늘어난 것이 자신에게 오는 요청이나 기회를 놓치면 소외될까 봐 무조건 붙잡고 싶어 하는 강한 내적 욕구와 연결되어 있다는 사실을 깨달았다. 자신의 특정한 정서적 패턴이 지속적으로 나타나는 것을 자각하는 것은 긍정적 변화로 나아가는 첫걸음이다. 심리학 연구 결과도 보여주듯 이런 종류의 자각은 보다 객관적인 관점에서 더 나은 선택을 하도록 도와준다.

- **비용 편익 분석**: 이 책에 소개한 여러 도구와 관련해 비용 편익 분석을 할 때 이런 질문을 생각해보라. 이 도구가 내 인생 그래프의 테마와 어떻게 연결될 수 있는가? 이 도구를 실천함으로써 얻을 수 있는 이로움 가운데 나의

고점 테마를 충족시키는 것은 무엇인가?
- **상사 사용법 알려주기**: 부하들에게 당신의 업무 스타일을 알려줄 때 인생 그래프 테마 가운데 어떤 것을 언급하면 좋을지 생각해보라. 당신이 어떤 경우에 즐겁게 일하고 어떤 경우에 의욕이 떨어지는지 그들이 알면 더 효과적으로 함께 일할 수 있다.

작가 애덤 그랜트는 말했다. "행복은 목표를 이루는 것이 아니다. 행복은 목표를 당신이 중요하게 여기는 가치와 조화시키는 데서 온다." 나는 여기에 한마디 더 덧붙이고 싶다. 행복은 성공에 꼭 필요한 연료다. 성공한 사람이 되고 싶다면 당신에게 가장 큰 행복을 주는 행동을 하라.

> **Coach's Note**
> ### 일상에서 인생 그래프 실천하기
>
> 하루에 한 번 알람을 맞춰놓고 알람이 울리면 잠시 멈춰서 그 순간에 기분이 어떤지 생각해보라. 에너지와 의욕이 가득하고 만족스러운가? 짜증이 나는가? 따분한가? 그때 하고 있는 일이나 활동이 당신 인생 그래프의 고점 또는 저점 테마와 얼마나 연결되는가? 운전하다가 굽은 길을 만나면 그 지점을 돌기 위해 거의 무의식적으로 운전대를 돌리듯, 내 많은 고객이 현재 순간의 감정을 자각하고 인생 그래프의 테마와 연결지어 생각해보는 것만으로도 자신의 행동 선택을 바꿀 수 있었다고 말한다.

YOU'RE THE BOSS

제5부
폭풍우 속에서도 경로를 잃지 않는 법

15장
나답게 나아가기 위한 자가 진단 도구

　이 책에 소개한 도구들은 당신이 더 높은 직책으로 올라갈 때마다 상사로서 갖춰야 할 역량을 업그레이드하게 도와줄 것이다. 늘 그렇듯 새로운 직책에 오르면 새로운 관점과 역할이 생겨난다. 동시에 당신이 미처 알아채지 못하는 맹점이 발생하고 당신을 압박감에서 지켜줄 가드레일이 위태로워질 새로운 변수도 생겨난다. 그렇기 때문에 반드시 지속적인 점검을 통해 경로를 올바르게 조정해야 한다.

　나는 고객을 위한 360도 평가를 진행해 권력과 압박감이 (대개는 그들이 모르는 새에) 그들을 어떤 함정에 빠뜨렸는지 평가한다. 하지만 당신에게는 나 같은 코치가 없을지도 모른다. 따라서 다음의 진단 도구를 활용해 당신의 취약점이 무엇인지, 어떤 부분에서 문제가 발생할 수 있는지 자가 점검해보길 권유한다.

지속적 성장을 위한
자가 점검표

다음의 표에는 3부와 4부에서 다룬, 권력과 압박감이 불러오는 함정을 정리했다. 그리고 각각의 함정에 빠졌는지 여부를 알려주는 일련의 신호를 함께 적어두었다. 각 항목에 대해 당신이 어디에 해당하는지 1~5점으로 평가하라(1점은 '전혀 그렇지 않다', 5점은 '매우 그렇다'). 당신이 5점을 준 것이 바로 특별한 관리가 필요한 항목이다.

아래의 각 문장에 대해 1~5점 중 당신이 해당하는 칸에 표시하라. 숫자의 의미는 다음과 같다: 1=전혀 그렇지 않다, 2=그렇지 않다, 3=보통이다, 4=그렇다, 5=매우 그렇다.

	항목	전혀 그렇지 않다	그렇지 않다	보통이다	그렇다	매우 그렇다
권력 간극이 불러오는 함정 1 나만 옳다는 생각						
1	쉽게 방어적 태도가 되거나 내 생각이 옳다고 믿는다.					
2	다른 사람의 생각이나 관점이 궁금하지 않다.					
3	부하들이 의견을 잘 내지 않고 주로 나만 아이디어나 해결책을 제시한다.					

권력 간극이 불러오는 함정 2 **커뮤니케이션 실수: 한쪽으로 치우친 피드백**							
4	부하들이 제대로 인정받지 못한다고 불만을 표현한다.						
5	긍정적 피드백보다 비판적 피드백을 많이 준다.						
6	부하가 한 일의 영향을 긍정적으로 인정하지 않고 짧게 칭찬하는 데 그친다(예: "잘했어").						
권력 간극이 불러오는 함정 3 **커뮤니케이션 실수: 무지하다고 가정하기**							
7	내가 말할 때 부하들이 집중하지 않는다.						
8	비판적 피드백을 줄 때 부하에게 자신의 성과를 어떻게 생각하는지 묻지 않고 내 의견부터 말한다.						
9	뭔가를 가르쳐줄 때 상대방이 얼마나 아는지 알아보지 않고 기초적인 것부터 시작한다.						
권력 간극이 불러오는 함정 4 **커뮤니케이션 실수: 현인처럼 말하기**							
10	부하들이 내가 지시한 것과 다른 결과물을 가져온다.						
11	내가 한 말의 의미를 더 정확히 설명해달라는 요청을 부하에게 자주 받는다.						

12	전문용어나 특정 집단에서만 통하는 표현을 사용한다.					
권력 간극이 불러오는 함정 5 **커뮤니케이션 실수: 지나치게 많이 말하기**							
13	내 의견을 이해시키기 위해 다른 사람의 말을 끊고 끼어든다.					
14	회의 때 내가 가장 말을 많이 한다.					
15	이미 한 말을 또 하고 또 한다.					
권력 간극이 불러오는 함정 6 **커뮤니케이션 실수: 과거 경험에 매달리기**							
16	내가 말할 때 부하들이 따분해하는 표정을 짓는다.					
17	"예전에 했던 이야기다"라는 말을 부하에게 한 번 이상 들었다.					
권력 간극이 불러오는 함정 7 **커뮤니케이션 실수: 메가폰을 간과하는 것**							
18	사람들이 내가 한 말이나 나의 기대치를 오해한다.					
19	사람들이 내 생각이나 감정을 엉뚱하게 추측한다.					
권력 간극이 불러오는 함정 8 **나는 예외라는 생각**							
20	내 뛰어난 성과 덕분에 마음대로 할 수 있는 자유를 얻었다고 믿는다.					

21	나쁜 행동을 해도 좋은 의도가 있었다면 책임지지 않아도 된다고 생각한다.						
22	'하지만…'이라는 변명으로 내 행동을 정당화한다.						
압박감이 불러오는 함정 1 **충족되지 않은 내면 욕구에 지배당함**							
23	원하는 결과를 얻지 못하는데 그 이유를 모르겠다.						
24	어떤 상황이나 문제 앞에서 필요 이상으로 강하게 반응한다.						
25	동료의 행동 때문에 무시당하는 기분을 느끼거나, 마음이 상하거나, 위협감을 느낀다.						
26	내 가치나 중요성을 증명해 보여야 한다고 생각한다.						
압박감이 불러오는 함정 2 **유일한 해결사가 되려 함**							
27	부하들이 내가 제시하는 답이나 의견에 크게 의존한다.						
28	다른 사람의 일을 떠맡는다(그리고 그렇게 하는 나름의 고귀한 이유가 있다).						
29	항상 할 일이 넘친다.						
30	나 말고는 아무도 아이디어나 해결책을 내놓지 않는다.						

제5부 폭풍우 속에서도 경로를 잃지 않는 법

	압박감이 불러오는 함정 3 자잘한 업무와 디테일에 파묻힘					
31	할 일 목록이 끝없이 길다.					
32	산더미 같은 일에서 빠져나올 수 없을 것 같은 기분이 든다.					
33	중요한 대형 프로젝트에 손을 댈 여유가 없다.					
34	거시적 전략 수립을 위한 시간이나 에너지가 부족하다.					
	압박감이 불러오는 함정 4 슈퍼히어로 증후군					
35	내게 오는 모든 기회나 요청을 수락한다.					
36	신체적으로 또는 정신적으로 크게 지쳐 있다.					
37	나 자신을 돌보는 데 시간을 할애하지 않는다.					
	압박감이 불러오는 함정 5 목적의식 상실					
38	일에서 성취감이나 즐거움을 느끼지 못한다.					
39	일을 하는 목적이나 의미를 잘 모르겠다.					
40	'정말 이게 전부일까?'라는 회의감이 든다.					

위의 표에 체크를 끝냈다면 당신이 5점을 준 항목에 특히 주목하라. 그것이 당장 관리해야 할 함정이다. 앞에서 해당 함

정을 다룬 내용을 다시 읽어본 뒤, 관련 도구를 활용해 항로를 조정하고 함정에서 빠져나올 계획을 세워라.

　장기적인 성공을 위해서는 자가 점검을 한 번에 끝내지 말고 주기적으로 해야 한다. 나는 6개월마다 자가 점검을 해 현재 상태를 돌아보고 개선이 필요한 부분을 파악하라고 권고한다. 배우고 발전하는 것은 뭔가를 그저 한 번 실천한다고 되는 일이 아니다. 계속 발전하고 성장하려면 끊임없이 자신의 맹점을 자각하고 밀려오는 압박감 앞에서 감정 반응을 조절하려 노력해야 한다. 당신의 발전을 가로막는 장애물이 무엇인지 늘 스스로 진단하고 이 책에 소개한 도구들을 의식적으로 실천해야 한다. 당신이 성공하느냐 마느냐는 거기에 달려 있다.

맺음말

리더십은 결국
'자기 삶을 이끄는 힘'

당신이 이 책을 펼친 것은 일터의 관리자로서 역량을 업그레이드하고 싶어서다. 그런데 여기에 담긴 내용은 개인적 삶도 얼마든지 변화시킬 수 있다. 관리 능력은 일터에서 팀원과 부하의 생산성 및 정신적 건강을 향상시키기 위해서도 필요하지만 가정에서, 인간관계에서, 또는 지역사회 단체의 일원으로서 개인적 삶을 더 풍성하게 만드는 데도 필요하다. 그동안 내가 만난 수많은 고객이 이 책에 소개한 도구를 활용해 부부 생활을 개선하고, 친구나 가족과의 관계를 끈끈하게 다지고, 지역사회 단체의 책임자나 구성원으로서 더 효과적으로 일할 수 있었다는 이야기를 들려주었다.

이 책에 나온 도구를 다음과 같은 다양한 방식으로 활용해 보길 바란다.

- '하지만…'으로 시작되는 불평이 나올 때 '그리고 동시

에'를 덧붙여라. 예를 들어 '하지만 내 남편/아내는 툭하면 더러운 양말을 욕실 바닥에 벗어놓는다'에서 끝내지 말고 '그리고 동시에 늘 내 자동차 등록과 점검을 알아서 제때 처리해준다'를 덧붙인다.

- 짜증 나는 이웃 사람에 대해 '당신 생각이 옳다'라고만 믿고 있다면, 사고의 폭을 넓혀 여러 가능성을 떠올려보고 그에게 당신 생각과 다른 어떤 면이 있을 수 있는지 고려해보라.
- 할 일이 너무 많아서 정작 꼭 하고 싶은 일을 할 시간이 없는가? 시간 포트폴리오를 이용해 개인 시간을 어떤 비율로 분배하고 있는지 파악한 뒤 시간 할당을 늘리거나 줄일 항목을 정하라.
- 가족 행사나 집안일과 관련된 계획을 짜고 실행하는 것을 당신 혼자서 하느라 힘든가? 보살핌 제공자에 대한 설명과 자가 점검 도구를 참고해, 당신이 어떤 지점에서 자신도 모르는 새에 가족이 스스로 하지 않고 당신에게 의존하도록 길들였는지 생각해보라.
- 지역사회 단체의 책임자로 활동하면서 제대로 일할 사람이 당신뿐이라는 생각에 수많은 자잘한 일을 도맡고 있다면, 권한 위임 다이얼을 이용해 일부 업무를 다른 사람에게 맡겨라.
- 우울하고 만사가 귀찮은데 이유를 모르겠는가? 인생 그

래프 도구를 활용해 당신의 고점 테마와 저점 테마를 확인하라. 현재 어디에 시간을 많이 쏟고 있는지 점검한 뒤 즐거움과 열정을 느낄 수 있는 활동을 더 많이 하도록 삶을 재조정하라.

이 점을 잊지 마라. 일터에서 관리 능력이 향상되고 좋은 리더가 될수록 퇴근 후의 삶도 더 즐겁고 만족스러워진다. 또 그 반대도 마찬가지다. 우리는 더 나은 상사, 더 나은 배우자나 연인, 더 나은 부모, 더 나은 지역사회 일원이 될 수 있다. 현재 모습과 앞으로 나아갈 방향을 정확히 깨닫고 주변 사람들에게 바람직한 영향을 미치며 세상에 긍정적 기여를 할 때 일적으로나 개인적으로 훨씬 풍성한 삶을 살 수 있다.

그것이 당신이 애초에 상사가 되고 싶었던 이유 아닌가?

감사의 글

세상에 없던 무언가를 만들어내는 것은 결코 혼자 할 수 있는 일이 아니다. 첫 책을 쓰면서 작가, 편집자, 연구자, 사고 파트너, 가족, 친구 등 너무 많은 이들에게 큰 빚을 졌다.

10년 전쯤 남편 매슈가 이런 말을 했다. "당신이 가지고 있는 360도 인터뷰 자료를 생각해봐. 엄청난 금광을 깔고 앉아 있는 거라고. 책을 쓰라는 얘기야." 매슈, 내 마음속에 씨앗을 심어줘서 고마워. 늘 아낌없이 응원해주고 아이디어와 피드백을 줘서, 그리고 나를 위해서라면 두 팔을 걷어붙이고 무엇이든 해주는 당신이 얼마나 든든한지 몰라.

탁월한 공동 작업자 데브라 골드스타인에게 크나큰 감사를 전한다. 데브라의 기여로 한층 명료한 글이 완성되었으며, 그녀의 끈기 덕분에 개념을 완전히 이해할 때까지 함께 집요하게 파고들 수 있었다. 앞으로 어떤 글을 쓰게 되든 '글이 정확하지 않다는 것은 쓴 사람이 정확히 이해하지 못했다는 의미'라는 그녀의 말을 절대 잊지 않을 것이다.

　책을 세상에 소개하는 일에 관한 한 전방위적 전문가인 젠 마셜과 나의 저작권 에이전트 로라 놀런에게 감사를 전한다. 로라는 내 열렬한 응원군으로서 명확한 비전을 제시하고 출판 과정에서 마주치는 여러 복잡한 문제를 해결해주었다. 로라처럼 뛰어난 아이디어와 창의성, 냉철한 판단력을 지닌 에이전트가 내 편이라니, 나는 너무나 운이 좋은 사람이다. 스테파니 프레릭이 내게 보여준 굳은 믿음과 그녀의 아이디어, 편집 실력, 저자와 긴밀히 협력하는 태도는 첫 책을 쓴 나에게 큰 선물과도 같았다. 브리트니 아다메스를 비롯한 사이먼 & 슈스터의 훌륭한 직원들에게 감사드린다. 사려 깊은 조언을 건네고 이 책이 영국 독자들과 만날 수 있게 힘써준 펭귄 랜덤 하우스 영국의 제럴딘 콜래드에게 감사드린다. 무려 11시간 동안 사진 촬영을 진행하고 후속 작업에도 힘써준 수잰 로스마이어에게 감사를 전한다. 내 웹사이트와 브랜드를 멋지게 변신시켜준 캔디드 고트의 베키 수 웨리, 신디 카우허드, 켄드라 캐글에게 감사드린다.

　리사 펠프스 도스는 내가 좋은 작가가 될 수 있도록 이끌어주었다. 나는 아무리 노력해도 기지 넘치는 글을 써내는 그녀의 필력을 따라가지 못할 것이다. 나를 늘 격려해주고 때로 말려주고(내가 바보 같은 아이디어를 냈을 때) '그리고 동시에' 사고법의 모델을 보여준 리사에게 깊은 고마움을 전한다. 그녀의 탁월한 실력과 프로 정신 덕분에 책을 세상에 펴내는 작업은 물론이고 내 모든 작업이 높은 단계로 도약할 수 있었다.

《하버드 비즈니스 리뷰Harvard Business Review》 편집자 코트니 캐슈먼에게 감사를 전한다. 그녀는 이 책을 구상하는 단계에서 많은 값진 조언을 해주었다. 마샤 지나 메이저는 글쓰기를 시작하지 못하게 나를 붙잡는 내면의 두려움을 극복하게 도와주었다. 에린 브레너와 마리스, 에이미 제이미슨은 출판 제안서를 만드는 초기 단계에서 도움을 주었다. 세라 드럼은 제안서 작성을 위해 자료를 조사하고 취합하는 힘든 작업을 맡아주었으며 방대한 양의 360도 인터뷰 자료를 정리하는 일을 도와주었다. 그녀의 프로 정신과 뛰어난 일 처리 솜씨에 경의를 표한다. 캐슬린 케니는 수천 페이지의 자료를 분석해 인터뷰를 주제별로 분류해주었다. 헤더 헌트는 인터뷰 보고서를 추려내고, 브레인스토밍을 통해 아이디어를 찾고, 출판 제안서를 검토하는 모든 과정에서 큰 힘이 됐다. 무엇보다 헤더는 내게 그녀의 지혜와 능력이 필요할 때면 만사 제치고 달려와주는 친구가 되었다. 그녀가 편집자로서 지닌 빛나는 능력도 내게는 선물이었지만 내가 받은 가장 큰 선물은 그녀의 신뢰다. 데이비드 몰다워는 출판 제안서를 다듬는 마지막 단계에서 정확한 글쓰기와 핵심 메시지에 집중하는 예리한 감각으로 큰 도움을 주었다. 엘라나 브리프와 팀 도스, 그레이엄 불런에게도 고마움을 전한다. 이들 덕분에 한층 훌륭한 책이 완성되었고 독자의 관점에서 원고를 검토할 수 있었다.

부모님 제하나라 나와즈와 후주르 나와즈에게 깊이 감사드린다. 부모님 덕분에 좋은 교육을 받고 많은 기회를 누릴 수 있었다. 아들 자레프와 지벤은 내게 늘 진실을 말해준다. 녀석들은 거울을 들이밀며 내가 사람들 앞에 서기 전에 거울 속 모습을 체크하게 한다. 시부모님 짐 앤더슨과 오드리 앤더슨은 내가 최근에 어떤 활동을 했는지 늘 궁금해하며 물어봐주신다. 그분들의 응원과 사랑, 조언에 무한히 감사드린다.

세상을 떠난 나의 오빠 아마드 나와즈와 시아주버니 에릭 앤더슨은 책을 출간한 작가였다. 내게도 책을 써보라던 두 사람의 애정 어린 권유가 지금의 나를 만들었는지도 모른다. 역시 지금은 이 세상에 없는 친구 에드리 앨런 애그브로는 살아생전에 늘 내 상상력을 북돋아주고 전화로 수다 상대가 되어주어 나의 긴 퇴근길을 행복하게 했다. 피 한 방울 섞이지 않았지만 내 마음속에서는 가족과 다름없는 잘릴을 언제까지나 기억할 것이다. 나와 같은 건물에 살았던 잘릴은 우리 집과 관련된 이런저런 허드렛일을 도와주고 내가 어떤 역경이 있어도 꼭 성공할 거라고 늘 말해주었다. 에그버트 바티는 내 글이 지면에 실릴 때마다 꼬박꼬박 읽고 조언을 해주었을 뿐 아니라 내가 책을 쓸 거라고, 그것도 틀림없이 멋진 책을 쓸 거라고 막무가내로 믿어주었다. 만일 그들이 내 앞에 있다면, 그들이 나를 자랑스러워했으면 좋겠다.

내게 지혜와 사랑을 나눠주고 응원해준, 그리고 내가 만든 세계의 여왕이 되어 당당히 우뚝 서는 법을 가르쳐준 앤드루 펠드마에게 고마움을 전한다.

내 삶이 말할 수 없이 풍요로운 것은 다정한 말과 넉넉한 마음씨로 나를 격려해주는 친구들 덕분이다. 너무 많아서 여기에 다 적을 수는 없지만 그들은 내가 자신을 떠올리고 있다는 사실을 잘 알 것이다. 특히 글 쓰는 과정에서 도움을 준 다음 이들에게 고마움을 전한다. 아리아나 다니노, 애슬리 에이커, 베스 칸, 칼라 포레스터, 캐런 매클레인, 엘라나 브리프, 질리언 도나반, 그레이엄 불런, 제인 그레그, 질 허프네이글, 캐런 패리시, 켈린 와이즈먼, 크리스틴 레인, 리사 펠프스 도스, 미셸 응, 몰리 카, 루치라 다스굽타, 산죽타 팔, 수즈 울프, 팀 도스, 밸러리 갤빈.

친구들 못지않게 많은 저자와 사고 리더도 나를 힘껏 격려해주고 조언해주었다. 책을 쓰라고 수년 동안 나를 들들 볶은 휘트니 존슨에게 고맙다고 말하고 싶다. 아울러 도리 클라크, 리타 건서 맥그래스, 킴 스콧, 아리아나 허핑턴, 피터 블록, 배리 오슈리, 케빈 크루스에게도 감사를 전한다.

상사에 대한 책을 써놓고선 그동안 내가 만난 훌륭한 상사들을 언급하지 않고 넘어간다면 말이 안 된다. 네이선 윌리엄스, 밥 맥브런, 블레이크 어빙, 톰 리브, 마이크 마티외, 바버라 그랜트, 리즈 웰치와 함께 일할 수 있었던 것은 행운이었다. 또 나를 상사로서 믿고 따라준 수많은 이들에게도 감사를 전한다.

마지막으로 내 고객들에게 무한한 고마움을 전한다. 날마다 일터에 나가 어려운 결정을 내리고 비판을 마주하며 360도 평가를 통해 피드백을 구하고 끈질기게 버티며 팀원들을 성장시키는 그들의 용기를 보며 경외감을 느낀다. 그들이 허심탄회하게 들려준 이야기와 내게 보여준 신뢰에 큰 빚을 졌다. 그들 한 명 한 명에게 많은 것을 배웠다. 또 고객에 대한 피드백을 위해 인터뷰에 응해준 모든 분께도 감사드린다. 그들이 기꺼이 의견(특히 비판적 피드백)을 밝혀준 덕분에 나와 고객의 효과적인 코칭 프로세스가 가능했다.

참고 자료

1장: 자, 이제 당신은 리더가 되었습니다

What Got You Here Won't Get You There: How Successful People Become More Successful, by Marshall Goldsmith (Hachette Books, 2007)

https://hbswk.hbs.edu/item/the-best-ceos-share-the-spotlight-with-their-teams

https://www.mckinsey.com/capabilities/people-and-organizational-performance/ourinsights/givers-take-all-the-hidden-dimension-of-corporate-culture

https://link.springer.com/article/10.1007/s10551-022-05228-5

The Practice of Adaptive Leadership: Tools and Tactics for Changing Your Organization and the World, by Ronald A. Heifetz, Marty Linsky, and Alexander Grashow (Harvard Business Press, 2009)

If I Understood You, Would I Have This Look on My Face? My Adventures in the Art and Science of Communicating, by Alan Alda (Random House, 2017)

2장: 리더가 되면 피하기 힘든 치명적 착각들

https://news.microsoft.com/source/features/innovation/empathy-innovation-accessibility/#:~:text=%E2%80%9CMy%20personal%20philosophy%20and%20my,something%20Rene%20Brandel%20experienced%20firsthand

https://www.catalyst.org/reports/empathy-work-strategy-crisis

https://www.pwc.com/ee/et/publications/pub/sb87_17208_Are_CEOs_Less_Ethical_Than_in_the_Past.pdf

The Five Invitations: Discovering What Death Can Teach Us About Living Fully, by Frank Ostaseski (Flatiron Books, 2017)

Act Like a Leader, Think Like a Leader, by Herminia Ibarra (Harvard Business Review Press, 2015)

https://ozanvarol.com/the-downside-of-grit/

3장: 권력은 당신의 눈을 가린다

Storycraft: How to Teach Narrative Writing, by Martin Griffin and Jon Mayhew (Crown House Pub Ltd., 2019)

4장: 압박감은 당신의 멘탈을 흔든다

https://news.illinois.edu/view/6367/670955, https://www.forbes.com/sites/tracybrower/2021/09/19/empathy-is-the-most-important-leadership-skill-according-to-research/?sh=318b8f3f3dc5

Emotional Intelligence: Why It Can Matter More Than IQ, by Daniel Goleman (Bantam, 2006)

https://onlinelibrary.wiley.com/doi/abs/10.1002/job.2289

https://www.linkedin.com/pulse/costs-amygdala-hijacked-leaders-jens-hartmann-ph-d-dozent/

5장: 변화에 직면하기 위한 기본 도구 3

"Change or Die," by Alan Deutschman, Fast Company, May 1, 2005.

https://www.fastcompany.com/52717/change-or-die

https://charlesduhigg.com/how-habits-work/

Immunity to Change: How to Overcome It and Unlock the Potential in Yourself and the Organization, by Robert Kegan and Lisa Laskow Lahey (Harvard Business Press, 2009)

The Practice of Adaptive Leadership: Tools and Tactics for Changing Your Organization and the World, by Ronald A. Heifetz, Marty Linsky, and Alexander Grashow (Harvard Business Press, 2009)

https://health.clevelandclinic.org/why-people-diet-lose-weight-and-gain-it-all-back

https://ideas.ted.com/heres-how-i-finally-got-myself-to-start-exercising/

The 5 Second Rule: Transform Your Life, Work, and Confidence with Everyday Courage, by Mel Robbins (Savio Republic, 2017)

https://community.thriveglobal.com/microsteps-big-idea-too-small-to-fail-healthy-habits-willpower/

https://www.apa.org/news/press/releases/2015/10/progress-goals

https://www.huffpost.com/entry/the-power-of-writing-down_b_12002348

Zen Mind, Beginner's Mind: Informal Talks on Zen Meditation and Practice, by Shunryu Suzuki (Shambhala, 2006)

The No Asshole Rule: Building a Civilized Workplace and Surviving One That Isn't, by Robert I. Sutton (Business Plus, 2007)

7장: 리더의 입에는 메가폰이 달려있다

https://www.gottman.com/blog/the-magic-relationship-ratio-according-science/

https://zengerfolkman.com/articles/the-vital-role-of-positive-feedback-as-a-leadership-strength/

https://www.fastcompany.com/90724596/this-is-what-happens-to-your-brain-when-you-give-and-receive-compliments

Shame vs. Guilt—Brené Brown (brenebrown.com)

https://onlinelibrary.wiley.com/doi/abs/10.1002/job.2553

https://www.ncbi.nlm.nih.gov/pmc/articles/PMC8526793/

https://www.researchgate.net/publication/363296145_Shame_Does_It_Fit_in_the_Workplace_Examining_Supervisor_Negative_Feedback_Effect_on_Task_Performance

https://www.psychologytoday.com/us/blog/play-your-way-sane/202108/were-worse-listening-we-realize

https://www.ncbi.nlm.nih.gov/pmc/articles/PMC7075496/ (multitasking)

https://marshallgoldsmith.com/articles/adding-too-much-value/

Made to Stick: Why Some Ideas Survive and Others Die, by Chip Heath and Dan Heath (Random House, 2007)

https://www.journals.uchicago.edu/doi/abs/10.1086/261651 (curse of knowledge)

https://www.forbes.com/sites/carolinecenizalevine/2021/06/23/new-survey-shows-the-business-benefit-of-feeling-heard--5-ways-to-build-inclusive-teams/?sh=6be967ec5f0c

The Empathy Effect: 7 Neuroscience-Based Keys for Transforming the Way We Live, Love, Work, and Connect Across Differences, by Helen Reiss, MD (SoundsTrue, 2018)

8장: 나의 '하지만'에는 이유가 있다는 착각

https://hbr.org/2019/04/the-psychology-behind-unethical-behaviorSolicit Feedback https://focus.kornferry.com/the-organisational-x-factor-learning-agility/

9장: 감정을 자극하는 방아쇠를 찾아라

https://emeraldpsychiatry.com/is-there-a-connection-between-stress-hormones-and-thinking-ability/#:~:text=The%20Brain%2C%20Cortisol%20&%20Stress:,not%20fully%20backed%20by%20data.

https://www.ncbi.nlm.nih.gov/pmc/articles/PMC5619133/Working memory tools

https://www.ncbi.nlm.nih.gov/pmc/articles/PMC6596227/#:~:text=We%20demonstrate%20that%20goal%2Ddirected,neural%20substrate%20of%20fear%20learning

https://www.ncbi.nlm.nih.gov/ pmc/ articles/ PMC4207727/

https://resbiotic.com/a/blog/breath-and-mind-hrv-amygdala-and-how-to-improve-your-mental-states

Mindfulness : The 5-4-3-2-1 method by Dr Ellen Hendricksen (mastic-lifestyle.com)

10장: 충족되지 못한 심리적 욕구가 나쁜 상사를 만든다

The Origins of You: How Breaking Family Patterns Can Liberate the Way We Live and Love, by Vienna Pharaon (G. P. Putnam's Sons, 2023)

Immunity to Change: How to Overcome It and Unlock the Potential in Yourself and the Organization, by Robert Kegan and Lisa Laskow Lahey (Harvard Business Press, 2009)

11장: 유일한 해결사라는 함정에서 벗어나라

https://karpmandramatriangle.com/

Managing at the Speed of Change: How Resilient Managers Succeed and Prosper Where Others Fail, by Daryl R. Connor (Random House, 1993)

12장: 당신을 옭아매는 디테일에서 빠져나와라

https://www.scientificamerican.com/article/mental-downtime/

https://www.huffpost.com/entry/silence-brain-benefits_n_56d83967e4b0000de4037004

https://www.researchgate.net/publication/259110014_Is_silence_golden_Effects_of_auditory_stimuli_and_their_absence_on_adult_hippocampal_neurogenesis

"The Making of the Corporate Athlete," by Jim Loehr and Tony Schwartz, *Harvard Business Review*, January 2001

14장: 열정과 목적의식을 되찾기 위한 실용적 도구들

https://www.threads.net/@adamgrant/post/C17Ska6rGpM

옮긴이 이수경

한국외국어대학교를 졸업했으며 전문번역가로 활동하고 있다. 인문교양, 경제경영, 심리학, 자기계발, 문학 등 다양한 분야의 영미권 책을 우리말로 옮겼다. 옮긴 책으로 『어떻게 말해야 사람의 마음을 얻는가』, 『부서지는 아이들』, 『불변의 법칙』, 『케플러』, 『패권』, 『마음을 돌보는 뇌과학』, 『슬로푸드 선언』, 『그들의 생각을 바꾸는 방법』, 『존중받지 못하는 자들을 위한 정치학』, 『스무 살에 알았더라면 좋았을 것들』, 『완벽에 대한 반론』 외 다수가 있다.

리더의 멘탈은 달라야 한다

초판 1쇄 발행 2025년 12월 5일

지은이 사비나 나와즈
옮긴이 이수경

발행인 윤승현 **단행본사업본부장** 신동해
편집장 정다이 **책임편집** 김다혜
디자인 this-cover **교정** 이정현
마케팅 최혜진 이은미 **홍보** 반여진
국제업무 김은정 김지민 **제작** 정석훈

브랜드 리더스북
주소 경기도 파주시 회동길 20
문의전화 031-956-7357(편집) 02-3670-1123(마케팅)
홈페이지 www.wjbooks.co.kr
인스타그램 www.instagram.com/woongjin_readers
페이스북 www.facebook.com/woongjinreaders
블로그 blog.naver.com/wj_booking

발행처 (주)웅진씽크빅
출판신고 1980년 3월 29일 제406-2007-000046호

한국어판 출판권 ⓒ(주)웅진씽크빅, 2025
ISBN 978-89-01-29908-2 (03320)

- 리더스북은 (주)웅진씽크빅 단행본사업본부의 브랜드입니다.
- 이 책은 저작권법에 의해 한국 내에서 보호를 받는 저작물이므로 무단 전재와 무단 복제를 금합니다.
- 책 내용의 전부 또는 일부를 이용하려면 반드시 저작권자와 (주)웅진씽크빅의 서면 동의를 받아야 합니다.
- 잘못된 책은 구입하신 곳에서 바꾸어드립니다.